MADAME RIMBAUD

La collection Espace Nord
est dirigée par Jacques Dubois
et publiée avec l'aide
de la Communauté française de Belgique.

Première édition : Presses de la Renaissance, 1987.
© Françoise Lalande.
© Éditions Labor, 2000, pour la présente édition.

Illustration de couverture : Léon Spilliaert, *Femme au bord de la mer* (Aquarelle sur papier, 63/48 cm). © SABAM Belgium 2000.

Imprimé en Belgique
ISBN 2-8040-1518-1
D/2000/258/76

Françoise Lalande

Madame Rimbaud

Lecture de Christophe Van Rossom

LABOR

Il y a plus de dix ans, j'ai décidé de parler un jour de Vitalie Cuif. C'est que l'écriture et la destinée de son fils me bouleversent. Rimbaud est le plus grand des poètes. Sa vie fut atroce. De même les larmes amères de Vitalie ne me laissent pas indemne.

J'ai entrepris l'histoire d'une femme qui partagea avec son fils une belle colère, sans prises sur le monde. Toutefois, au poète fut donné le verbe. À Vitalie n'est laissée que l'absence de parole. Elle est Arthur Rimbaud en creux.

Elle est aussi la femme la plus diffamée de l'histoire littéraire. J'ai entrepris de montrer que la vérité était différente. Mais la vérité intéresse-t-elle vraiment ? Je désire le croire.

Dès lors, voyons ce qu'une femme simple, une fermière ardennaise, a porté seule sur ses épaules. Voyons ses réussites et ses échecs. Ses maladresses. Voyons sa personnalité, aux ressources inépuisables.

Un précision encore : face aux témoignages et aux documents, j'ai appliqué le principe que m'enseigna mon Alma Mater et qui dirige ma vie : le libre examen.

F. L.
1987.

Enfin, le plus probable, c'est qu'on va plutôt où l'on ne veut pas, et que l'on fait plutôt ce qu'on ne voudrait pas faire, et qu'on vit et décède tout autrement qu'on ne le voudrait jamais, sans espoir d'aucune espèce de compensation.

Rimbaud aux siens,
Aden, le 15 janvier 1885.

1
1825-1852
Je reconnais là ma sale éducation d'enfance
(*Une saison en enfer*)

Vitalie Cuif est née le 10 mars 1825 à Roche, un petit village des Ardennes.

Ses parents, Jean-Nicolas Cuif et Marie-Louise-Félicité Fay, étaient cultivateurs. Quand ils s'étaient mariés en 1823, chacun avait approuvé une union aussi bien assortie : voilà un couple de fermiers qui ferait fructifier l'exploitation familiale et qui connaîtrait une vie sans histoire.

Alors qu'en réalité commençait une histoire pleine de larmes et de fureur.

Qui aurait pu le prévoir ?

Jean-Nicolas était un brave homme. Un travailleur. Il ne buvait pas, il possédait des terres. Félicité avait de la chance : elle entrait dans une honnête famille.

Au XIXᵉ siècle, se marier jeune, ce qui était le cas de Félicité, dix-neuf ans, alors qu'en général les filles se mariaient plutôt vers vingt-cinq ans, signifiait une dépendance économique à l'égard des parents [1]. Les jeunes mariés servaient de main-d'œuvre. Ils cohabitaient avec les parents. Parfois même avec les grands-parents. Une situation qui était source de tensions, mais qui permettait une organisation collective du travail. Toutefois, le mariage, affaire commerciale, n'excluait pas l'amour. Il était évident que Jean-Nicolas Cuif aimait sa femme.

Félicité, qui venait de Tourteron, le pays des cerises, fut bien accueillie dans la ferme des Cuif à Roche. Les parents de son mari, Jean Cuif et Marguerite Jacquemart, avaient préparé un lit dans la salle commune : ce serait l'espace personnel des jeunes mariés, avec, comme bien, une armoire à linge dans laquelle Félicité pourrait serrer son trousseau, ses six douzaines de chemises, ses dizaines de cache-corset et ses jupons taillés dans un tissu « à n'en pas voir la fin ». Même qualité pour ses jupes exécutées à la maison dans un tissu épais, laine pure ou mélangée, rayée de lignes foncées fines d'un demi-centimètre ou plus, rouges ou grises, rouges ou noires, bleues et noires. Félicité pourrait aussi ranger ses corsages, blouses blanches garnies de dentelles ou de broderies pour les grandes occasions, blouses à basques aux longues manches, boutonnées sur le devant pour la vie courante. Sans négliger les tabliers, en toile blanche ou bleue pour la semaine, en satin ou soie pour le dimanche. La poche, accessoire particulier, était un sac de toile attaché à la ceinture par un cordon et dissimulé sous le tablier. Enfin, Félicité pendait dans l'armoire sa longue cape en drap noir qu'elle ne mettait jamais en semaine, et qu'elle réservait pour la messe du dimanche.

La jeune mariée montrait sa richesse par l'abondance du linge qui constituait son trousseau. Il était signe d'aisance, de confort. Et il fallait bien que le linge fût abondant : on ne faisait la lessive qu'une ou deux fois par an. Cette opération fatigante avait lieu en avril et fin octobre.

Pour laver le gros linge, on posait une tinette en bois sur deux chaises. À l'aide d'une planche, on frottait le linge. On avait du savon vert, noir ou de la cendre de bois. Puis, on allait rincer le linge à la rivière, au lavoir ou même à l'abreuvoir.

En octobre, les femmes revenaient parfois de l'opération les doigts gelés. Dans ce cas, un conseil : « Entrez vos doigts dans les cheveux, ça calmera[2]. »

La lessive séchée dans les prés environnants, on la repassait avec des fers à platine, petites pièces de fonte introduites dans le fer après qu'on les avait chauffées, ou à braises introduites dans le fer en soulevant le couvercle, ou encore avec des fers posés directement sur le feu.

La vie à la campagne est sévère, monotone, laborieuse. Aussi les jeunes mariés, Jean-Nicolas et Félicité, dès le lendemain de leurs noces, s'étaient-ils mis à leurs occupations. La première de la journée revenait à la femme : l'allumage du feu. Félicité avait puisé dans la réserve de bois et rallumé le feu sous la marmite. Elle avait indiqué par ce geste qu'elle était la gardienne du foyer. De même, c'était elle qui irait chercher l'eau au puits pour préparer les aliments des hommes et du bétail. Cette eau servirait aussi à la petite lessive et à l'hygiène corporelle.

L'hygiène corporelle n'était certes pas la préoccupation principale des fermiers ardennais au

XIXe siècle. Le nécessaire de toilette se réduisait à un bassin, une savonnette, un peigne en fer et une serviette. On utilisait pour sa toilette un savon blanc qui produisait une mousse abondante. Toute cette mousse n'empêchait pas les poux d'élire domicile dans les chevelures des enfants. Quant aux punaises, elles grouillaient mais, par chance, chacun connaissait un remède efficace : « Prennés coloquinte pour cinq sols et un flacon de fort vinaigre faites-les cuire sur le feu et frottés en les endroits ou il y en a, réitérés deux ou trois fois et vous en serés quitte [3]. »

Pourvue d'eau, Félicité devait préparer vers cinq heures du matin le « casse-croûte » que Jean-Nicolas emporterait aux champs. Puis il fallait préparer le second déjeuner : du fromage, une tranche de lard salé, un rond de saucisson, et le repas de midi : la soupe grasse, suivie de viande de porc bouillie, des légumes du pot-au-feu, une salade et du fromage. Ce serait d'ailleurs la même soupe, trempée, qui serait servie pour le dernier repas de la journée à laquelle s'ajoutaient une omelette et un ragoût de pommes de terre au lard et des fruits de saison, fraises, cerises, pommes, poires, etc. [4].

À la préparation des repas de la famille, s'ajoutait celle des nourritures pour les animaux, notamment la pâtée pour les cochons que Félicité devait cuire deux fois par jour, avant ou après la soupe des hommes.

Une fois par semaine, Félicité se rendait au moulin du village, y donnait le seigle à moudre. L'après-midi, elle allait chercher sa farine et préparait les pains pour la semaine qu'elle cuisait dans le four collectif.

De même, il ne serait venu à personne du village l'idée d'acheter des confitures chez l'épicier. La réalisation des confitures s'échelonnait du printemps à l'arrière-automne, depuis les fruits rouges jusqu'aux châtaignes. Elle comportait, elle aussi, un cérémonial immuable autour de la bassine de cuivre. La cuisson des fruits remplissait la cuisine d'une odeur aigre-douce. Les pots, bouchés à la cire, ne seraient ouverts qu'avec parcimonie au long de l'année. « Remerciez Dieu d'avoir déjà du beurre », disait-on à l'enfant qui réclamait la précieuse confiture aux fraises pour napper son quignon de pain.

À toutes ces activités, il fallait ajouter l'entretien de la maison : balayer, épousseter, faire les lits, cirer les meubles, bien que le ménage n'occupât point de place considérable parmi les tâches de la maîtresse.

Il fallait avant tout s'occuper des animaux : nourrir les poules, nettoyer le poulailler, y recueillir les œufs. Traire les vaches. Soigner les agneaux restés à la bergerie. Nourrir les cochons. Ramasser l'herbe pour les lapins. Tendre des pièges aux rats et aux souris.

Quant aux soins aux enfants, la jeune Félicité les prodigua très vite. Un an après son mariage, le 26 février 1824, elle mit au monde un gros garçon qu'on appela Jean-Charles-Félix.

Le 10 mars de l'année suivante, elle mit au monde une fille, Marie-Catherine-Vitalie, celle qui sera un jour la mère d'Arthur Rimbaud. L'hiver avait été rigoureux cette année-là et il s'était poursuivi bien au-delà de Pâques. Les femmes qui avaient aidé Félicité à accoucher et qui s'affairaient à la toilette de la jeune mère avaient déposé le nouveau-né devant l'âtre, unique source de chaleur, à l'exception de la chaleur animale.

À une époque où la mortalité infantile était élevée, la mère avait, en plus des autres responsabilités domestiques, celle de préserver la santé des enfants et d'éduquer ceux qui succéderaient un jour au père à la tête de l'exploitation familiale. Aussi veillait-on à la qualité de la nourriture et ne consommait-on guère que les produits de la ferme mais, surtout, on n'hésitait jamais à invoquer quelques saintes, telle sainte Apolline qui avait eu les mâchoires broyées avant de se jeter au feu et qu'on suppliait de guérir des maux de dents, sainte Lucie qui était efficace contre les orgelets, sainte Gertrude qui combattait toujours la folie avec succès.

Une pomme pourrie, appliquée sur les yeux, constituait un remède souverain contre les conjonctivites. Et pour réduire les abcès de la bouche, rien n'était plus efficient qu'un œuf battu dans du vinaigre de pomme. En fait, les maladies les plus répandues à l'époque laissaient les gens sans défense : la coqueluche (que saint André aurait pourtant dû guérir), la fièvre typhoïde, le croup, les maladies des voies respiratoires et de la poitrine, les entérites et les diarrhées. Elles emportaient les nouveau-nés, mais aussi les vieillards, les hommes et les femmes dans la pleine force de l'âge.

On sentait de façon permanente une menace peser sur l'existence. Certains traversaient la vie sans accroc. D'autres trébuchaient dès leur jeunesse… Autant mettre Dieu de son côté !

Le paysan, croyant ou sceptique, vivait à l'ombre des clochers. On signait le pain, on récitait l'Angélus, on possédait des chapelets chez soi et des branches de buis bénit étaient suspendues au-dessus des lits. Lorsqu'on passait devant une chapelle ou une statue de la Vierge, on soulevait sa casquette, on murmurait : « Loué soit Jésus-Christ. » Habitudes non de bigots mais d'hommes et de femmes dont la croyance ressemblait curieusement à de la prudence. Ces gestes existaient quasi à l'état de réflexes.

À la fin de sa vie, Vitalie Cuif, Mme Rimbaud, s'agenouillera vingt fois par jour devant une statue de la Vierge. Cela a provoqué maintes moqueries de la part des commentateurs qui n'ont même pas vu que ce geste lui venait de loin, de son enfance, geste appris auprès de ses parents, auprès des autres membres de la communauté du village. Ils n'ont même pas vu que ce geste faisait partie de son histoire.

« Rester en bonne santé », « être en bonne santé », « garder sa bonne santé », « à votre bonne santé », « tant qu'on a la santé »… autant d'expressions qui révèlent l'angoisse fondamentale du paysan devant la maladie qui l'empêcherait de travailler et l'entraînerait à la misère.

Félicité, avec ses deux enfants, s'estimait satisfaite et ne montrait guère d'enthousiasme quand on la plaisantait au sujet d'une éventuelle troisième grossesse. Avec tout le travail à la ferme, elle avait son compte. D'autant que le dernier accouchement l'avait fatiguée plus qu'elle ne l'avouait. Heureusement, sa belle-mère, Marguerite Jacquemart, restait alerte malgré ses cinquante-six ans et elle aidait sa bru autant qu'elle le pouvait. Pas de rivalité entre les deux femmes : paradoxalement, la plus âgée avait accepté l'autorité de la plus jeune dès son arrivée à Roche. Après quelques jours passés à s'observer, elles avaient instauré entre elles un rapport de complicité qui agaçait Jean-Nicolas et son père. Elles rusaient souvent pour leur cacher de petits secrets. Elles s'entendaient pour s'offrir des gâteries sans dire quoi que ce soit à leur mari. Quelques sous mis de côté en cachette et lorsque le marchand ambulant passait par le village, l'une s'offrait un petit collier de jais, l'autre un bonnet de dentelle. Les maris étaient tellement distraits devant ces fadaises qu'ils mettaient des mois avant de remarquer la nouvelle acquisition… quand ils s'en apercevaient.

Avec une naïveté surprenante, Jean-Nicolas s'étonnait de ne plus voir le ventre de sa femme enfler, alors qu'il se montrait affamé comme au premier jour du corps de Félicité. Il était rare qu'il passât une nuit sans « se rapprocher » de sa femme dans le grand lit muni de rideaux de cuisine. L'été, il aimait lui donner rendez-vous dans le grenier pour y faire une sieste. Il n'osait pas la culbuter dans les champs depuis qu'elle était la mère de ses enfants, mais il n'hésitait pas à l'aimer dans ce bois bien nommé, le « Bois d'Amour ».

Tant de saine ardeur n'était pas récompensée : le ventre de Félicité restait tel qu'il était avant les naissances de Félix et de Vitalie : blanc et légèrement bombé. Félicité se réjouissait ouvertement de sa prétendue stérilité. Elle cherchait à convaincre son mari qu'un enfant de plus dans la famille n'amènerait pas plus de bonheur qu'ils n'en connaissaient actuellement. Elle se montrait tendre envers le bon Jean-Nicolas. Elle soignait avec gentillesse la mère Jacquemart qui lui avait enseigné l'art d'envoyer les éventuels petits Cuif aux anges, sans que cela vous rende triste ou que vous vous sentiez coupable envers votre mari.

Quatre ans passèrent de la sorte à travailler dur, à menacer sa santé. En 1828, le père de Jean-Nicolas mourut. La vie continua comme avant. Les enfants grandissaient. La grand-mère Jacquemart vieillissait.

Un jour, Félicité s'aperçut qu'elle était enceinte. Elle cessa de travailler au-dehors pour passer ses journées dans la cuisine. C'était la grand-mère qui s'occupait dorénavant des poules qu'elle laissait d'ailleurs entrer dans la maison dont chaque chambre était souillée de crottes. Félicité s'en moquait. Elle avait faim. Elle préparait des tartes à la rhubarbe. Elle cuisait au bain-marie le deuxième lait d'une vache qui avait vêlé. Elle y jetait du sel, du poivre, du laurier. Quand le bloc était devenu bien blanc et dur, elle en coupait des tranches pour sa tartine. Elle râpait aussi des pommes de terre crues qu'elle mêlait à du lard maigre en morceaux et de la farine avec un œuf. Elle poivrait, salait, puis cuisait le tout comme des crêpes. Jamais elle n'en mangeait le jour même. Elle les préférait réchauffées, et elle en distribuait à la grand-mère, à Félix, à Jean-Nicolas qui s'amusait de ses gourmandises. Même la petite Vitalie avalait avec plaisir les crêpes au lard. Elle buvait aussi du café dans le bol de sa mère.

Quelques gorgées seulement, parce que « ça énerve les enfants ».

La cuisine était toujours odorante. Les tartes, les crêpes au lard, le café… Félicité le torréfiait à l'aide d'un tambour à brûler les grains. Puis il fallait le moudre dans un moulin qu'elle serrait entre ses cuisses, et le bruit que cela produisait était rassurant, joyeux. Enfin, le café était bouilli et versé au travers d'une passoire qui recueillait le marc.

Dommage que tant de bonheur soit gâché par la venue d'un enfant ! Le 5 mai 1830, Félicité présentait à la famille Charles-Auguste qui hurlait dans ses langes. Le père se montrait fier d'avoir un fils de plus. La grand-mère s'essuyait les yeux sans arrêt et Vitalie se demandait si elle pleurait parce qu'elle était contente ou parce qu'elle était triste. Les voisines venaient à la ferme pour féliciter la jeune mère. Les voisins congratulaient le père, qui leur offrait un verre de vin ou d'alcool.

Un mois plus tard, rien n'avait réellement changé : les voisines venaient à la ferme pour voir la mère, les voisins s'asseyaient à la table de la cuisine en compagnie du père qui leur servait à boire. Le bébé hurlait toujours dans ses langes. La grand-mère Jacquemart s'essuyait toujours les yeux. Mais aujourd'hui, la petite Vitalie savait pourquoi elle pleurait. Une fermière avait expliqué : « C'est la mère qui meurt. »

Lorsque le curé, avec sa longue robe noire comme celles des fermières, pénétra dans le chemin, on comprit que c'était la fin. Il arrivait pour fermer les yeux d'une femme de vingt-six ans, au corps déformé par une fatigue immense.

À partir de cet instant, la mère de Vitalie cessa d'appartenir aux siens. Plus que jamais, elle appartenait à la communauté.

On venait de loin pour assister à l'enterrement. On y renouait des liens de famille, d'amitié.

Avant l'enterrement, il fallait veiller le mort. Les voisins et les amis venaient passer les nuits avant les funérailles. À minuit, ils récitaient un chapelet, puis ils buvaient du café ; vers trois heures, un deuxième chapelet ; à six heures, un troisième chapelet et puis le déjeuner.

On se passa de corbillard. Un voisin attela son cheval paré de quelques garnitures noires. On posa le cercueil sur la charrette. Le cortège funèbre s'ébranla vers l'église, puis le cimetière. Jean-Nicolas, accompagné de ses deux aînés, avait jeté une poignée de terre sur le cercueil de sa femme. Les gens avaient pleuré devant le spectacle de ce père qui demeurait seul avec un fils de six ans et une fillette de cinq ans. Sans oublier le pauvre nourrisson d'un mois. Le père, comme ses enfants, semblait orphelin. Un homme seul avec trois enfants, comment allait-il s'en sortir ? Heureusement que la grand-mère Jacquemart était encore là.

Plus tard, beaucoup plus tard, la fille de cet homme, Vitalie Cuif, se retrouvera seule avec quatre enfants. Personne ne s'inquiètera jamais de savoir comment elle s'en sera tirée.

Le père Cuif avait l'obligation de se vêtir de noir pendant au moins deux ans et d'éviter de pénétrer dans les cafés pendant les jours de fête. Il respecta ces coutumes sans effort. La mort de sa femme l'avait profondément meurtri. Félicité et lui s'aimaient. Elle avait été sa femme, sa compagne dans la vie. Il lui avait confié tout ce qui le concernait, tout ce qu'il entreprenait pour l'exploitation familiale.

Par réflexe d'abord, par prédilection ensuite, ce fut vers Vitalie que le père se tourna. Peu à peu, il allait la traiter non comme l'enfant qu'elle était encore, mais comme une adulte. Peu à peu, il allait lui confier, comme il le faisait avec sa femme, toutes les tâches ménagères. Peu à peu, il allait la mettre au courant des achats et des ventes pour la ferme. Il l'initierait à la gestion des diverses propriétés et à l'organisation du budget familial.

Vitalie Cuif, âgée de cinq ans, ne serait plus jamais jeune. Les mille et un travaux que sa mère avait accomplis et qui avaient usé son jeune corps incomberaient désormais à la fillette. L'image que Vitalie gardera de sa mère va d'ailleurs s'estomper très vite. Seule triomphera dans sa mémoire l'image du père.

La grand-mère Jacquemart apprendra l'art de la couture et du tricot à la fillette, une heure par jour, à deux reprises différentes, car il fallait se garder de faire naître en elle le dégoût pour « la plus précise et consolante occupation des femmes [5] ». Les femmes ont donc besoin d'être consolées ? La grand-mère se pressait d'enseigner tout ce qu'une femme devait savoir dans la vie pour être une bonne ménagère, une parfaite maîtresse de maison. Quant à l'art d'être mère, Vitalie l'apprit dès l'âge de cinq ans, car ce fut à elle, bien sûr, que le bébé revenu de nourrice fut confié. Tôt dans la vie, Vitalie découvrit les amères saveurs de la patience.

Désormais, il n'était plus question de jouer. La petite Vitalie, chaque matin, faisait le tour des chambres : elle nettoyait brocs, cuvettes, boîtes à peigne et boîte à savon. Elle jetait les eaux usées des vases de nuit, elle vérifiait le bon fonctionnement des bouteilles attrape-mouches. Elle activait le feu dans l'âtre, allait chercher du bois. En hiver, c'était elle qui s'occupait des « bouteilles de lit » ou bouillottes, de forme ovale et aplatie, qui réchauffaient les lits glacés.

C'était elle qui nettoyait les cuivres et les étains, avec de la potasse formée de cendre de bois additionnée d'eau. De même qu'elle faisait la vaisselle à sa manière, en versant tout simplement de l'eau bouillante dessus. La brosse à vaisselle était en crin, sorte de double cône renversé maintenu en son centre par une ficelle.

Chaque printemps, elle s'occupait de la literie. Les paillettes d'avoine étaient renouvelées dans les matelas. Quant aux domestiques, ils se contentaient le plus souvent d'une paillasse jetée à même le sol ou ils bénéficiaient d'un matelas fait de feuilles de hêtre que l'on changeait chaque année.

Vitalie apprit à fabriquer de la chandelle avec de la cire d'abeille. On l'utilisait pour les lanternes, les lampions, les chandeliers dont on se servait la nuit pour passer d'une pièce à l'autre. Il y avait pour l'éclairage la lampe à huile à propos de laquelle un témoin ardennais affirme qu'elle fut encore utilisée pendant la guerre de 1914-1918 en raison de la pénurie de pétrole. L'huile d'éclairage s'obtenait par le broyage des graines de colza, mais c'était la faine qui donnait la meilleure huile, car elle dégageait moins de fumée en brûlant.

C'était évidemment à la préparation des repas que la petite Vitalie consacrait le plus clair de son temps. Dans ce domaine comme dans d'autres, elle apprit l'art d'être économe. Les disettes, les récoltes désastreuses expliquent cette peur de manquer, cette horreur du gaspillage et ce respect du pain qui va jusqu'au rite. Le *Manuel de la maîtresse de maison à la campagne* recommande de recueillir les miettes de pain tombées de la table, de les broyer et d'en faire une poudre pour sécher l'écriture[6].

Cette crainte de gaspiller, on l'avait transmise à Vitalie dès ses plus jeunes années. Très vite, elle eut à surveiller le budget du ménage. On lui avait conseillé de tenir les cordons de la bourse bien serrés. Peu d'argent circulait en fait, mais la réputation d'être économe dérapait vite vers celle, moins flatteuse, d'être avare, ce qui sera reproché à Vitalie. Lorsqu'on avait la réputation d'être avare, on embauchait difficilement des domestiques. On peut le croire si on s'en réfère au portrait d'une certaine Mme Gouin qui « lésinait sur les plus petites choses, sur l'éclairage et le chauffage, sur le savon, le beurre, même sur le poivre et le sel. Au repas, la même bouteille de vin figurait sur la table durant toute une semaine. La servante partageait avec le chien la miche et ne pouvait espérer se rattraper sur la pitance. Trois bonnes d'affilée sortirent de la maison rongées d'anémie[7]. »

À côté des nourritures de base qu'étaient le pain et les pommes de terre, Vitalie trouvait dans le potager l'indispensable complément : choux blancs et rouges, oignons, carottes, haricots. L'épicerie fournissait le sel, les feuilles de laurier, la cannelle, les raisins de Corinthe, le café, sucre. On avait l'habitude de tuer le cochon le dimanche suivant la Saint-Luc et la semaine avant Pâques. Il nourrissait toute la famille pendant des mois, en plus de la viande de volaille ou de lapin. L'aïeule qui vieillissait se préparait une « trulée » ou « bolée », mélange de café noir sans sucre et de pain.

On mûrit vite en Ardenne, au XIXe siècle. Vitalie avait renoncé à ses poupées de chiffons et à sa toupie. Elle n'osait plus, en hiver, prendre sa luge et glisser dans les prairies enneigées des environs. Il n'y avait guère de temps au jeu, malgré l'espace et la liberté que les bois, les champs, la campagne tout entière proposaient. Vitalie n'était pas la seule au village à travailler comme une femme dès ses six ans.

Souvent, les vachères n'avaient guère plus de dix ans. Il leur arrivait de loger seules, de traire les vaches qui leur avaient été confiées, d'entretenir les étables durant toute une partie de l'été, dans la solitude la plus totale.

Encore au début de ce siècle, il n'était pas rare de rencontrer en Ardenne des domestiques qui n'avaient que neuf ans.

Travailler de la sorte aussi jeune formait le caractère. Ou le déformait. Comme on voudra. Mais on peut pressentir ce qu'est une vie entreprise sous de tels auspices : la mort d'une mère avait brisé le droit à l'insouciance. La mort de sa mère avait non seulement précipité la petite Vitalie dans le monde du travail, mais aussi l'avait plongée dans un univers uniquement masculin. La grand-mère Jacquemart avait suivi de près sa bru. Aussi la fillette s'était-elle retrouvée seule avec un père et deux frères, univers d'hommes dont la direction lui sera bientôt confiée. Elle apprendra très tôt à accepter les responsabilités, si pesantes soient-elles. Ce sera un des traits essentiels du caractère de Vitalie : assumer. Avoir du cran. En toutes circonstances.

Aux leçons de la vie s'ajoutaient celles de l'école communale, aussi rigoureuses. On enseignait certes à lire et écrire, mais auprès des filles, on insistait surtout sur l'obligation d'acquérir un maintien correct, « honnête », et de se montrer calme en toutes circonstances. Vitalie possédait une bouteille à encre en terre cuite de couleur ocre, sorte de panse cylindrique au goulot proéminent, et une boîte d'écolier que son père lui avait fabriquée avec du chêne. Le couvercle était en sapin. Vitalie, comme les enfants de son milieu et de son temps, eut à déchiffrer un livre de fables, le catéchisme et l'Almanach.

À la maison, sa grand-mère, peu avant de mourir, lui avait appris qu'il fallait accomplir certaines corvée d'entretien à jour fixe, sous peine de se retrouver débordée par le travail accumulé. Toujours et partout, on enseignait à Vitalie la discipline la plus contraignante. Ainsi le lundi, on devait graisser les gros souliers et les guêtres des hommes. Le samedi, on passait les meubles à l'huile de lin si on le voulait, mais il était plutôt conseillé de les laver à l'eau bouillante additionnée de cristaux de soude. Ensuite, le même jour, une fois par mois (mais certaines femmes coquettes le faisaient plus souvent), on se lavait les cheveux avec des produits naturels. Par exemple, la fleur d'arnica qu'on laissait macérer dans de l'eau-de-vie, appliquée sur les cheveux donnait d'excellents résultats[8]. Le fer à papillotes était utilisé par quelques femmes, mais en général la coiffure lisse à bandeaux sur les oreilles l'emportait dans les faveurs féminines.

De même, les autres travailleurs accomplissaient leurs tâches, sinon à jour fixe du moins à saison fixe.

D'octobre à mars, on distillait. Les bouilleurs ambulants s'installaient dans l'atelier public du village et transformaient les fruits fermentés mis à macérer en eau-de-vie pure.

En automne, on voyait revenir le marchand de trappes à souris.

En hiver, le cordonnier s'installait au village pour huit jours. Il battait les semelles, garnissait de gros clous les souliers. À sa suite, le bourrelier passait quelques jours pour s'occuper des harnais des chevaux. Le rétameur réparait les vieilles casseroles et remettait un peu d'étain sur les cuillères et les fourchettes. «Tame, tame, c'est moi qui rétame les chaudrons, les casseroles», chantait le marchand. Au printemps, le coiffeur arrivait pour couper les cheveux.

Tout ce petit monde voyageait à pied. À cette époque, personne ne craignait de marcher d'un village à un autre.

On sait qu'Arthur Rimbaud a parcouru des milliers de kilomètres à pied. De même, sa mère, dans son grand âge, ne craindra pas de trotter de son village de Roche jusqu'à la gare de Voncq, ce qui représentera des randonnées de plusieurs kilomètres [9].

Le frère aîné de Vitalie, Félix, secondait de bonne grâce son père dans les travaux réservés aux hommes. Il accomplissait ses corvées de façon ponctuelle et y apportait beaucoup de savoir-faire. Malheureusement, son caractère inquiétait la famille. Toujours silencieux. Renfermé. On n'entendait jamais le son de sa voix, sinon lorsqu'il entrait dans une colère terrible, qui lui venait brusquement, pour une broutille, et qui le laissait ensuite blanc comme un linge et tremblant. Même le père, dans ces circonstances, n'intervenait pas. Il attendait que son fils s'apaisât. Souvent, après une scène de ce genre, Félix quittait la ferme pour quelques heures. Le père devinait qu'alors son fils n'était pas dans un état normal et que peut-être il aurait dû le suivre, mais il n'osait s'opposer aux décisions de son aîné, et sans doute n'était-il déjà plus temps de vouloir imposer son autorité. Félix se promenait à travers champs jusqu'à ce qu'il se fût calmé. Ensuite, avant de retourner à la ferme, il faisait un tour du côté des cabarets.

Ce fut là qu'un jour il eut « une affaire », comme on dit avec pudeur. Ce qu'elle était, on l'ignore, mais on sait qu'elle fut « méchante », et que Félix risquait à cause de cela de se retrouver en correctionnelle. Afin d'y échapper, il s'engagea dans l'armée d'Afrique, au désespoir et à la fureur de son père. Non seulement son fils aîné se conduisait comme un vaurien, mais, en plus, il abandonnait les siens. Le père se retrouvait avec une adolescente de seize ans et un garçon de onze ans. Comment pouvait-il faire marcher la ferme, Félix parti ? Il devrait engager un domestique de plus. Ses enfants voulaient donc le ruiner ? Il eut beau tempêter, Félix s'en alla comme il l'avait annoncé. Il allait laisser son père sans nouvelles de lui pendant de longues années. Et son retour se déroulerait dans des circonstances bien étranges.

Voici donc le père Cuif seul avec Vitalie et Charles-Auguste.

Des domestiques, une servante, il en a déjà embauché à suffisance. Il n'en cherchera pas un de plus. Après tout, il est inutile de confier à d'autres ce qu'on peut faire soi-même.

Vitalie était devenue une grande fille, plutôt maigre. En cela, elle ressemblait bien à sa mère. Et elle possédait de l'énergie à revendre. Quant à Charles-Auguste, il était fort pour son âge. À eux trois, ils travailleraient et feraient marcher la ferme de Roche. Ses autres propriétés étaient louées à des fermiers dont, pour l'instant, il était satisfait.

En cas de décès de l'un des conjoints, il était courant d'assister à un remariage rapide dans les campagnes. Le père Cuif choisit pour sa part de ne pas le faire. Il consacra son temps et son énergie à veiller sur ses enfants et sur l'exploitation familiale. Image exemplaire d'un sacrifice dont sa fille se souviendra en temps voulu.

Au milieu de tant d'obligations, de contraintes, de corvées, il était rare de pouvoir s'offrir un instant de répit. Cependant, Vitalie, comme les autres fermières, prenait tout ce qu'elle pouvait en guise de distraction.

Une fois par semaine, elle se rendait au marché pour y vendre du beurre et des œufs. Il s'agissait de marché spécifiquement féminin où des vendeuses n'avaient affaire qu'à des acheteuses. Malgré tout, il offrait une ouverture sur le monde extérieur. Les foires masculines étaient d'un autre ordre : les marchés à bestiaux étaient des réunions de techniciens. La même spécialisation s'appliquait généralement aux marchés de céréales où l'on présentait ses grains au meunier ou au courtier. Les marchés féminins étaient des lieux de vente et d'achat des produits de la ferme. Ils étaient surtout une occasion de rencontrer des femmes des villages des environs et d'échanger des nouvelles du pays.

Autre divertissement de choix : Jean-Nicolas emmenait ses enfants jusqu'à l'Aisne où des ouvriers s'activaient à la construction du canal. Sinon, la messe du dimanche matin offrait un prétexte à promenade jusqu'à Méry ou Chuffilly. Pour rien au monde, Vitalie n'aurait raté un office dominical.

En revanche, Charles-Auguste se montrait d'autant plus rétif devant la religion que les années passaient. Il grandissait comme un chardon dans la prairie : bien accroché à la terre et hérissé d'épines. À la moindre observation du père ou de sa sœur, il quittait la ferme en claquant la porte. Or des remarques, Vitalie, qui prenait au sérieux son rôle de gardienne du foyer, ne l'en privait point. Pas un jour ne se passait sans que frère et sœur échangent des propos peu amènes. Charles-Auguste criait sa rancune envers cette femme qui jouait à la mère sans en être une. Il goûtait un malin plaisir à la mettre en fureur. Il est vrai que Vitalie entrait en colère avec une facilité particulière. Pour une peccadille, en un quart de seconde, elle hurlait de sa voix sèche tout ce qu'elle avait sur le cœur. Et elle en avait beaucoup sur le cœur, Vitalie. Ses fureurs lui venaient de loin. De ce jour où on avait mis un poids terrible sur ses épaules. Ses révoltes contre les siens étaient des révoltes contre le poids des choses. Contre le poids d'une vie d'où l'on avait banni la légèreté une fois pour toutes. En outre, Charles-Auguste se rebiffait contre la vie à la ferme, moins pénible qu'avant cependant grâce à l'introduction de méthodes nouvelles d'engrais et d'outillage.

La machine à faner datait de 1833. Charles-Auguste n'arrivait jamais à respecter l'horaire d'une journée. Le réveil à quatre heures du matin en été lui paraissait d'une cruauté sans nom. Pour cause : il passait ses soirées à boire au cabaret ou chez des fermiers et il se couchait aux petites heures, ivre mort. S'occuper du purin avec une gueule de bois, c'est dur. « Il finira mal », disait-on de lui. De plus, il ne supportait pas bien l'alcool, il devenait violent, et il obligeait des visiteurs à boire en sa compagnie sous la menace d'un fusil. Il rencontra cependant une jeune fille qui lui plut, et qui, chose plus surprenante, ne fut pas effrayée par ses habitudes de poivrot. Il annonça qu'il allait se marier. Qu'en pensait le père ? Ce serait une femme de plus à la ferme, disait-il avec malice, ce serait une aide pour « la » Vitalie. L'affaire fut décidée.

Le 10 février 1852, Charles-Auguste, jeune fermier de vingt et un ans, épousait Marguerite-Adélaïde Misset.

Dès le lendemain matin, la jeune mariée chaussait ses socques, bravait la boue, le fumier, jetait un œil à la laiterie, récoltait les œufs au poulailler, gravissait l'échelle crottée du pigeonnier, préparait la soupe familiale[10]. Vitalie, âgée de vingt-sept ans, partagerait dorénavant les corvées ménagères avec sa belle-sœur. Elle garderait une tâche importante entre toutes, la récolte du miel, denrée très recherchée et dont le prix était élevé. La ruche faisait partie du paysage ardennais.

C'est alors qu'une rivalité opposa les deux femmes. Laquelle était à présent la maîtresse du foyer ? La fille ou la belle-fille ? Cette dernière estimait que c'était à elle que revenaient les droits puisqu'elle assumait déjà les devoirs de la fonction. Charles-Auguste ne devait pas apaiser les querelles, lui qui ne rêvait que du jour où sa sœur s'en irait.

Ce jour arriva plus vite qu'on ne l'avait pensé. Le père Cuif, blessé de voir ses enfants se déchirer de la sorte, trouva une solution qui fut agréée par les différentes parties. Il donna la ferme de Roche à Charles-Auguste. En compensation, il promit à Vitalie une dot confortable, de quoi réaliser un beau mariage. Le frère aîné, parti en Afrique, fut oublié dans le partage. On n'avait plus aucune nouvelle de lui depuis si longtemps. On ne savait même pas s'il était encore vivant !

Il fallut donc partir, laisser la ferme à Charles-Auguste et à sa femme. Ce ne fut pas sans crainte que Vitalie et son père s'éloignèrent du lieu familial. Ils n'avaient jamais connu que lui.

Vitalie quittait la campagne, pour toujours pensait-elle sans doute, comme l'avaient pensé d'autres fermières qui avaient abandonné la terre pour la ville.

Dorénavant, Vitalie serait une citadine. La vie à la ferme, au XIXe siècle, n'était pas facile. La relative prospérité gagnée par les paysans était le fruit du sang, de la sueur et des larmes de générations de familles paysannes soudées autour de l'exploitation[11].

Pour Vitalie, l'enchaînement infernal était brisé. Dorénavant, sa vie ne serait plus écrasée par les charges liées à la ferme. Peut-être pourrait-elle enfin penser à elle. Elle n'était plus toute jeune, mais elle se sentait débordante de santé et d'énergie.

Vitalie Cuif et son père quittèrent Roche pour Charleville.

Ce couple étrange trouva à louer le premier étage d'une étroite maison, sise au 12 rue Napoléon.

Un libraire occupait le rez-de-chaussée.

2

1852-1860

Drôle de ménage !
(*Une saison en enfer*)

Passer aussi brutalement de la campagne à la ville, d'une ferme à un appartement ne s'était pas produit sans difficulté. Comment Vitalie avait-elle vécu ce bouleversement ? Tout, à présent, était différent. Tout était à découvrir. L'air que l'on respirait dans Charleville n'avait rien à voir avec celui de Roche. L'odeur d'une ferme n'avait rien à voir avec celle d'un appartement. On ne se déplaçait pas de la même façon dans une ville et dans un village. On n'occupait pas de la même manière l'espace d'une ferme et celui d'un appartement.

Vitalie, comme le père Cuif, devait apprendre l'art de ne rien faire.

Vitalie, semblable aux autres filles passant de la campagne à la ville, avait dû ressentir en premier lieu une sorte de délivrance. En ville, elle n'aurait plus qu'à s'occuper des tâches ménagères, dérisoires à côté de celles inhérentes à la ferme. Plus question de se lever à quatre heures du matin en été. Adieu les soupes pour les cochons, le purin de la cour, l'odeur des vaches qui se collait à vous comme le taon à un cheval.

Désormais, tout ce qui vous cassait le corps, qui vous broyait l'esprit : terminé !

À présent, Vitalie entretenait l'appartement, faisait des courses qui n'étaient plus que des prétextes à promenades, elle entrait dans l'église Notre-Dame pour prier. La jeune femme commençait sa vraie vie. Son enfance piétinée, son adolescence muselée, tout cela disparaîtrait peu à peu de sa mémoire.

En cette année 1852, Vitalie dut connaître l'espoir. D'autant plus qu'une rencontre, celle que l'on n'attendait plus, celle que l'on espérait tout de même, allait transformer sa vie davantage encore.

Place de la Gare. L'orchestre du 47e régiment d'infanterie cantonné à Mézières offre un concert aux citoyens. Assis sur d'inconfortables chaises en fer, les hommes et les femmes de Charleville écoutent avec attention *Les bavards*, quadrille d'Offenbach, et *La polka des fifres*, de Pascal.

Vitalie pénètre dans le jardin. Elle est fascinée par les beaux uniformes des musiciens. Elle s'avance. Plus une chaise de libre, mais voilà qu'un galant capitaine se lève, lui cède sa place. Vitalie rougit comme toujours sous le coup d'une grande émotion. Elle accepte. Elle remercie le soldat d'un signe de tête. Quant au concert, elle ne l'écoutera guère, intimidée par la présence du capitaine. En effet, s'il a offert sa chaise à Vitalie, il ne s'est pas éloigné pour autant. Vitalie devine sa présence, derrière elle. Il l'observe.

Le concert terminé, elle se lève. Son regard croise celui du soldat. Il la salue. Il se présente : « Capitaine Rimbaud. » La rencontre du Prince et de la bergère.

Vitalie était-elle jolie ? Aucune photographie n'est parvenue jusqu'à nous pour en juger, mais lorsqu'on regarde les portraits de l'époque, peut-on trouver laides ces femmes fières, au corps droit et robuste, ces visages burinés par l'air de la campagne ? Peut-on trouver laids ces visages nus, ces lèvres non fardées qui n'affichent pas le sourire niais que l'on offre au photographe aujourd'hui ? Peut-on croire que son regard si bleu, comme le sera celui de ses enfants, ne soit pas limpide ? Enfin, quand on met au monde un fils qui a la beauté du Diable, il faut tout de même croire que celle-ci ne lui venait pas que du Diable !

Vitalie devait posséder une beauté à l'image de sa vie : dure et douloureuse.

Vitalie a-t-elle fait les premiers pas dans sa relation avec le beau capitaine ? Il était peu dans les usages de l'époque, dans les conventions du milieu, de voir la femme prendre l'initiative des relations amoureuses, mais cela arrivait parfois. Des dictons nous en avertissent. Cependant la femme qui se conduisait de la sorte était mal jugée. Quant à l'homme qui se laissait séduire, il avait droit au mépris de la communauté. On savait que, dans le ménage, ce ne serait pas lui qui « porterait les culottes ». Oserait-on croire cela de la part d'un militaire ?

L'homme séduit par l'Ardennaise était un Bourguignon d'origine provençale. Il était né à Dole le 7 octobre 1814. On le décrit comme un homme de taille moyenne, avec les cheveux clairs et les mêmes yeux bleus que son fils, le front intelligent, le nez légèrement courbé, la bouche sensuelle.

Le capitaine s'était engagé comme volontaire à l'âge de dix-huit ans au 46e régiment de ligne. En 1840, on avait créé les chasseurs à pied. Frédéric Rimbaud fut promu sergent-major au 3e bataillon de ce corps d'élite, « où tout était soigneusement réglementé jusqu'au port obligatoire de la moustache longue et de la barbiche [1]. »

Deux ans plus tard, il embarquait à Toulon pour la campagne d'Algérie où il restera pendant huit ans. En août 1844, nommé sous-lieutenant, il avait pris part, avec son nouveau bataillon, le 8e des chasseurs d'Orléans, à la bataille de l'Isly, « quand les dix mille hommes de l'armée française soumirent les troupes marocaines fortes de quarante-cinq mille hommes [2] ».

Et, le 22 mai 1845, il avait été envoyé à Tlemcen.

Enfin, le 25 juin 1847, il était nommé chef du Bureau arabe de Sebdou. Sa connaissance de l'arabe lui avait permis d'accéder à des postes élevés dans l'administration. « C'était la période épique de l'occupation française en Algérie, tout au début, quand les armées commandées par Bugeaud, Cavaignac et Bedaud combattirent le sultan du Maroc et les diverses tribus résistantes… Au cours de sa première année eut lieu la révolte de Sidi-Brahim, que Bugeaud crut devoir réprimer sévèrement. Cela entraîna de dures épreuves pour la population indigène et rendit extrêmement difficile la tâche de ceux qui avaient la responsabilité de l'administration ; mais il est dit que le lieutenant Rimbaud s'acquitta de ses obligations avec une sagesse exemplaire. Sebdou était un poste important ; il avait une influence directe sur la politique du Maroc, car c'était de là que les mouvements de l'émir pouvaient être observés.

« L'obligation principale du lieutenant Rimbaud consistait à envoyer tous les quinze jours un rapport sur la situation politique, les nouvelles et les rumeurs qui circulaient dans son district. Il était par ailleurs responsable de la loi et de l'ordre, chargé aussi de percevoir les impôts et les redevances[3]. »

La rencontre de Frédéric Rimbaud et de Vitalie Cuif fut donc la rencontre de deux êtres façonnés par la vie dure qu'ils avaient menée, de deux êtres habitués à la solitude affective. Si un jour ils devaient s'opposer violemment l'un à l'autre, ce serait plus en raison de leurs ressemblances qu'à cause de leurs différences.

Vitalie était amoureuse. Elle aimait cet homme venu d'ailleurs qui lui racontait avec humour ses aventures d'Afrique. Elle découvrait le plaisir que l'on éprouve à admirer quelqu'un. Peut-on vivre sans admiration ? Elle avait lu avec enthousiasme son *Traité sur les sauterelles*. Elle conservait avec soin la grammaire de Bescherelle que le capitaine lui avait prêtée et qu'il avait annotée : « La grammaire est la base, le fondement de toutes les connaissances humaines. »

Le 3 janvier 1853, chez maître Descharmes, notaire à Charleville, un projet de contrat de mariage fut rédigé[4]. À la suite de quoi, le 15 janvier 1853, Frédéric Rimbaud sollicitait l'autorisation d'épouser Vitalie Cuif auprès du général commandant la 4e division militaire.

Et, le 8 février 1853, en l'église de Notre-dame de Charleville et pour les registres de la ville, Vitalie Cuif devenait Vitalie Rimbaud. Les témoins du marié étaient le capitaine Gabillot et son colonel, le baron Lemaire. Les témoins de la mariée étaient des oncles par alliance : Charles Moraine (de Rilly-aux-Oies) et Pierre-Augustin Pierlot.

Vitalie aurait bientôt vingt-huit ans. Son mari, trente-neuf ans dans l'année.

Quand on se marie à vingt-huit ans et qu'on vient de la campagne, on n'est plus de première innocence dans le domaine sexuel. On sait «comment ça se fait». L'observation des animaux de ferme, la vache que, petite fille déjà, Vitalie avait menée au taureau, les poules sur leur tas de fumier que le coq choisissait l'une après l'autre, la chienne prise par le chien du berger, la truie soumise au verrat, tout un monde animal qui vit ses copulations sous l'œil amusé des enfants, les instruit de façon naturelle de ce qu'est la vie.

Aussi bien que le lit des parents situé dans la même salle que celui des enfants apprendra à ces derniers tout ce qu'ils doivent savoir sur le sexe. Moins d'hypocrisie donc qu'à la ville et davantage de spontanéité marquent le domaine des amours à la campagne. En outre, les occasions de rencontre entre adolescents y sont plus nombreuses qu'à la ville. Aussi malgré les tabous imposés par l'Église aux XVIIe et XVIIIe siècles, les relations sexuelles se pratiquent avec une belle franchise.

Chaque région de France avait son code, ses interdictions et ses libertés, mais en général, « la pudeur champêtre était très relative, les filles se laissaient très bien « bouchonner » par les garçons[5]… ».

La nuit de ses noces, Vitalie, jeune femme vigoureuse, ne s'était certes pas réfugiée dans une armoire, comme certaines bourgeoises horrifiées par les audaces de leur mari. Quant au capitaine Rimbaud, à l'approche de la quarantaine, il a dû songer que l'heure du repos du guerrier avait sonné…

Dans le petit appartement de la rue Napoléon, le couple crut au bonheur. Le bon père Cuif se montrait discret, trop heureux de voir sa fille en d'honnêtes mains, soulagé qu'un autre homme en fût désormais responsable. Au fond de son cœur, le vieillard avait craint qu'après sa mort Vitalie ne fût livrée à la solitude. Mais non. Un bon mariage, avec un brave soldat, couvert de louanges par ses supérieurs, apportait la sécurité à sa fille chérie. Elle ne l'avait pas volé, la pauvrette. Il était temps qu'un amour entamât la tristesse qui durcissait peu à peu le cœur et les traits de son enfant.

Déjà, Vitalie s'épanouissait. Elle se laissait aller à des plaisanteries de gamine. Elle riait, comme elle avait dû rire jadis, dans sa lointaine enfance, avant la mort de sa mère. Parfois, elle semblait même se moquer de tout et de chacun. Un goût énorme pour le bonheur l'envahissait. Un appétit de vivre, une avidité féroce la consumaient tout entière.

Elle qui avait pratiqué le courage et la patience comme des vertus voulues par Dieu et par les hommes, elle s'offrit le luxe de se montrer craintive et impatiente. Elle tremblait de perdre brusquement tout ce qui lui avait été donné. Elle craignait de se réveiller de ce rêve qu'elle faisait et de se retrouver dans le cauchemar habituel. Jusqu'alors, Frédéric et elle n'avaient vécu que soumis à des règles, brimés par des devoirs, dévorés par leurs soucis des autres. Cette fois, ils allaient vivre pour eux-mêmes.

Vitalie découvrit que l'amour rendait égoïste. L'égoïsme à deux… Tous ceux qui s'aiment savourent ce luxe inouï. Pour un temps plus ou moins long.

Vitalie et Frédéric faisaient de longues promenades à travers Charleville. Ils s'arrêtaient au bord de la Meuse, près du vieux moulin, puis remontaient dans la direction de Mézières. Enfin, ils revenaient, bras dessus bras dessous, vers le petit appartement. Ils regardaient, avant d'entrer, les nouveaux livres que le libraire Letellier, au rez-de-chaussée, avait placés dans sa vitrine. Frédéric, plus instruit que sa femme, citait des auteurs, attirait l'attention de Vitalie sur un traité scientifique. Celle-ci éblouie, contemplait plus volontiers les images d'Épinal et les journaux illustrés. Le père Cuif les voyait rentrer les joues en feu, les yeux brillants d'excitation. Le bonheur embellissait les visages, rendait les hommes bons.

Par ailleurs, le père Cuif remarquait que son statut de chef de famille avait changé. Dorénavant, le véritable maître du logis était le capitaine Rimbaud. Le vieil homme comprenait à présent ce que son propre père avait dû ressentir lorsque lui, Nicolas, avait introduit Félicité, sa femme, à la ferme de Roche. Le transfert des pouvoirs se produisait sans qu'on s'en aperçoive vraiment ; un jour, en douce, vous découvriez que le chef ce n'était plus vous, mais l'autre, le nouveau. C'était un peu comme si, pour laisser de la place aux autres, on changeait de chaise et que, de la sorte, on se rapprochât de la sortie, de la mort.

D'autant plus qu'une nouvelle génération s'annonçait déjà. Vitalie fut enceinte immédiatement. Elle en était ravie. Les gens d'Église lui avaient enseigné qu'on se mariait pour former une famille, pour avoir des enfants. Les traditions rurales parlaient de même. Fière de sa fécondité, Vitalie ne remarqua peut-être pas le désarroi du capitaine à l'annonce de sa future paternité.

Ce fut à cette époque que Vitalie connut un premier désenchantement. Elle avait presque oublié, repoussé cette idée déplaisante qu'un jour son mari devrait quitter le foyer et repartir en garnison. Bien sûr, elle pourrait, si elle désirait, l'y accompagner. Mais le désirait-elle ? Vitalie, enceinte, craignant les fatigues d'une vie dans un milieu qui lui était étranger, décida de rester à Charleville, dans le petit appartement de son père. Le capitaine, pour sa part, ne dut pas insister outre mesure pour qu'elle l'accompagnât. Peut-être désirait-il déjà retrouver sa vie d'antan : une vie de brave soldat, de fringant célibataire. Surtout, cette solution lui permettait de garder pour ses seuls besoins une solde grâce à laquelle il pourrait «tout juste… tenir sa place auprès de ses camarades[6]».

Le temps de l'égoïsme à deux était terminé.

Le père Cuif, qui retrouvait de la sorte son titre de chef du foyer et les corvées qui s'y rattachaient, se demandait ce qu'il avait fait au ciel pour mériter une vie aussi mélancolique. Il devinait bien que les séparations de Vitalie et de Frédéric n'amèneraient à la longue rien de bon. Il avait vu sa fille pleurer le jour du départ du capitaine. Il voyait bien, à ses yeux rougis, qu'elle avait pleuré pendant des nuits après la séparation. À présent, des nausées lui rendaient les matins pénibles. Vitalie se sentait misérable, mais elle essayait de ne pas trop le montrer. Elle faisait le ménage avec une sorte de rage qu'on aurait pu prendre pour de l'énergie. Elle voulait se conduire comme si tout était normal. Alors qu'au fond de son cœur, elle ne trouvait pas « normal » d'être séparée de son mari.

Elle se consolait en savourant le plaisir de recevoir des lettres et d'en écrire à son tour. Et puis, l'enfant qui grandissait dans son ventre lui permettait de croire que tout était bien, qu'une famille avec un enfant était une vraie famille.

Aussi, le 2 novembre, quand des douleurs violentes la réveillèrent au milieu de la nuit, Vitalie ne céda pas à la panique. Elle appela son père, lui ordonna avec calme de prévenir la voisine de ce qui lui arrivait, puis d'aller chercher la sage-femme.

L'accoucheuse arriva en compagnie d'une nièce qu'elle formait à son art. Elle demanda au père Cuif de mettre à bouillir une grande marmite d'eau, puis elle le poussa hors de la chambre, lui promettant de le rappeler dès qu'il serait grand-père.

Vitalie, écartelée dans le lit, souffrait abominablement. Elle savait, pour avoir aidé des voisines à Roche, que les douleurs amenaient certaines femmes à hurler comme des bêtes. Elle n'en avait pas peur. Cela aidait de crier. On poussait d'autant mieux l'enfant hors de son corps. Pourtant, elle serrait les dents afin de ne pas crier. Elle regardait avec inquiétude la voisine qui lui passait un linge frais sur le front. Pendant ce temps, la sage-femme épongeait les liquides que son corps sécrétait, mais qu'étaient-ils ? Cela se passait si loin d'elle, cette douleur qui lui arrachait la taille et le ventre. L'eau bouillie, amenée dans la chambre, y répandait une vapeur blanche. Vitalie ne voyait plus personne. Elle n'entendait plus rien. Seuls les battements de son cœur retentissaient dans sa tête. N'était-elle pas trop vieille pour tenter pareille aventure ? Cet enfant ne sortirait-il donc jamais ?

« Le voilà, dit la nièce, je vois la tête. Poussez, Mme Rimbaud. Courage. »

Vitalie sentit que son corps se déchirait. Qu'il brûlait. Puis quelque chose de mou en jaillit.

« C'est un gars, Mme Rimbaud. Félicitations. »

Vitalie murmura : « Il faudra prévenir mon mari. »

Le père Cuif fut enfin autorisé à pénétrer dans la chambre. Il tremblait comme une feuille. Il ne pouvait que répéter : « Ah, la Vitalie ! Ah, la Vitalie ! » Il passait du bébé que l'on avait déposé sous une couverture au pied du lit, à sa fille, pâle et silencieuse, dans des draps que l'on venait de changer.

C'est la voisine qui le prit par le bras et le fit rire : « Alors, vous voilà grand-père, à c'teure ? » Le père Cuif déclara qu'il avait moins souffert pour la nais-

sance de ses enfants que pour celle de son petit-fils.
Tout le monde éclata de rire. La sage-femme et sa
nièce, après avoir reçu leurs honoraires, s'en retour-
nèrent chez elles. Elles promirent de passer le jour
suivant pour soigner Vitalie. La voisine, restée en
compagnie du père Cuif, proposa de faire du café.
L'aube était proche. Cette femme, une brave fille de
la campagne montée comme les Cuif à Charleville,
venait d'avoir un enfant elle aussi et elle avait accepté
de servir de nourrice au nouveau-né Rimbaud.

On attendait la venue du capitaine Rimbaud avec
impatience. Il arriva, enfin, ayant obtenu une permission d'un mois à l'occasion de la naissance et
pour la cérémonie du baptême. À ce congé s'ajoutait l'autorisation de passer les fêtes de fin d'année
en famille et ce ne sera qu'à la mi-janvier que le
capitaine rejoindra sa garnison. Quant à l'enfant, il
reçut le même prénom que son père, à la suite de
ceux de son grand-père. Le petit Jean-Nicolas-Frédéric Rimbaud fut baptisé en l'église Notre-Dame
de Charleville.

Vitalie et le capitaine Rimbaud s'étaient retrouvés
avec beaucoup de plaisir. De ferveur même, puisque
au départ de son mari Vitalie attendait un nouvel
enfant.

Pendant ce temps, à la ferme de Roche, le frère
cadet, Charles-Auguste, menait l'exploitation à la
ruine. Il ne travaillait pas comme l'exigeait une
entreprise de cette importance : le matériel se dété-
riorait, le corps principal du logis se trouvait dans un
état de saleté repoussant. Les gens disaient du propriétaire, en riant : « i n'arait pon d'bouilles, va »,

pour signifier qu'il ne risquait pas d'attraper des ampoules aux mains tant il était paresseux.

Charles-Auguste dépensait tout son argent destiné à la ferme en bouteilles de vin. Ivrogne invétéré, il passait ses journées à se soûler. Le soir venu, il se trouvait dans un tel état qu'il aurait pu aller dormir avec les cochons. Il avait tellement maltraité sa femme qu'elle avait fini par retourner chez sa mère pour ne plus jamais revenir. De plus, Charles-Auguste apostrophait les promeneurs qui se hasardaient devant sa porte et il les invitait à venir boire en sa compagnie. Certains en profitaient d'abondance et se régalaient sur le compte de l'ivrogne. Quant à ceux qui refusaient, ils se voyaient souvent menacés par le fusil du fermier.

Tout cela était revenu aux oreilles du père Cuif qui en éprouvait une honte sans nom. Il ignorait comment agir afin d'enrayer la dégringolade sociale de son cadet.

Ce fut à cette époque que Charles-Auguste connut la surprise de sa vie. Comme d'habitude, il prenait l'air sur le pas de la porte, un après-midi de septembre, quand il vit s'approcher un promeneur à la mine sombre. Il l'interpella néanmoins comme il le faisait avec tous ceux qui passaient devant sa maison et il l'invita à boire un verre en sa compagnie. L'homme avait accepté sans dire un mot, d'un geste de la tête. Il avait traversé l'avant-cour à la suite de son hôte et pénétré dans la cuisine sans desserrer les mâchoires. Attablé devant des verres et une bouteille de vin, il avait écouté l'ivrogne en silence. Il avait l'air de se moquer du fermier. Celui-ci, à la longue, finit par s'en apercevoir et par s'irriter de l'attitude insolente du nouveau venu. Il devint agressif. Qui était-il après tout, cet homme? Un chemineau? Les pauvres bougres qui erraient sur les routes à l'époque ne jouissaient pas d'une très bonne réputation. On les soupçonnait de voler et de tuer les personnes seules et sans défense.

N'était-ce pas le cas, précisément, de Charles-Auguste? N'était-il pas un pauvre homme, seul et sans défense? L'ivrogne commençait à s'apitoyer sur son sort. Quelle idée d'avoir invité un étranger. Cet homme avait une peau plus basanée que celle de Charles-Auguste, pourtant brûlée après les travaux de l'été. Alors, qui était-il? Un Arabe? L'étranger éclata de rire. Charles-Auguste reconnut à ce moment celui que l'on croyait mort depuis longtemps, son frère aîné, Jean-Charles-Félix, dit l'Africain.

Il était revenu, comme il était parti, sans prévenir.

À son tour, l'ivrogne éclata de rire. Elle était bien bonne, celle-là. Le frère était de retour au pays.

L'Africain s'informa:

« Le père?

– À Charleville.

– Vitalie?

– Avec le père. Elle est mariée. Elle a un enfant.

– L'héritage? »

Ah, voilà qui compliquait tout: on avait oublié l'Africain au moment du partage. Furieux, le frère aîné réclama sa part.

Il désirait convoquer le père et la sœur, ici, à Roche. Il fallait recommencer la distribution des biens.

Charles-Auguste, qu'une réunion familiale ennuyait d'avance, proposa un marché. « Rachetez ma part et je vous laisse la ferme. Ici, je meurs d'ennui. » Ce qui fut fait. Les deux frères s'arrangèrent entre eux.

L'Africain avertit son père et sa sœur qu'il reprenait l'exploitation familiale à son compte. Le cadet quitta Roche. Il se mit à vagabonder dans le département, à droite et à gauche, chez tous les agriculteurs qui voulaient bien lui accorder une hospitalité passagère en échange de quelques travaux. Très vite, il dilapida l'argent que l'Africain lui avait versé en échange de la ferme. Il dut bientôt mendier son pain.

À Charleville, le père Cuif et Vitalie apprirent avec résignation ce que les deux frères avaient arrangé. Pouvait-on assagir des têtes brûlées comme eux ? Il était inutile d'intervenir. les deux hommes risqueraient de faire scandale et, vraiment, ce n'était pas nécessaire. La réputation de la famille Cuif avait été suffisamment entamée.

Ce qui importait, c'était cet enfant qui naîtrait en octobre. Vitalie attendait avec émotion le jour de sa délivrance. Elle savait déjà que son mari ne pourrait assister à la naissance, mais il avait écrit qu'il reviendrait à Charleville au début du mois de novembre. Il se montrait, dans sa lettre, impatient de retrouver sa femme et son fils, oui assurément, il goûterait volontiers à la paix du foyer.

Le 20 octobre 1854, naissait Jean-Nicolas-Arthur Rimbaud. Comme pour son premier enfant, Vitalie accoucha dans sa chambre au 12 rue Napoléon. La nourrice de Frédéric, un médecin et une garde-malade l'aidèrent à mener à bien l'aventure.

La naissance d'Arthur Rimbaud se passa comme toutes les naissances : douleurs de la mère, émotion du grand-père, complicité efficace des autres femmes. Mais la légende s'empare évidemment de tout. Le beau-frère posthume du poète, qui ne manquait pas d'imagination, raconta la naissance en ces termes : « À l'heure même de sa venue au monde, on venait de dispenser à l'enfant les premiers soins dus aux nouveau-nés : le médecin accoucheur constata qu'il avait déjà les yeux grands ouverts. Et, comme la garde-malade, chargée de l'emmailloter, l'avait posé sur un coussin, à terre, pour aller chercher quelque détail de maillot, on le vit avec stupéfaction descendre de son coussin et ramper, rieur, vers la porte de l'appartement donnant sur le palier. »

La réalité, bien sûr, fut plus prosaïque. Elle fut aussi plus cruelle.

L'appartement du père Cuif se révélait trop exigu pour accueillir Vitalie, Frédéric et sa nourrice, Arthur, sans oublier le capitaine qui revenait à Charleville chaque fois qu'il en obtenait l'autorisation de ses supérieurs. Aussi le nouveau-né, sitôt baptisé, fut mis en nourrice à Gespunsart, un petit village sur la frontière belge, dans un ménage de cloutiers.

Qui étaient ces cloutiers ?

Ils pratiquaient un des métiers les plus typiques de l'Ardenne forestière : « Pays où, depuis plusieurs générations, l'ensemble de la population travaille le fer sous toutes ses formes : dans les hauts fourneaux et les forges, à la confection d'objets d'armurerie, de ferronnerie et particulièrement dans la clouterie. »

Et Jean Hubert, en 1856, évoque la misère de ceux qui s'adonnent à cette activité principale des cantons de Mézières et de Charleville : « Hommes, femmes, enfants, vieillards y travaillent. Dans les maisons bâties en pierre et couvertes d'ardoises, les familles sont entassées dans les chambres étroites et mal aérées et une seule place réunit le plus souvent le cloutier, sa femme, ses enfants et son chien. Cette occupation nuit à la santé de la population composée d'individus petits, maigres et contrefaits, les ferronniers plus robustes et plus corpulents paraissant moins souffrir que les cloutiers [7]. »

Ces petites boutiques de type familial connaissaient une telle misère qu'on disait à propos du métier de cloutier et de son chien : « Chien de métier, métier de chien. »

Afin de soulager cette pauvreté noire, les femmes de cloutiers acceptaient de prendre chez elles des enfants nouveau-nés qu'elles nourrissaient en plus de leurs propres enfants jusqu'à leur sevrage qui se produisait en général vers le quinzième mois.

Ces nourrices, femmes d'ouvriers ou épouses de fermiers sans terre, étaient « des femmes hébétées de misère, vivant dans des taudis [8] ». Au XVIIIe siècle, elles connaissaient déjà une existence misérable que le XIXe siècle n'améliora guère. Gilbert les décrit obligées de travailler aux champs à la sueur de leur front et passant la plus grande partie de la journée éloignées de leur chaumière. « Pendant ce temps, l'enfant est absolument abandonné à lui-même, noyé dans ses excréments, garrotté comme un criminel, dévoré par les moustiques… Le lait qu'il pompe est un lait échauffé par un exercice violent, un lait âcre, séreux, jaunâtre. Aussi les accidents les plus effroyables les mettent à deux doigts du tombeau[9]. »

Si Vitalie, comme la plupart de ses contemporaines, avait placé ses enfants en nourrice, elle ne les avait pas abandonnés pour autant. Régulièrement, elle se rendait chez les cloutiers de Gespunsart pour leur payer ce qu'elle leur devait, pour apporter une nouvelle layette, des vêtements qu'elle avait tricotés, le soir, dans l'appartement de Charleville. En cela, elle se montrait plus consciencieuse que beaucoup d'autres mères qui, une fois l'enfant confié à la nourrice, s'en désintéressaient complètement, ne couvrant plus les frais d'entretien du nourrisson, ne s'inquiétant plus d'avoir de ses nouvelles. Vitalie, au cours d'une visite à Arthur et à la nourrice, aurait découvert que cette dernière avait revêtu son propre fils de vêtements destinés à Arthur. On imagine les reproches que la femme du cloutier dut subir. Mais comment aussi lui en faire grief ? Quand on connaît le fond de la détresse, il faut lutter avec la vie, et tous les moyens sont bons.

Ce fut donc dans ces conditions, précaires et cruelles, que le deuxième fils de Vitalie Cuif et du capitaine Rimbaud entama son existence.

L'année 1854 s'achevait dans la mélancolie. Le couple avait appris qu'en mars 1855, le capitaine devait partir non pour une quelconque garnison de France mais pour la guerre en Crimée. Il devait y suivre son régiment. Il connaîtrait la vie dure des armées en terre étrangère. On parlait de tranchées dans la région de Sébastopol. On parlait d'épidémies de choléra.

Peut-être qu'une perspective de ce genre rendait le capitaine Rimbaud plus tendre que d'habitude, peut-être que ce départ pour un pays lointain et hostile rendait plus aimable son foyer.

Quant à Vitalie, elle mesurait à cette occasion l'amour qu'elle éprouvait pour son mari. En cette période de leur histoire, Vitalie et le capitaine Rimbaud se sentirent très proches l'un de l'autre. Chacun essaya de tempérer son agacement devant les défauts de l'autre, chacun évita avec soin les occasions de disputes, normales dans une vie de couple. Ils se ménagèrent et se montrèrent d'une grande égalité d'humeur jusqu'au départ du capitaine qui eut lieu au mois de mars, comme prévu. La séparation devait durer un an et trois mois.

Ce ne sera qu'au mois de juin de l'année suivante, en 1856, que le capitaine Frédéric Rimbaud et Vitalie se retrouveront. Entre-temps, à Roche, les événements se précipitaient. Le 3 décembre 1855, l'Africain, qui avait repris la propriété familiale à son compte et qui commençait à la faire fructifier, fut trouvé mort dans son lit. Crise cardiaque? Hémorragie cérébrale? Maladie inconnue rapportée de « là-bas »? On ignore ce qui provoqua son décès. Le domestique, surpris de ne pas trouver son maître debout dans la cuisine au petit matin, l'avait appelé et, comme il n'obtenait aucune réponse, il avait tiré les rideaux qui fermaient le lit: il avait découvert l'Africain, les yeux et la mâchoire grands ouverts, mort.

Prévenus, le père Cuif et Vitalie entreprirent le voyage jusqu'à Roche. Ce furent d'étranges retrouvailles entre la jeune femme et le lieu de son enfance. Elle pensait avoir enfoui à jamais dans sa mémoire cette ferme où elle avait tant souffert, et voilà qu'elle découvrait avec stupeur à quel point elle chérissait ce lieu familial. Elle manifesta une grande émotion lorsqu'elle traversa l'avant-cour et pénétra dans la cuisine. Elle retrouvait tout comme avant. Rien n'avait changé. La cheminée, l'armoire, le lit, la table… elle n'avait jamais connu que cela !

Brusquement, Charleville, son mariage, ses deux enfants, le capitaine lui semblèrent irréels. Ils appartenaient à une histoire qui n'était pas la sienne. Et pourtant, oui, ils étaient bien réels, ils existaient, dans cette vie que le destin lui avait fabriquée.

Il fallut appeler les gendarmes, le curé, les voisins, la famille lointaine. Retrouver des connaissances négligées depuis longtemps. Il fallut organiser les veillées. Puis l'enterrement. Vitalie prépara la collation qu'elle servirait aux invités au retour du cimetière. Comme toujours en pareille circonstance, si on affichait un visage désolé au départ du cortège, une fois que le curé avait secoué son goupillon au-dessus de la tombe, on commençait à sourire, on pensait au café chaud qui vous attendait à la ferme, on salivait à l'idée des tartes que des servantes avaient préparées le matin, tout cela vous mettait à la limite de la bonne humeur, on entamait une conversation animée avec un voisin tout en retournant à pied à la maison des Cuif, on philoso-phait un brin : « Ce que c'est que de nous, allez ! », on se permettait même de discrètes critiques à l'égard du défunt, ou de sa famille, on commençait à rire, avant même que la liqueur ne vous soit ser-vie à l'arrivée dans un minuscule verre de cristal qu'on appellera « le verre du facteur » quelques années plus tard.

Le père Cuif fut probablement le seul à regretter la mort de son fils. Vitalie ne gardait qu'un souve-nir très vague de son frère aîné et elle l'associait à une période détestée de sa vie. Elle ne feignit pas d'éprouver du chagrin. Quant au frère cadet, il conti-nua à vagabonder à travers le pays et ne fut informé que longtemps après du décès de l'Africain.

Au mois de septembre 1856, le capitaine Rimbaud réapparut à Charleville. Il avait maigri, vieilli. Il traî-nait avec lui une grande lassitude. Il ne désirait qu'une chose : se retrouver auprès de Vitalie, goûter un repos bien mérité. Dans l'appartement de la rue Napoléon, Vitalie et son mari connurent une seconde lune de miel. Une grande faim les dévorait tous deux et, après une si longue absence, ils se retrouvèrent avec avidité. Le séjour du capitaine fut cependant bref. Il partit pour une garnison à Grenoble.

Tant d'ardeur avait porté ses fruits. Neuf mois après leurs retrouvailles, Vitalie Rimbaud mit au monde en avril 1857 une petite fille qui, d'après l'usage, porterait le même prénom qu'elle. La petite Victorine-Pauline-Vitalie, aussitôt baptisée, fut, comme ses frères revenus de nourrice entre-temps, confiée à une paysanne de la région et partit pour la campagne. Hélas, trois mois plus tard, la nourrice avertissait Vitalie de la mort du bébé.

De quoi était morte la petite Vitalie ?

Les causes de décès étaient nombreuses. Il y avait en premier lieu la mauvaise alimentation. On parle d'enfants en bas âge nourris avec des châtaignes écrasées ou avec du pain macéré dans du petit vin aigre. En second lieu, il y avait l'horaire des repas. On nourrissait l'enfant sans règles, quand cela arrangeait la nourrice. De là découlait «une avalanche de petits maux qui peuvent devenir fatals : aigreurs, vents, coliques, diarrhées vertes, convulsions ou obstructions et fièvres[10].» Enfin, il faut évoquer la saleté, le manque d'hygiène de l'époque qui emportait les enfants en grand nombre. «Les nourrices laissent quelquefois passer des semaines sans changer certains vêtements du bébé ou la paillasse sur laquelle il repose[11].» Parmi les principales causes de décès chez les nourrissons, il y avait aussi, surtout, la façon incroyable dont on emmaillotait les bébés : «On lui mettait d'abord une petite chemise, linge grossier qui fait plusieurs plis et fronces, et un lange par-dessus ; puis on lui collait les bras contre la poitrine et on passait une large bande sous les aisselles qui bloquait bras et jambes. On repliait linges et bandes entre les cuisses et on enfermait le tout par une bande circulaire serrée au maximum des pieds au cou. »

«Depuis des siècles et jusqu'au XIXe siècle, on emmaillotait ainsi les bébés, de crainte que leur mollesse n'entraîne quelque accident, et pour qu'ils grandissent droits et bien formés[12].» Mais ligaturé de cette façon, l'enfant pouvait étouffer ou pleurait à perdre haleine et faisait des convulsions.

Quelles que fussent les raisons de la mort de la petite fille, Vitalie supporta mal la nouvelle. Une fois de plus, son mari était loin et elle se retrouvait seule avec sa souffrance. Elle avait porté cette enfant dans son ventre, elle l'avait mise au monde, elle appris sa mort, tout cela dans une solitude infinie. La vie qu'elle menait était une vie étrange. En cinq ans de mariage, elle n'avait vu son mari que quelques mois. Au bout du compte, ce mode de vie, « tu reviens – on s'aime – tu pars – j'accouche », lui paraissait détestable. Tous ces enfants qui lui venaient neuf mois après le retour de son mari à Charleville ne lui donnaient pas l'impression d'avoir une famille et cela la rendait enragée. La vraie famille était absente. Cependant lorsque le capitaine revint en septembre de la même année, il tenta d'égayer sa femme, de la consoler de la mort de la petite fille. Il y réussit : neuf mois après, le 15 juin 1858, Vitalie mettait au monde une autre fille à qui elle donna de nouveau son propre prénom : Jeanne-Rosalie-Vitalie. Le bébé échappa à la mise en nourrice dans une lointaine campagne. Rendue prudente par le décès de sa première petite, la mère paya les services d'une paysanne à domicile.

Vitalie Cuif avait été privée de mère. Vitalie Rimbaud fut dépourvue de mari. Le capitaine était depuis longtemps reparti pour Dieppe d'abord, puis pour la garnison de Strasbourg. En cet été de l'année 1858, Vitalie connut une douleur infinie. Son père, le brave Nicolas Cuif, mourut dans la journée du 5 juillet. Il s'était vu partir, s'éteignant comme une chandelle, de vieillesse. Il avait pleuré lorsqu'il avait compris que sa fin était proche. Ses larmes, inattendues, avaient terrifié Vitalie. Elle n'avait vu son père pleurer qu'une seule fois, il y avait longtemps : c'était à la mort de sa propre femme. Vitalie, pour la première fois de sa vie, prit conscience de la tristesse de l'existence humaine. Elle n'était jamais qu'une succession d'altérations, de décompositions, de pertes. Pertes de l'amour, pertes de l'espoir, jusqu'à la perte de toute illusion.

Le père Cuif avait eu le malheur de voir mourir sa femme alors qu'il était encore jeune. Il ne s'était pas remarié. Il avait choisi de se consacrer à ses trois enfants mais, à l'heure des bilans, il constatait avec amertume que ses efforts n'avaient pas été récompensés. Le fils aîné était mort, après l'avoir laissé pendant des années sans nouvelles de lui. Le fils cadet vivait dans la fange. Quant à sa fille, elle serait abandonnée par son mari, un jour ou l'autre. C'était évident. Seule Vitalie semblait ne pas voir ce qui se préparait. Le père Cuif savait qu'après sa mort Vitalie n'aurait plus personne sur qui s'appuyer. Le vieillard versait des larmes non sur son sort mais sur celui de sa fille. Vitalie regardait partir son père, épouvantée par une mort qu'elle n'avait pas prévue, qu'elle n'avait jamais envisagée. Elle avait toujours vécu avec lui. Pourquoi cela n'aurait-il pas toujours été ? Son père et elle ne s'étaient jamais quittés, ils avaient connu trente-trois ans de vie commune. Trente-trois ans de travail, de souffrance, mais aussi de joies. Sans parler de l'espoir… Il revenait toujours, celui-là, même quand on pensait y avoir renoncé une fois pour toutes! Vitalie avait aimé son père, comme les filles aiment souvent leur père, et plus encore. Il avait été le seul être stable dans sa vie, le seul homme qui l'ait toujours traitée avec tendresse.

La mort du père Cuif laissa Vitalie Rimbaud démunie de tout.

Après l'enterrement, revenue du cimetière de Charleville, Vitalie retrouva l'appartement de la rue Napoléon. Les chambres lui parurent vides, même si trois petits enfants et leur nourrice emplissaient le lieu de murmures et de rires étouffés. Les pauvres ne se rendaient pas compte du chagrin de leur mère. Elle ne pouvait leur en vouloir de continuer leurs jeux comme si leur grand-père n'était sorti que pour une simple promenade.

Vitalie décida de faire face, comme elle l'avait appris dès ses premières années. Il fallait qu'elle se secoue, qu'elle ne se laisse surtout pas envahir par la fatigue de vivre. Elle dressa une sorte de bilan. Qu'est-ce qui l'attendait? Qu'exigeait-on d'elle? Et qui exigeait? Jusqu'à quand?

Il y avait, bien sûr ses enfants. Ils attendaient tout de leur mère. Elle leur donnerait donc tout. Suivant l'exemple de son père, elle décida de consacrer sa vie à ses enfants. Mais ce ne serait pas sans difficultés. Si elle possédait des terres, elle disposait de peu d'argent liquide. Son mari n'avait pas pris l'habitude de lui laisser une partie de sa solde pour le ménage. Il n'en avait même jamais été question. Vitalie en avait assez. Elle aborderait ces problèmes à la prochaine permission de son mari, et déjà Vitalie ne pensait plus « retour » mais « passage ». Quant à l'éducation à donner aux enfants, à leur instruction, il faudrait bien en parler. Frédéric ne semblait pas s'en soucier le moins du monde. Pourtant, dès qu'un des garçons commettait une bêtise, le père protestait contre « la façon insensée dont ces enfants étaient élevés ».

Le capitaine Frédéric Rimbaud revint à la fin de l'année. Il fut bien accueilli ! Écrasée par ses responsabilités et sa solitude, Vitalie le reçut avec des reproches, des récriminations. L'homme ne s'y attendait pas. Après tout, qu'y avait-il de changé pour que sa femme hurlât de cette façon ? Lui-même se sentait fatigué par une vie partagée entre des garnisons diverses et son foyer qui lui parut étroit et bruyant. Il avait l'impression de mener une double vie, d'en connaître les fatigues sans jouir des avantages. En outre, il détestait qu'on lui adresse des reproches, surtout lorsqu'ils étaient fondés. Émotifs tous les deux, insatisfaits de l'existence qu'ils menaient, ils s'accusèrent mutuellement de tous les maux. Ils se disputèrent, crièrent, ne s'aimèrent plus.

Vitalie voulait à tout prix que Frédéric reconnaisse ses faiblesses, ses lâchetés, ses fuites devant les responsabilités.

Quant à Frédéric, il désirait avant tout se reposer quand il venait à Charleville alors que Vitalie et les enfants l'accablaient de corvées et de bruit.

Dans ce genre de dispute, la femme qui parle frais de ménage et responsabilités est de toute façon perdante. Elle paraît mesquine face à celui qui a connu les grands horizons, l'aventure, la guerre. Combien la légèreté et l'insouciance du capitaine ont été plus séduisantes que le pesant sens du devoir de Vitalie! Pourtant, les enfants, Frédéric, Arthur et Vitalie, avaient besoin de ce sens du devoir maternel. Peu importe néanmoins puisque l'histoire a plutôt accablé Vitalie, traitée plus souvent qu'à son tour d'horrible mégère, face à l'homme si élégant qu'elle avait épousé [13].

Des querelles du ménage Rimbaud, nous possédons un témoignage, celui d'Ernest Delahaye, l'ami d'enfance d'Arthur [14]. Tous les biographes de Rimbaud ont rapporté cette scène qui, plus qu'une opposition entre un homme et une femme, révèle une « parade sexuelle maquillée en dispute [15] », où chaque acteur exécute le même rôle. De plus, l'évocation de cette scène est révélatrice du mode de fonctionnement de la mémoire d'Arthur Rimbaud, puisque c'est lui qui l'a racontée un jour à son ami Delahaye.

Qu'y avait-il donc dans cette querelle qui a frappé l'imagination de l'enfant, âgé alors de cinq ans? Ernest Delahaye évoque « la dernière altercation conjugale, où un bassin d'argent, posé sur le buffet, jouait un rôle… Le papa, furieux, empoignait ce bassin, le jetait sur le plancher où il rebondissait en faisant de la musique, puis… le remettait à sa place et la maman, non moins fière, prenait à son tour l'objet sonore et lui faisait exécuter la même danse, pour le ramasser aussitôt et le replacer avec soin où il devait rester ». Selon le témoin, Arthur ne fut pas effrayé par la dispute. Il se serait amusé d'assister au duel. On peut en douter, même si Arthur s'était montré faraud devant son ami. En réalité, la violence de la scène, l'objet auquel les adultes s'attaquèrent avaient sans doute terrifié les enfants Rimbaud. Mais, ce qui avait dû les fasciner par ailleurs, ce fut cette « musique » que les adultes, eux-mêmes silencieux, tirèrent du bassin d'argent.

Cependant, lorsque le capitaine repartit pour sa garnison en Alsace, Vitalie, après un premier mouvement du genre « Quel soulagement ! », sentit croître en elle des remords. À peine son mari s'était-il éloigné qu'elle redécouvrit qu'elle l'aimait. Encore. Toujours. Plus que jamais. Comment avait-elle pu le voir partir en lui laissant croire le contraire ?

Pour Frédéric, les choses ne furent pas plus simples. À peine sur le chemin du retour vers l'armée, il songea à Vitalie. Que leur était-il arrivé ? Il ne comprenait plus pour quelles raisons il s'était disputé avec sa femme. N'était-ce pas idiot de tout démolir d'un coup de tête ? Sans doute étaient-ils l'un et l'autre fatigués et avaient-ils manqué de patience.

Ils méritaient de se donner une nouvelle chance.

Aussi décidèrent-ils de se retrouver pendant l'été 1859. Ils se verraient hors de Charleville et sans les enfants : leur couple avait besoin de respirer un peu, de ne vivre que pour soi, sans les corvées familiales et ménagères. Ils décidèrent qu'après les moissons de l'été, ils se retrouveraient à Sélestat, en garnison. Oui, cette fois, ce serait Vitalie qui ferait le voyage, ce serait elle qui s'adapterait au milieu, aux habitudes de son mari. Et Vitalie, après avoir moissonné ses terres à Roche, confia ses trois enfants à une voisine. Elle allait prendre les premières vacances de sa vie. Légère, confiante, Vitalie retrouva le capitaine en Alsace. Elle vivait leurs retrouvailles comme une dernière chance à saisir. Dans ses malles, elle avait emmené une belle robe qu'elle avait confectionnée elle-même et dont le tissu, une soie gris clair, avait coûté si cher. Elle avait compté, économisé, gratté sur tout pour pouvoir se l'offrir. Elle s'était aussi confectionné un manteau en lainage anglais.

Sitôt arrivée à la garnison de Sélestat, Vitalie comprit que la tâche serait difficile. Elle devait partager son mari avec l'armée, les appels du matin, les exercices, les sorties entre camarades, tout un monde qui la rejetait, elle, la campagnarde, tout un monde qu'elle refusait, elle la fermière. Entre le soldat et celle qui cultivait la terre, il n'existait aucun dialogue possible. Pourtant, toujours une voix en elle la poussait à faire un effort, à essayer d'être heureuse avec cet homme. Vitalie voulait croire au bonheur, de toutes ses forces. Elle revint à Charleville enceinte.

À la fin de l'année, en plein hiver, si rude en Ardenne, Vitalie fut appelée chez le propriétaire de l'appartement. Il lui annonça qu'il ne voulait plus lui louer le premier étage. Il n'aimait pas les enfants et elle en avait trois, sans parler de celui que, visiblement, elle attendait. Il la pria de se trouver un appartement ailleurs.

Et voilà Vitalie, avec son gros ventre, seule à la recherche d'un logement. Elle parcourt sous la neige les rues de la ville. Elle s'informe auprès des voisines. Le temps presse. Le propriétaire menace de jeter ses meubles dehors. C'est la mauvaise saison. Vitalie n'en peut plus, de fatigue, d'angoisse. Tout ce qui lui arrive, la façon brutale dont le propriétaire lui a signifié son congé, le silence de son mari, ses grossesses successives, tout cela annonce la déchéance. Vitalie se voit déjà comme son frère cadet, mener une vie vagabonde, de déclassée.

Parce qu'il lui fallait agir rapidement, elle s'installa, dans un moment de panique, à l'hôtel du Lion-d'Argent, trop coûteux pour elle. Avec les trois enfants, elle risquait de s'y ruiner. Puis, faute de mieux, elle loua une moitié de maison dans le quartier pauvre de la ville, au 73 rue Bourbon, « une rue débraillée et populacière[16]. » « La plus pauvre population ouvrière y vivait dans des taudis[17]. » Le déménagement de cette femme, enceinte, entourée d'un garçon de six ans, d'un autre de cinq ans et d'une fillette d'un an fut particulièrement pénible. Des voisines aidèrent Vitalie à mettre ses objets et ses vêtements dans des malles. On loua les services d'un maraîcher qui emmena dans sa carriole les quelques meubles hérités du père.

Rien, jusqu'à présent, n'avait été ouvertement dit entre Vitalie et le capitaine, mais tout semblait inéluctable. Vitalie voyait avec horreur son mari se détacher d'elle. Frédéric ne s'était jamais intéressé aux enfants et voilà qu'il lui en arrivait encore un. Il ne s'était jamais intéressé à elle, à ce que représentait une journée de travail à la ferme de Roche.

Vitalie savait que son mariage était en train d'échouer, et elle en était terrorisée.

Le 1ᵉʳ juin 1860, neuf mois après les « vacances »
à Sélestat, Vitalie mit au monde une petite fille : Frédérique-Marie-Isabelle.

Après quoi le capitaine Rimbaud abandonna définitivement femme et enfants. Officiellement, ce fut
le 16 septembre 1860 que les époux Rimbaud se
séparèrent. Toutefois, plus tard, lorsque le divorce
entrera dans les mœurs, Vitalie et son mari, catholiques, n'useront pas de ce droit et resteront mariés
jusqu'au bout. Vitalie avait trente-cinq ans. Elle ne
devait plus jamais revoir son mari.

Vitalie avait tellement souffert dans son enfance
qu'elle avait cru, à son arrivée à Charleville et après
sa rencontre avec le capitaine Rimbaud, qu'elle en
serait consolée. Que la souffrance prévue pour une
vie, elle l'avait connue et qu'il ne lui restait plus que
le bonheur à vivre.

Comment avait-elle pu croire cela ? Sa vie de
femme n'avait été qu'une succession d'humiliations. La souffrance endurée pendant cette période
qui s'achevait avait été plus grande encore que celle
de son enfance. Le plus pénible était d'éprouver non
seulement de la douleur, mais aussi des regrets, car
elle regrettait cet homme, malgré ce qu'il avait osé
lui faire, malgré son indifférence à l'égard des
enfants. La dernière-née n'avait même pas eu droit
à un regard. Comment la mère allait-elle vivre,
désormais, avec tout cela en elle ?

Ce fut à partir de cette époque qu'on aperçut Vitalie Rimbaud le long de la Meuse. Les habitants de
Charleville, inquiets, observaient cette femme pleurer et crier de douleur le long de l'eau. N'allait-elle

pas se jeter dans le fleuve ? Elle paraissait ivre de souffrance. Mais non. Vitalie ne se noierait pas. Elle ne pouvait oublier, elle, que des enfants l'attendaient dans le taudis de la rue Bourbon. Vitalie n'avait jamais connu la liberté. Ligotée, elle le serait aujourd'hui comme elle l'avait été hier, comme elle le serait demain. Elle serait toujours une femme entravée.

Ce fut également à cette époque qu'elle eut des crises de somnambulisme, semblables à celles qu'elle avait connues dans son enfance. Que voulait-elle communiquer à travers son sommeil que, le jour, elle étouffait en elle ? Que désirait ce corps, en route chaque nuit, alors qu'on l'immobilisait dès l'aube ? Qui luttait en elle ? Et contre quoi ?

Ayant atteint le fond du désespoir, Vitalie éprouva de la haine pour la première fois de sa vie. La haine, non de quelqu'un mais de ce qui lui arrivait. De l'état dans lequel on l'avait mise. C'est le bonheur qui rend les hommes doux et bons. Pas le malheur.

À partir de cette année 1860, Vitalie Cuif, épouse Rimbaud, devint une femme qu'on ne vit plus jamais rire ou sourire une seule fois.

3
1861-1870
La « mother » dans « Charlestown »
(*Lettre de Rimbaud à Delahaye*)

Voici donc Vitalie Rimbaud et ses quatre enfants installés rue Bourbon. Ils y resteront deux ans.

Au XVIIIe siècle déjà, la rue était mentionnée comme misérable. «Souvent, ce ne sont que de pauvres masures, sans commodités. La description des maisons du haut de la rue… suggère toujours un état de vétusté ou de pauvreté. Les termes employés par les notaires ressemblent toujours à ceux-ci : «bâtiment de peu de valeur, bâti de mauvaise charpente…, maison fort défectueuse…, sans consistance ni robustesse…, menace ruine, etc.[1]».

Vivre dans un lieu de ce genre n'était pas rose. Vitalie en supportera difficilement la médiocrité, les couloirs malodorants, les escaliers galeux qui menaient à l'étage unique, la cour où se trouvaient les WC, le jardinet à l'odeur de choux pourrissants.

Cette nouvelle demeure, attaquée par la lèpre, lui semblait à l'image même de son destin.

Aussi réagit-elle comme à une provocation. Ah c'était donc ça ? On croyait l'abattre ? Eh bien non. Vitalie n'était pas une femme à céder devant l'obstacle. Elle jura de s'en sortir et d'en tirer ses enfants, de cette vie au fond d'un trou.

Toute préoccupée qu'elle était par le sort de sa famille, Vitalie ne songea pas à entamer des relations avec ses nouvelles voisines. Aussi sa mauvaise réputation fut-elle vite installée. D'un naturel silencieux comme tous ceux de sa lignée, Vitalie n'éprouvait aucun désir de bavarder avec les autres femmes de la rue. L'impatience qu'elle manifestait devant une connaissance arrivée chez elle à l'improviste la rendit impopulaire dans le quartier. Parce qu'elle ne souriait guère, on ne pensa pas qu'elle était malheureuse, on dit qu'elle était fière. Parce qu'elle ne causait avec personne, on ne pensa pas qu'elle était timide, on la dit méprisante. Parce qu'elle n'allait jamais emprunter du sucre ou de la farine auprès des autres ménagères, ainsi que ces dernières pratiquaient volontiers, on la jugea d'une dignité maladive. On réussit même à la décrire se frayant «un chemin superbement dans la boue des trottoirs sans jamais s'enfoncer ni salir ses pieds [2]». Grâce à un subtil système de lévitation, sans doute ?

Vitalie, quelle que fût sa réputation, n'avait guère le temps de s'en inquiéter. Il était bien plus urgent de retrouver toute son énergie, un courage à toute épreuve, et, dans son cas, l'expression prenait tout son sens. Comme l'avait noté son mari sur la page de garde de sa grammaire Bescherelle : «Sans un peu de travail, on n'a point de plaisir [3].»

Du plaisir, Vitalie en aurait à revendre. Elle commença par rendre les chambres habitables. Elle se levait tôt le matin pour préparer les repas des enfants, laver le nouveau-né. Elle retrouvait un asservissement domestique qu'elle n'avait quitté que pour une brève durée. De même, elle renouait avec la solitude, malgré la présence de ses enfants. L'obligation d'assumer ses responsabilités envers eux qu'aucune charge n'écrasait encore isolait la mère.

Parce que Vitalie avait en face d'elle des enfants dont l'aîné avait à peine huit ans, elle ne jugea ni bon ni possible de se confier à eux, de leur avouer ses peines et ses désarrois. Au contraire, elle se crut obligée de se montrer une femme forte, d'être le refuge dont ils avaient avidement besoin. Formée par la discipline de son enfance, Vitalie fut déformée par le carcan de la maternité. Elle se traita durement. Très vite, elle traita les autres de même. Vitalie Cuif appartenait à une génération de femmes qui étaient dures pour elles-mêmes et pour les autres. Femmes de la campagne, bourgeoises des villes de province et de la capitale, toutes avaient été éduquées dans le respect de la discipline. Cela commençait par le souci d'un maintien « correct ».

« Elle se tiendra, bien assise, droite ; ses mains ne tourneront ni sa chevelure ni les plis de sa robe, elle ne s'accoudera pas sur le dossier de sa chaise, ou sur le meuble voisin ; elle ne croisera pas ses jambes, et ses pieds ne seront pas (…) dans un mouvement perpétuel [4]. »

Raides, les corps et les âmes ! Les corsets étranglaient les vies. Mais cela donnait aux femmes une colonne vertébrale, et on les trouvait « admirables », surtout dans le malheur.

Du travail donc. « Il faut travailler beaucoup : donnez un but à votre vie », écrira, des années plus tard, Vitalie à Paul Verlaine en mal d'amour…

Des prières aussi. Vitalie trouvait dans la religion une consolation nécessaire. Quand on connaît l'enfer sur terre, autant croire au ciel.

En premier lieu, Vitalie va tenter d'étouffer l'amour qu'elle éprouve pour le capitaine. Ce ne sera pas facile. Elle regrettera son mari jusqu'à la fin de sa vie.

En second lieu, il s'agissait pour elle de « mériter » son salut. Une vie austère ne lui déplaisait pas. La rigueur, pour cette femme grave, n'était certes pas un défaut. Le plus difficile était d'enrayer l'amertume qui montait dans son cœur. De ne pas se dire sans arrêt qu'elle n'avait pas eu de chance. De ne pas en vouloir aux autres de ce qui lui arrivait. D'éviter l'aigreur. Ses enfants méritaient « une belle vie ». Elle essaierait de la leur offrir.

La bible à tranche vert chou apparut sur le guéridon d'acajou du salon. On la lira souvent en famille. Arthur Rimbaud la rendra célèbre. Il s'agit d'une bible janséniste, l'Ancien et le Nouveau Testament dans la traduction de Lemaistre de Saci, édition de 1841. Elle aurait été recomposée à la Bastille entre 1666 et 1668 [5].

À tous ses malheurs, Vitalie devait ajouter la réprobation sociale. « La condition toute particulière de ce ménage (…) coupé en deux, la curiosité impitoyable des « sociétés » de province, qui ne sauraient tolérer sans interrogations harassantes cette continuelle absence de l'époux, font que Mme Rimbaud ne voit personne à Charleville et se replie farouchement sur le soin de ses enfants dont elle voudra, avec une fermeté méticuleuse, faire toute seule l'éducation sociale et desquels l'avenir, surtout, lui sera un souci irritant [6]. »

Vitalie souffrit énormément de la réprobation, non pas comme d'aucuns le pensaient, par soif de considération, mais, c'est évident, parce que cette réprobation était injuste. On la rendait responsable d'un dommage dont elle était la première à souffrir. On jugeait avec malveillance cette femme, ni veuve ni divorcée. On s'irritait de ne pas pouvoir lui coller une étiquette. Vitalie souffrit aussi de constater que la malveillance de la société n'épargnait pas ses enfants. « Les regards, les réflexions qu'ils essuient de la part des voisins les marquent douloureusement [7]. » La souffrance de la mère s'en trouvait doublée.

Certains biographes de Rimbaud ont repris à leur compte l'idée de la femme abandonnée et coupable. C'est le colonel Godchot qui, pour défendre la désertion conjugale du capitaine Rimbaud, par solidarité entre soldats, se montrera le plus féroce envers Vitalie. « On ne doit pas s'étonner qu'il ait dû abandonner femme et enfants, écrit-il, pour fuir, je le répète, l'horrible mégère qui fit aussi le malheur d'Arthur Rimbaud, la femme la plus difficile à vivre, la plus bigote, la plus cagote, la moins intelligente, la plus bornée, qu'homme intelligent (et il l'était) ait pu épouser, poussé, après tant de campagnes et d'isolement, à se constituer une famille que ses moyens ni ceux de son beau-père ne lui permettaient pas de traîner à sa suite [8]. » Il met en place la grosse artillerie, le colonel, qui ajoute, à propos du capitaine (jamais soupçonné d'avarice, lui) : « Il devait avoir tout juste de quoi vivre et tenir sa place auprès de ses camarades, il est certain que cela donna lieu à des récriminations, récriminations parfois violentes de la mère de famille. »

Enid Starkie tient des propos similaires : « Ainsi, à six ans, Arthur fut entièrement sous la coupe de la mère, femme angoissée par les tracasseries pécuniaires et aigrie par l'abandon de son mari[9]. » Comment aurait-elle dû être, Vitalie, après l'abandon de son mari ? Aux anges ? Riant à gorge déployée ? Et s'amusant de ses ennuis financiers ?

Dans la vie, il y a des gens qui peuvent tout se permettre et d'autres à qui rien n'est autorisé[10]. Vitalie Cuif appartenait d'évidence à la seconde catégorie.

Malheureuse, Vitalie se raidissait pour se maintenir debout : on ne vit que sa raideur. « Il faut le reconnaître, ajouta le colonel Godchot, qui jugea qu'à trop médire il ne serait plus crédible, Mme Rimbaud eut aussi une tâche maternelle très dure ; mener, sans l'aide du père, l'élevage de deux fils et deux filles[11]… » Certes, c'était dur. Pourtant, malgré ses soucis d'argent, Vitalie soignait ses enfants au mieux, puisque Ernest Delahaye, l'ami d'enfance d'Arthur, le décrit, lui et son frère aîné, Frédéric, comme des « bonshommes proprets, aux yeux bleus, aux joues rondes et fraîches ». Mais « tant vaut la mère, tant vaut le fils », les garçonnets étaient déjà, à l'image de Vitalie, « sérieux comme des papes ». Évidemment. La fantaisie pouvait effrayer Vitalie qui avait dû en souffrir.

On reproche, consciemment ou inconsciemment, à la mère d'Arthur Rimbaud d'être une paysanne, une authentique fermière. Elle appartenait à un monde totalement méconnu, pour ne pas dire méprisé par les citadins. Que Vitalie soit une paysanne explique tout : ses malheurs (comment peut-on être heureux quand on est un paysan ?) et ceux de ses enfants (comment peut-on rendre les autres heureux quand on a encore de la bouse aux sabots ?). Comment peut-on comprendre le génie poétique quand on trait les vaches ? On oublie de la sorte qu'à l'époque, Vitalie ne fut pas la seule à s'étonner des textes de Rimbaud. De fins lettrés n'y virent que du feu. Pour *Une saison en enfer*, c'était obligé…

Ces diverses accusations contre la mère masquent ce qui est stupéfiant dans l'histoire de Rimbaud. Ce n'est pas son prétendu silence. Mais sa parole. Et le fait que cette parole fut celle d'un homme « né dans la réalité rugueuse ». D'un paysan ! Là réside l'éclatant miracle. Le génie naît où il veut. C'est comme si, bâillonnée à travers les siècles, impuissante à se formuler, explosait tout à coup, en un seul être, la parole enragée des Cuif, à l'image de certains peuples qui, soumis des siècles durant, se rebellent soudain et crient leur désir d'un destin différent. Arthur Rimbaud désirait d'autres conditions spirituelles de vie. Lorsqu'il a constaté l'échec de la littérature, il a cherché ailleurs et autrement « la vraie vie ». Que sa mère, comme ses contemporains, n'ait pas compris cela, peut-on honnêtement, lui en tenir rigueur ?

Vitalie, c'est évident, se débattait avec le concret. Les terres à labourer, la ferme de Roche à exploiter, les enfants à élever. Ce fut son destin. Elle l'avait accepté. Vitalie apprit à ses enfants à lire et à écrire.

Elle surveillait les devoirs. Elle suivait les textes latins que Frédéric et Arthur devaient étudier et elle ne leur permettait pas de passer à table avant de savoir la leçon « d'un bout à l'autre, sans omettre ni déplacer le moindre mot [12] ». Les méthodes d'éducation et d'instruction de Vitalie étaient simples. Le mauvais élève partait se coucher sans souper. C'est-à-dire qu'il devait se contenter d'une tranche de pain comme repas. Mais « il y avait quignon de pain copieux, c'est certain : le délinquant dormait comme une souche et possédait une santé merveilleuse [13] ».

En octobre 1861, Vitalie inscrivit ses deux fils à l'école située au 11 rue de l'Arquebuse. C'était un externat, fondé en 1855 par un docteur ès sciences de l'université de Strasbourg, François-Sébastien Rossat, qui, au début, comptait environ deux cents élèves. Peu après, en application des directives du ministre Victor Duruy sur l'enseignement moderne, une section « spéciale » (nous dirions technique) avait été créée, avec amphithéâtre, ateliers, laboratoires. Le succès fut immédiat : bientôt l'institution compta plus de trois cents élèves (cent de plus qu'au collège). Plus tard, quand cette réforme aura atteint son apogée, Francisque Sarcey pourra écrire, dans *Le Soleil* (19 mars 1866) : « C'est à Charleville que se trouve un des plus beaux établissements d'instruction publique qui soient en France [14]. »

On y entrait par une grande porte peinte en vert foncé. Les murs y étaient d'« un jaune cadavre », excepté le mur qui fermait la cour, si laid que, « lorsque les matins de distribution de prix, les élèves y jetaient leurs encriers pour les briser, les taches et

les éclaboussures n'ajoutaient rien à sa laideur [15] ».
Les murs étaient non seulement couverts de taches,
mais d'inscriptions irrévérencieuses et, dans les
classes, on ne remarquait pas le moindre emblème
religieux. Alors, anticlérical, M. Rossat ? Un man-
geur de curé ? Non, car les musiques de ses élèves
accompagnaient la procession du Saint-Sacrement
dans les rues de la ville. Voilà qui dut rassurer Vitalie. Et qui explique sans doute que l'institution soit
fréquentée par les enfants de la bourgeoisie.

Arthur, âgé de sept ans, y recueillit trois prix et
trois nominations la première année, en neuvième.
Les dons naturels de l'élève et les leçons de Vitalie
portaient leurs fruits. En huitième (1862-1863), il
obtint le prix d'honneur de la division inférieure,
cinq prix et sept nominations. À la fin de la troisième année, il récolta un prix en grammaire latine
et thème latin, un autre en grammaire française et
orthographe, un troisième en histoire et géographie
et un quatrième en récitation classique et lecture,
sans compter un accessit en calcul. Que de succès,
annoncés dans *Le Courrier des Ardennes* que lisait
Vitalie. Enfin un peu de bonheur dans une vie grise.
Le jour de la distribution des prix, on se rendait en
famille à la fête d'où Arthur ramenait des livres
superbes, des volumes reliés, tous passionnants : *Les
beautés du spectacle de la nature* de l'abbé Pluche,
L'habitation du désert de Mayne Reid, illustré par
Gustave Doré, *Les Robinsons français de La Nou-
velle-Orléans* de J. Morlent et *Le Robinson de la
jeunesse* de Madame Fallet. Propret, en uniforme,
les cheveux bien peignés, les joues rondes, l'élève

Arthur Rimbaud ressemblait à un ange. Boudeur, cependant. Et qui n'en pensait pas moins. Dans un cahier de brouillon, l'angelot laissait couler sa bile, entre une préparation de dictée et des problèmes :

Ah saperlipotte de saperlipopette
sapristi moi je serai rentier il ne fait
pas si bon de s'user les culottes sur les bancs...
saperlipopetouille.

Il s'irritait contre les Latins (« qu'ils me laissent rentier et conservent leur langue pour eux ») et les Grecs (« cette sale langue n'est parlée par personne, personne au monde »). Mais être un bon élève offrait des avantages : Arthur dévorait les livres reçus en récompense de ses succès. Il avait la passion de la lecture et s'adonnait à son passe-temps favori, loin des bruits de la famille, loin des regards indiscrets : dans les latrines. Vitalie s'impatientait de le voir s'y enfermer pendant des heures. Elle craignait le manque d'hygiène du lieu. Elle supportait mal ce premier geste d'indépendance. Elle désirait surveiller ses enfants à chaque instant, anxieuse qu'un accident ne survienne, inquiète que de « mauvaises lectures » ne pervertissent les jeunes cervelles. Aussi, malgré le travail ménager, malgré la présence des deux fillettes, Vitalie tenait à conduire elle-même ses fils à l'école et venait les chercher à la sortie des classes. Les deux garçons détestaient cela, mais ils n'osaient pas en parler à leur mère. Il fallait « veiller au grain ». Pour Vitalie, cette expression prenait tout son sens. Elle courait régulièrement à

Roche pour chercher des fermiers qui loueraient ses terres. Souvent ces malheureux, ruinés par une mauvaise récolte, devaient parcourir tout le pays pour chercher du travail comme ouvriers agricoles, ne pouvant plus faire face aux charges d'une ferme prise en location. L'insécurité de ses ressources obsédait Vitalie. Elle possédait des terres au soleil, mais cela ne rapportait rien. Et pas question de vendre. Alors, elle s'appliqua à gérer ses biens avec prudence, de sorte qu'elle réussit à maintenir un train de vie décent et, grâce à son sens de l'économie, elle put envisager l'avenir matériel des siens sans trop trembler.

Son installation rue Bourbon ne devait être que provisoire. Du moins Vitalie l'avait-elle pensé. Mais faute de moyens, elle y resta plus longtemps.

En Ardenne, on avait coutume de déménager à la Saint-Jean, en raison des usages carolopolitains de location. Vitalie laissa passer deux fêtes avant de pouvoir remettre ses meubles sur une carriole, ses vêtements dans des malles, ses objets ménagers dans un coffre et, les quatre enfants l'aidant chacun selon ses forces, elle put s'installer dans un nouvel appartement, situé au 13 cours d'Orléans, quartier le plus aéré et le mieux fréquenté de Charleville.

L'espoir était donc permis. Vitalie avait quitté son taudis, un de ses fils remportait de nombreux prix à l'institution. À cette époque, Vitalie dut croire que le bonheur revenait. Les choses ne sont jamais aussi terribles qu'on se l'imagine. Avec un peu de courage, beaucoup de travail, un cœur fort, elle avait sauvé le navire qui prenait eau de toutes parts. Lorsqu'elle regardait ses quatre enfants, si beaux, si gentils, Vitalie se sentait récompensée de ses efforts.

Pourtant, les flots calmes annonçaient la tempête. Arthur, sage en apparence, couvrait son cahier de brouillon de remarques vindicatives. Il était petit et frêle de carrure. Il le restera pendant dix ans, jusqu'en 1870 où il grandira de dix-neuf centimètres en un an. Son aspect enfantin, accentué par une roseur de peau et des yeux bleus de bébé, faisait son tourment. Sa mère continuait à le traiter comme un enfant et, avec la verdeur de langage qui parfois la caractérisait, elle le traitait d'animal ou de bout d'homme quand il avait désobéi. Arthur, furieux, notait dans son cahier que ce n'était pas vrai qu'il soit un animal. Quant au « bout d'homme », il ne pouvait que répondre : « Ah ! Saperpouillote. » À l'école, il se bagarrait avec ses camarades. Prompt à s'emporter comme sa mère, il était un petit coq enragé. Le physique de l'enfant ne révélait en rien cette intelligence aiguë qui se développait à l'insu de tous.

Les dimanches, plus que les autres jours, Vitalie exigeait de ses enfants qu'ils soient convenables, c'est-à-dire qu'ils se tiennent pommadés et lisent la fameuse bible à la tranche vert chou. Pas de jeux, pas de bruit, mais des lectures silencieuses, des distractions calmes. Cela c'était pour meubler les gris après-midis du jour du Seigneur. Le matin, on allait à la messe. Louis Pierquin, étrange ami de la famille Rimbaud, a raconté la scène suivante qui a fait florès auprès de tous les biographes du poète : « Chaque dimanche, Mme Rimbaud assistait, en la nouvelle église paroissiale, à la messe de onze heures. Elle s'y rendait, majestueusement, avec ses enfants : en avant, les deux fillettes, Vitalie et Isabelle, se tenant par la main ; au deuxième rang, les deux garçons, Frédéric et Arthur, portant chacun un parapluie de coton bleu. Le buste droit, corsage noir et gants de filoselle, la mère fermait la marche. Les petits étaient proprement habillés, chapeau rond, col blanc rabattu et bien repassé, gros souliers, costume de coupe désuète.

Le même cérémonial était strictement observé, lorsqu'on allait au marché faire les emplettes et les provisions. C'était un objet de curiosité pour les passants et les boutiquiers. La place Ducale enfermait, ces jours-là, dans la noble et froide ordonnance de ses vingt-quatre pavillons Louis XIII, toute une population grouillante et affairée, et le cortège original cheminait entre les tentes, les étalages en plein air, les voitures de brocante et de primeurs, d'une impeccable façon, sous les commentaires ironiques [16]. »

On se moquait des enfants. On brocardait la mère. Vitalie n'en avait cure. Elle, qui s'était déclarée veuve pour éviter les questions insidieuses, était par ailleurs totalement indifférente à ce qu'on pouvait penser d'elle. Elle méprisait du fond du cœur tout ce qui ressemblait à des commérages et à de la mesquinerie. Seul importait ce qu'elle, Vitalie Cuif, avait jugé bon ou mauvais. Elle n'attendait pas des autres qu'ils lui disent ce qu'elle devait penser. Comme guide, elle avait sa bible janséniste.

Pendant que les deux garçons étudiaient à l'institut Rossat, Vitalie éduquait à la maison ses deux filles, la petite Vitalie et Isabelle. En cela, elle ne différait pas de la plupart des autres Françaises du Second Empire. Il s'agissait essentiellement de transmettre une morale familiale et des principes religieux. Malgré les progrès marqués par la laïcité, l'Église détenait une puissance et une influence considérables sur les familles. Il existait une série de manuels qui fixaient les devoirs de la femme chrétienne. De même, des ouvrages de savoir-vivre et d'économie domestique appuyaient les connaissances des mères.

Vitalie s'efforçait de transmettre à ses filles les principes qui l'avaient soutenue jusqu'ici. À savoir : apprendre à domestiquer son effervescence, ses élans brusques et spontanés, avoir un air soigné, des cheveux qui ne volent pas au vent, des vêtements propres, ni froissés ni déchirés. La correction de la tenue devait indiquer la correction des mœurs. L'histoire de la femme avait mal débuté. Depuis Ève et la plaisanterie qu'elle avait faite à Adam, on n'avait pas arrêté de surveiller les femmes, de leur interdire tout ce qu'on pouvait interdire. À commencer par l'usage de la parole. Une des plus grandes qualités de la femme était de se taire.

Au départ donc sera l'obéissance. Celle-ci enseignée comme on sait (à coups de privations de repas, de fêtes, etc.), on relevait parmi les autres qualités à posséder : la docilité, la politesse, la franchise, la pudeur, la constance, la douceur, la patience, l'ordre, la simplicité, la bonté. On voulait des agnelles, douces et dociles. Vitalie elle-même était loin d'avoir toutes ces qualités, elle, toujours si rétive et impatiente.

Côté défauts, il fallait éviter : l'entêtement, le mensonge, la colère, la curiosité, l'indiscrétion, la médisance, la rancune, la paresse, la vanité, l'égoïsme, l'amour-propre, l'orgueil. Vitalie, entêtée, colérique et orgueilleuse comme une Ardennaise peut l'être, éprouva de sérieuses difficultés à rendre son éducation crédible car tous ses enfants manifestèrent les mêmes défauts qu'elle. Il est étonnant de lire ce que certains maîtres de l'époque préconisaient pour asseoir l'autorité des parents envers des fillettes de quatre et six ans : « La prison m'a toujours paru un des meilleurs moyens de correction, écrit Lélia Long dans sa *Lettre à une jeune mère*. Non une prison étroite et obscure, mais une prison claire, spacieuse même, où, à l'abri de tout regard et de toute distraction, seul avec lui-même, l'enfant soit en quelque sorte contraint de réfléchir et de se juger. » Voilà pour le spirituel, pour l'âme.

Il faut aussi munir l'enfant d'un savoir manuel. La petite fille s'exercera aux travaux d'aiguille. Dans son enfance, Vitalie avait dû apprendre à coudre et à tricoter, le tricot étant « la consolation » de la femme. À son tour, elle enseignera à ses filles la couture, activité qui forme les jeunes à « la continuité dans l'effort ». Personne n'est à l'abri d'un malheur, de situations précaires. Il est donc nécessaire de pratiquer un art qui peut aider à vivre, qui permettra d'éviter, en plus des problèmes financiers, la solitude morale. Ici, Vitalie savait de quoi on parlait.

C'était par son travail qu'elle avait évité les catastrophes. Quant à l'argent qu'elle possédait, elle lisait dans les manuels que c'était un argent honorable : celui qui provient de la famille ou de l'exploitation des terres, du métier d'avocat ou de médecin exercé par le mari est estimable. Pas d'avocat ni de médecin dans la famille, mais des terres, oui, de bonnes terres à roches, et dans les environs, oui, voilà qui était bien. Par ses lectures, Vitalie se sentait confortée dans ses principes, son statut et ses croyances.

D'autant plus que l'Église glorifiait, en ces temps-là, une mère, la mère par excellence, la Vierge Marie. Le culte marial s'était développé tout au long du siècle et le 8 décembre 1854 (année de la naissance d'Arthur Rimbaud), l'Église proclamait le dogme de l'Immaculée Conception. Le RP Marchal, dans *La femme comme il la faut*, expliquait : « Pour réhabiliter la femme (*sic*), il fallait en créer une – parfaite – tout entière dévouée à Dieu, qui sauverait les autres femmes (…). Il était nécessaire qu'une autre mère des hommes réparât spécialement l'état plus coupable et plus sévèrement puni de la femme. Cette seconde Ève, cette autre mère, ce chef-d'œuvre d'humilité, d'obéissance et d'amour divin, ç'a été Marie, la Vierge auguste [17]… » Vitalie va donc vénérer spécialement la mère de Dieu. Toutefois, elle ne verra pas, à l'instar de trois de ses contemporaines, la vierge lui apparaître. Non. Plus tard, bien plus tard, Vitalie aura, il est vrai, une apparition, dans une église. Un fantôme la regardera avec « une sympathie extraordinaire », mais ce ne sera pas le fantôme de Marie, non. En attendant, l'Église glorifiait la mère, mettait l'amour maternel à l'ordre du jour. Évidemment, comme la Vierge Marie avait souffert pour (à cause de ?) son fils, les autres mères seraient appelées à souffrir. Souffrance valorisée, bien entendu. Plus on souffre, plus on prouve qu'on aime. Vitalie, mieux que quiconque, allait bénéficier des affres de la maternité.

Les soins attentifs à ses deux filles ne la distrayaient pas pour autant de ceux donnés à ses deux fils. Elle décida de les inscrire au collège après les vacances de Pâques 1865. Le collège de la ville était situé près de la Meuse, place du Saint-Sépulcre (l'actuelle place de l'Agriculture). Il avait été aménagé dans l'ancien couvent des dames chanoinesses et formait un édifice imposant, avec fronton à croix de Lorraine devant une chapelle surmontée d'un dôme à campanile.

Au commencement de leurs études, Frédéric et Arthur, d'un naturel timide, éprouvèrent quelques difficultés à s'adapter à leur nouvel environnement. Leurs résultats, cette année-là, furent corrects, sans plus. Vitalie ne leur en fit pas reproche. Elle avait d'autres soucis en tête. Elle cherchait un appartement. Incapable de rester longtemps dans un même lieu, cette femme en apparence si casanière, si sédentaire, ne cessera de changer d'habitation sa vie durant. À la fin de son existence, âgée de plus de quatre-vingts ans, elle écrira encore à sa fille, Isabelle, qu'elle s'apprête à déménager. Cette année, elle s'installait avec sa famille au 20 rue Forest qui deviendra l'avenue de l'Empereur. Ces changements de domicile la fatiguaient beaucoup, mais, à chaque installation dans un nouveau lieu, elle avait l'impression que sa vie serait plus agréable, plus heureuse. Plus facile. Il n'en était rien, bien entendu. Les contrariétés, les soucis, les inquiétudes, Vitalie les avait emmenés dans ses bagages et tout était à recommencer. La famille Rimbaud s'installait au 20 rue Forest pour quatre ans.

L'année 1866 sera l'année des succès scolaires d'Arthur, des échecs de Frédéric et de la communion des deux frères. Ce sera aussi l'année où Vitalie découvrira que ses fils ne sont plus de tendres bébés, mais des adolescents farouches qui vont s'opposer à sa volonté. Rien cependant qui inquiétât la mère. Elle n'ignorait pas que ces affrontements étaient des étapes obligées vers l'indépendance de tout enfant. Elle voyait quelle était la sensibilité d'Arthur, de quelle tendresse il était capable. Pour sa part, tout en adorant sa nichée, elle ne parvenait pas à trouver les mots pour le dire. Son immense amour, elle ne réussissait à le montrer qu'à travers ses soins attentifs, ses sacrifices. Or, pour exprimer sa colère, curieusement, elle trouvait toujours les mots nécessaires. Elle souffrait de cette discordance, mais ne pouvait plus changer. Elle avait accablé Arthur de reproches le jour où elle l'avait surpris « un livre peu orthodoxe » à la main et, pour lui apprendre à obéir, elle avait enfermé son fils dans le grenier.

Sinon, cet enfant lui donnait pleine satisfaction. Il obtenait à l'école des prix en langue française, en récitation, même un premier accessit en enseignement religieux. Pendant ce temps, Frédéric accumulait les échecs sans frémir. Il attirait sur sa personne les lamentations des professeurs. « Mon pauvre ami... Et pourtant, l'exemple de votre frère. » Et lorsqu'un condisciple demandait au « pauvre ami » ce qu'était son frère, Frédéric, sans jalousie répondait : « Arthur ? Il est épatant ! » Les deux frères restaient très proches l'un de l'autre en ces années qui précédaient la guerre. On les voyait souvent ensemble, dans une barque amarrée au bord de la Meuse près du collège. Ils s'y balançaient ou ils rêvaient, devant les fonds glauques de l'eau. La cloche du collège les obligeait à quitter la barque. En cette année 1866, ils firent ensemble leur communion. Une photo a rendu l'événement célèbre. Arthur est assis, une main sur son missel, l'autre sur sa cuisse. Il fixe l'objectif d'un air sérieux. Frédéric, debout à côté de lui, prend une pose avantageuse. À cette époque, Arthur avait la foi. « Ce n'était pas simplement par de la docilité ou par de la mémoire qu'il brillait aux examens en « instruction religieuse » ; à douze ans, il était d'une foi ardente, d'une dévotion exaltée jusqu'au martyre s'il l'avait fallu. Un dimanche, comme les élèves sortaient de la chapelle (...), des « grands » se hâtèrent de manifester l'esprit fort que l'on a d'habitude quand la barbe pousse au menton, en barbotant avec délice dans le bénitier, en se jetant au visage l'eau sainte... et autres impiétés joyeuses. Rimbaud, tout petit, bondit de fureur à la vue du sacrilège ; il s'élança, voulut les repousser, subit des bourrades, répondit par des coups de poing, autant qu'il pouvait, en reçut d'avantage, s'obstina, griffa, mordit, jusqu'à l'intervention de l'autorité qui mit tout le monde en retenue [18]. » Mme Rimbaud fut informée de la punition de son fils et, pour une fois, accueillit la nouvelle sans sourciller : ce petit avait du cran.

En quatrième, Arthur progresse encore : toujours premier prix en enseignement religieux, mais aussi en vers latins, en histoire et géographie, en exercices français, en récitation. Il avait comme professeur principal « un rude vieillard, M. Pérette, que l'on surnommait « le père Bos », à cause de la vigueur avec laquelle, martelant le rythme du poing sur sa chaire, il scandait dans les vers les accusatifs pluriels : glo*bos*… super*bos*. Grondeur et pédant, il était en butte aux espiègleries de Rimbaud. La fin du vers de Virgile : « *debellare superbos* » se transformait, à la grande hilarité de la classe, en « dégueulare superbos ». Le père Bos s'irritait de ces plaisanteries d'étudiant. Il ne supportait pas davantage le sourire « à moitié moqueur » qu'affichait Arthur, y voyant là une marque d'arrogance. Alors qu'en réalité ce sourire ambigu était un simple tic de famille, tous les membres de la tribu Rimbaud souriaient de même [19]. »

En troisième (1868), les bulletins d'Arthur étaient excellents. S'il n'avait plus qu'un deuxième prix en enseignement religieux, il remportait un premier prix en version latine, en vers latins, un deuxième accessit en version grecque, histoire et géographie, un deuxième prix en récitation. Devant tous ces succès, Vitalie décida de soutenir son fils dans ses efforts. Elle paya des leçons particulières données par le professeur de la classe, M. Ariste Lhéritier. « C'était un petit homme brun, bouillant, dramatique, à voix tonitruante, mais très bon et très priseur, entiché de littérature, à condition qu'elle fût strictement conforme aux lois de Boileau, passant de l'indignation à la gaieté en quelques minutes, vous promettant la guillotine, puis vous ouvrant sa tabatière. La réserve timide de Rimbaud, quand ils se trouvaient en tête-à-tête, le déconcertait quelque peu. Afin d'égayer ce farouche, il s'amusait, au cours d'une explication, à barbouiller de sa plume, abondamment garnie d'encre, le nez d'un magot en porcelaine qui décorait son encrier : l'élève se contentait de sourire poliment, sans dire un mot, ne pouvant croire, sans doute, que ce pédagogue si criard, qui l'initiait au mécanisme de la poésie latine, ne fût pas toujours sur le point d'entrer en fureur [20]. »

Ces leçons, payées par Vitalie malgré ses difficultés financières, portèrent leurs fruits. À partir de la deuxième (1868-1869), il arrive souvent à Rimbaud de déposer sur la chaire du professeur un devoir de vers latins fait aussi en vers français, ou des versions latines, des versions grecques, traduites en vers et en prose. Mais il y a mieux, en cette année 1868. Vitalie avait cessé de venir rechercher les deux garçons à la sortie des classes. Elle estimait à présent qu'ils étaient assez grands pour rentrer à la maison sans commettre trop de bêtises ou sans craindre un mauvais coup. L'attention qu'elle portait à ses enfants se manifesta autrement : en plus des leçons particulières, il y avait ses visites de remerciement au collège. Le proviseur Desdouets avait prêté à son fils *Les Caractères* de La Bruyère. Vitalie devait se rappeler un jour cette visite, car le proviseur lui avait déclaré : « Rien de banal ne germe dans cette tête, ce sera le génie du mal ou le génie du bien. »

Ses paroles avaient inquiété Vitalie. Elle ne prenait certes pas pour des manifestations du mal les « bêtises » que faisait Arthur en compagnie de Frédéric. Un jour, ils étaient revenus de l'école la pointe de leurs parapluies cassée. Vitalie ne leur avait pas demandé par quel jeu idiot ils avaient obtenu ce beau résultat. En guise de punition, elle les avait obligé à aller au collège avec ces parapluies tronqués.

Il était évident qu'elle devait manifester une autorité sans faille, quasi virile. Elle devait être à la fois mère et père. Aussi installait-elle sa ferme volonté sur tous les membres de sa famille. On pouvait dire de Vitalie Cuif qu'elle avait une autorité naturelle. « Quand une femme maigre est d'allure imposante, commentait Ernest Delahaye, ce n'est pas une plaisanterie. »

Vitalie, chaque matin, inspectait ses enfants. La chemise était-elle bien mise ? Les cheveux bien lissés ? Le visage et les oreilles lavés ? Le costume impeccable ? Arthur et Frédéric portaient l'un et l'autre un chapeau melon, un col blanc rabattu, un veston noir, un pantalon de drap bleu ardoise dont Mme Rimbaud avait dû acheter un coupon énorme, un rouleau sans fin, car Delahaye les vit culottés de cette nuance pendant plusieurs années de suite. Vitalie désirait soigner la tenue de ses enfants sans entamer ses maigres ressources. Aussi était-il probable, en effet, qu'elle s'était procuré, en mère économe, une coupe entière de drap bleu à Sedan ou à Neuflize et qu'elle en habilla ses fils pendant des années. De même, elle tricotait, à ses moments de repos, en fin de soirée, d'innombrables paires de chaussettes bleues.

Une tenue parfaite donc et des succès scolaires : Arthur était un don des dieux. Vitalie s'émerveillait chaque jour de découvrir en lui une intelligence aussi vive. Sans parler de son avidité de vivre. À l'âge de treize ans et demi, Arthur envoya en secret une ode de soixante hexamètres au Prince impérial à l'occasion de sa communion, le 8 mai 1868. C'est par une lettre d'un condisciple appelé Joly, datée du 26 mai, que l'affaire est révélée : « Tu connais sans doute les Rimbault (*sic*) ; l'un d'eux (celui qui est maintenant en troisième) vient d'envoyer une lettre de 60 vers latins au petit prince impérial à propos de sa première communion. Il avait tenu cela dans le plus grand secret et n'avait même pas montré ses vers au professeur : aussi fit-il quelques barbarismes assaisonnés de vers faux. Le précepteur du prince vient de lui répondre que le petit (…) de Sa Majesté avait été très touché de cette lettre, que, comme lui, elle était élève et lui pardonnait de bon cœur ses vers faux [21]. »

La bible à tranche vert chou aidait Mme Rimbaud dans sa tâche d'éducatrice. Le passage de l'Ecclésiaste (XXX, 12) ordonnait : « Courbez-lui le cou pendant qu'il est jeune, et châtiez-le de verges pendant qu'il est enfant de peur qu'il ne s'endurcisse, qu'il ne veuille plus vous obéir, et que votre âme ne soit percée de douleur [22]. » Du bonheur d'être mère…

En attendant les douleurs annoncées, Vitalie avait entrepris un nouveau déménagement. Cette fois, elle avait loué un appartement au rez-de-chaussée de l'immeuble situé au 5 bis quai de la Madeleine (l'actuel 7 quai Arthur-Rimbaud). La maison était neuve, en pierre de taille avec un balcon en fer forgé. En juin 1869, la famille Rimbaud s'y installait. Le logement, agréable, faisait face à la Meuse et au cadre de verdure entourant le Vieux Moulin.

En novembre 1869, Frédéric fut accusé, à tort semble-t-il, d'avoir dessiné un abbé au bain et risqua d'être renvoyé du collège pour obscénité, mais l'affaire fut étouffée et les deux fils de Vitalie restèrent dans l'établissement. On a dit que le collège n'avait pas renvoyé Frédéric de peur de perdre Arthur. C'est possible. Arthur avait remporté le prix au Concours général de l'Académie de Douai en juillet et le 15 novembre sa composition parut dans le *Bulletin officiel de l'Académie de Douai*. Arthur Rimbaud était publié. La mère éprouvait autant de joie que lui. Son fils aurait un avenir brillant. L'année 1869 se terminait dans une sorte de paix. Vitalie pouvait dresser un bilan positif de la situation. Elle avait réussi à économiser suffisamment pour louer un bel appartement. Elle voyait ses enfants grandir en beauté et en sagesse. Tout le monde était « en bonne santé ». Il ne fallait pas demander davantage à la vie. Il y aurait bientôt dix ans que son mari l'avait abandonnée : les souffrances s'étaient calmées, même si Vitalie pensait encore régulièrement au capitaine, même si elle se demandait ce qu'il devenait, s'il ne pensait jamais à ses enfants, à elle… Il avait dû vieillir, comme elle qui s'étonnait d'avoir quarante-cinq ans dans quelques mois. Elle ne pensait pas à son âge. Son énergie était intacte. Elle ne tombait jamais malade. Mais il lui arrivait de se rendre compte du passage du temps, tout à coup, à l'occasion de l'anniversaire d'un de ses enfants. En 1870, Isabelle aurait dix ans, la petite Vitalie douze ans, Arthur seize ans et Frédéric dix-sept ans. Comme le temps pouvait vous rouler. Vitalie se rappelait que, lorsqu'elle était fillette, à Roche, son père trouvait qu'elle grandissait trop vite. Alors pour la taquiner, il menaçait de mettre une pierre sur sa tête afin de l'empêcher de pousser comme une mauvaise herbe. À présent, quand Vitalie regardait ses filles, elle restait stupéfaite de les voir en âge d'entrer au pensionnat. Elle devait aussi les inscrire au cours de catéchisme en vue de la communion. Il faudrait confectionner une toilette pour elles. Vitalie n'achèterait ni des tissus brodés ni de la mousseline, trop chers. Ses filles comprendraient qu'un tissu « tout ce qu'il y avait de plus simple » conviendrait mieux à la modestie de la cérémonie.

Le 17 janvier 1870, Vitalie apprenait de la bouche d'Arthur qu'un nouveau professeur venait d'arriver au collège. Il était beau, il s'intéressait à ses élèves, il était fou de littérature… Georges Izambard entrait dans la vie d'Arthur Rimbaud. Il avait vingt et un ans et il était républicain. Il sera le premier des amis aînés d'Arthur Rimbaud, celui qui remplacera pour un temps le père absent, celui qui recueillera ses confidences, celui qui encouragera ses projets littéraires. Aussi, celui qui récoltera quelques ennuis à cause de ses escapades. Ernest Delahaye, proche ami d'Arthur et qui le restera jusqu'à la fin, était surtout le témoin passif et admiratif du poète.

Très vite, Mme Rimbaud constatera que son fils Arthur, et le nouveau professeur sont devenus amis. Les jours de congé, Arthur n'accompagnait plus la famille à la promenade. Il partait de son côté et discutait littérature avec Georges Izambard. Vitalie ne s'opposa pas à cette amitié. Georges Izambard, né le 11 décembre 1848, était orphelin de mère. Il avait été recueilli par les sœurs Gindre, vieilles filles amies de sa famille. Elles habitaient Douai, qui sera la ville d'enfance d'Izambard. Licencié ès lettres de l'université de Paris à dix-huit ans, il commença une carrière dans l'enseignement. « À Paris, au début de ses études, il n'était guère plus âgé que ne l'était maintenant Rimbaud, c'est là qu'il se pénétra de forts sentiments républicains, dans les conceptions les plus radicales. Pendant les dernières années du Second Empire, Paris fourmillait de révoltés en puissance ; dans tous les cafés de la rive gauche, on ne parlait que de trahison. Comme tous les jeunes gens aux idées avancées de son époque, Izambard était violemment opposé au gouvernement de Napoléon III [23]. »

Le professeur découvrit la passion d'Arthur Rimbaud pour la poésie. Le maître allait s'attacher à cet enfant, nerveux, timide, si convenable d'aspect, qui brûlait d'un feu intense et qui avait déjà énormément lu. Il avait emprunté à la bibliothèque de la ville tout ce qu'il avait pu. Il avait acheté chez les libraires des fascicules du *Parnasse contemporain* avec les quelques sous que Vitalie lui avait donnés. Elle avait pris un abonnement à *La Revue pour tous*, voyant l'intérêt de son fils pour la littérature. Il est certain qu'Arthur fit lire le texte qu'il y publia, « Les étrennes des orphelins », à sa mère, de même qu'il le donna à lire à Georges Izambard. Le professeur n'approuvera pas sans réserve tous les textes d'Arthur. On le lui reprochera plus tard. Pourtant, dira en substance Izambard vers 1910, « j'ai été de ceux qui ont, les premiers, attiré l'attention du public lettré sur la personne et l'œuvre de Rimbaud. Et j'y ai eu quelque mérite : faire avaler Rimbaud, à la fin du siècle dernier, dans des milieux intellectuels parfois gourmés, souvent hostiles, cela demandait quelque diplomatie : j'ai fait de mon mieux [24]. »

En janvier 1870 commençait donc une amitié importante entre « l'enfant et le jeune homme », entre celui qui était dépourvu de père et celui qui avait perdu sa mère. Georges Izambard devait qualifier de maternelle l'affection qu'il nourrissait pour Arthur. Il s'en disait aussi le confident parfois un peu sermonneur.

Sermonneur, peut-être, mais cela n'empêchait pas Vitalie de sermonner de son côté. De surveiller, comme les manuels d'éducation le lui conseillaient, quels livres tombaient entre les mains de ses enfants. C'est ainsi qu'un jour elle s'aperçut avec dégoût qu'Arthur lisait… Victor Hugo ! Elle prit plume et papier et adressa à Georges Izambard une lettre dans laquelle elle remerciait le professeur pour l'attention qu'il portait à Arthur, et pour ensuite lui reprocher d'avoir prêté Victor Hugo à son fils. C'est l'histoire du sermonneur sermonné. Le tout, en une prose d'une courtoisie rare.

Monsieur,

Je vous suis on ne peut plus reconnaissante de tout ce que vous faites pour Arthur. Vous lui prodiguez vos conseils, vous lui faites faire des devoirs en dehors de la classe, c'est autant de soins auxquels nous n'avons aucun droit.

Mais il est une chose que je ne saurais approuver, par exemple la lecture du livre comme celui que vous lui avez donné il y a quelques jours, Les Misérables *(de) V. Hugo. Vous devez savoir mieux que moi, Monsieur le Professeur, qu'il faut beaucoup de soin dans le choix des livres qu'on veut mettre sous les yeux des enfants. Aussi j'ai pensé qu'Arthur s'est procuré celui-ci à votre insu, il serait certainement dangereux de lui permettre de pareilles lectures.*

J'ai l'honneur, Monsieur, de vous présenter mes respects.

V(euve) Rimbaud
4 mai 1870[25]

Cette lettre n'avait pas soulagé Vitalie. Elle se rendit chez M. Desdouets «très en colère» et se plaignit de l'affaire. Le principal trouvait ce malentendu ridicule. De plus, il n'aimait pas recevoir les visites et doléances des parents. Il conseilla donc à Izambard de s'expliquer en personne avec Mme Rimbaud. Ce que le professeur entreprit sur-le-champ. Georges Izambard raconta son entrevue avec « l'ombrageuse maman » : « J'eus à subir comme entrée de jeu, tout un cours de politique au poivre : Victor Hugo, qu'elle écrivait *hugot*, c'était l'ennemi de l'autel et du trône, justement banni pour ses productions dépravées… *Les Misérables*, surtout, cette œuvre qui… que… je compris qu'elle avait sur le cœur le mot de Cambronne, imprimé en effet en toutes lettres dans le chapitre sur Waterloo, et qui avait soulevé de pathétiques colères : « Trouvez-vous bien d'enseigner ces choses-là à vos élèves, Monsieur le Professeur ? » Vitalie, pour son malheur, tout à ses reproches, ne laissait pas Izambard placer un mot. Enfin, il y réussit : elle s'était trompée. Il n'avait pas prêté *Les Misérables* mais *Notre-Dame de Paris*. Si ce n'est toi, c'est donc ton frère : Vitalie, toujours fâchée, continuait d'allonger ses récriminations. « La dame, raconta Izambard, poursuivait ses diatribes sans m'écouter : je compris qu'elle exécrait ce « hugot » en bloc et de confiance, sans l'avoir lu, puisqu'il était, paraît-il, mis à l'index : le livre était impie et je n'avais pas le droit de rendre son Arthur complice de mes impiétés[26]. »

Cette scène, célèbre, où Vitalie se mit dans tous ses états pour un livre de Victor Hugo, montre moins, comme on l'a dit, le côté obtus de cette femme, que sa naïveté. Son désarroi. Devant l'obligation d'élever seule quatre enfants, Vitalie s'était choisi des aides morales et religieuses qui valaient ce qu'elles valaient, mais qui étaient les siennes. Et celles de beaucoup de ses contemporains. Ces guides, il fallait bien qu'elle les suive, sinon, à quoi se serait-elle raccrochée ? L'Église lui disait que Victor Hugo était dangereux ? Comment ne l'aurait-elle pas cru ? Cela faisait partie de sa propre histoire, avec ses interdits de toutes sortes. De plus, Hugo était en exil, proscrit par le pouvoir impérial. Vitalie, monarchiste, préférait encore Napoléon III aux républicains.

Une femme au XIXe siècle ne peut se libérer aussi facilement qu'elle le voudrait. Vitalie n'avait déjà que trop tendance à se rebeller. Elle était toujours « en état de légitime offense[27] ». Cette fureur qui la dévorait, elle ne savait pas vers qui elle devait la tourner. Elle ignorait d'où elle lui venait. Elle ne pouvait la mettre en mots. Elle ne pouvait que subir cette souffrance enragée en elle. Et parfois, c'était plus fort qu'elle : Vitalie éclatait en sanglots, courait se réfugier le long de la Meuse. Parfois aussi elle explosait en colères terribles et s'en prenait à qui se présentait alors devant elle. Comment n'aurait-elle pas été « hors d'elle », cette femme ? Qui lui disait qu'elle existait ? Qui s'inquiétait de la comprendre ? Qui partageait ses humiliations et ses révoltes ? Personne ne se demandait quelles étaient ses pensées pendant la nuit. Vitalie Cuif avait l'air d'une femme forte. Et les gens forts, on ne les ménage jamais.

L'entrevue orageuse entre Vitalie et Georges Izambard s'était passée un mois avant les concours académiques. Arthur s'y préparait par un redoublement de devoirs qu'il déposait sur le coin de la chaire de son professeur. Izambard les corrigeait de façon détaillée, verbalement ou par écrit. Il consacrait la plus grande partie de son temps à Arthur. Ce fut sa façon à lui de donner une leçon à Vitalie, après « l'affaire Hugo ». Aussi, quand vinrent les concours, Arthur était prêt. Il remporta le prix en vers latins pour son texte sur une *Allocution de Sancho Pança à son âne*. Le 17 juillet, une lettre officieuse avertissait Izambard des succès de son élève.

Cette bonne nouvelle coïncidait avec une autre, catastrophique. La France venait de déclarer la guerre à la Prusse, le 19 juillet, « dans des conditions absurdes et même criminelles, ainsi que l'avait précisé avec force le 12 juillet la section parisienne de l'Internationale des Travailleurs, alors que ses forces militaires, entamées par l'expédition du Mexique, ne pouvaient se comparer à celles de l'Allemagne, tout entière comme enrégimentée par la Prusse, alors que son ascendant moral dans le monde était atteint par le mauvais renom d'une cour et d'une capitale aussi enviées que détestées, alors que ses faiblesses politiques avaient écarté d'elle toute espèce d'alliance. C'est aux cris de « À Berlin ! » que les foules fêtèrent la mobilisation de troupes mal commandées, mal armées, mal disciplinées : fanfaronnades et mensonges, illusions et ignorances, désordre des esprits et désordre des choses, voilà les mots qui caractérisent, du côté français, la concentration et le début des opérations [28] ».

D'un côté, la fin de l'année universitaire, de l'autre, la guerre. On ne savait plus quels sentiments on éprouvait, en ce mois de juillet 1870. Arthur se reposait de son surmenage scolaire… en ciselant des poèmes. Il les faisait lire à Izambard. La distribution des prix était fixée au 6 août. Georges Izambard décida de quitter Charleville sans attendre cette cérémonie. Il comptait rentrer à Douai chez ses tantes et y passer ses vacances. Son départ plongeait Arthur dans le désarroi. «Que vais-je devenir ? C'est sûr, je me sauverai un ce ces jours : je ne supporterai pas cette existence une année de plus.» Il s'imaginait qu'à Paris, il trouverait facilement du travail dans un journal. Devant ses illusions, Georges Izambard et un professeur ami, Deverrière, le prévenaient des difficultés du métier. Alors Arthur menaçait de se laisser «tomber sur la route, de mourir de faim sur un tas de pavés» si on le décourageait dans ses entreprises. Georges Izambard prenait ces menaces au sérieux. Il sentait bien qu'Arthur en avait assez de *Charlestown* et de sa *mother*. «Patientez une année de plus, conseillait-il, ne heurtez pas de front votre mère ; tous vos prix, dans quelques jours, vont la rendre plus indulgente.» À quoi Arthur, boudeur, rétorquait qu'il ne la connaissait pas. Izambard insistait : «Terminez vos études. Passez le bachot. Ça ne sert à rien, mais ça suffit à tout, aurait dit Talleyrand», ajoutait-il pour dérider Arthur. En vain. Le jour du départ d'Izambard, Arthur l'accompagna jusqu'à la gare. En apparence, il s'était résigné à suivre les conseils de son professeur. Le 25 août, Arthur écrivait une lettre à Douai dans laquelle Izambard ne releva aucun détail inquiétant. Son élève était sage. Pourtant, elle choqua Izambard parce qu'Arthur y ricanait d'abondance et épinglait «le patrouillotisme» des Français.

Le 4 septembre vit la fin de l'Empire et la proclamation de la République. Sur le passeport des citoyens, l'administration, économe et pressée, biffa à l'encre le mot «Empire» pour ajouter par-dessus «République». Quant à l'adjectif «français», on se contenta de lui ajouter la lettre E.

Le 6 septembre, Georges Izambard reçut une nouvelle lettre d'Arthur. Il avait désobéi. Il s'était enfui de Charleville. Il se trouvait à présent à Paris. En prison.

4
1870-1873
L'enfant « pressé de trouver le lieu et la formule » (*Illuminations*)

Que s'était-il donc passé ?

Georges Izambard avait quitté Charleville le 24 juillet 1870. Arthur avait manifesté quelque désir de l'imiter, mais semblait s'être résigné et attendre la distribution des prix prévue pour le 6 août au collège. Toutefois, quand les premiers revers de l'armée française inquiétèrent les patriotes, l'énervement collectif n'épargna pas les deux fils de Vitalie. Ainsi, le 2 août, Frédéric, alors âgé de dix-sept ans, admirait les troupes françaises qui traversaient Charleville en direction de la frontière. Des soldats remarquèrent ce jeune garçon qui les enviait. Ils lui adressèrent quelques plaisanteries… et voilà Frédéric leur emboîtant le pas et disparaissant de Charleville, sans avertir sa mère. Il se fera enfermer dans Metz avec Bazaine. Le soir, son fils aîné absent au repas, Vitalie interrogea Arthur, qui ne savait rien. Elle sortit bouleversée, et rencontra des témoins du départ glorieux de Frédéric, promu mascotte de la soldatesque.

Elle comptait donc si peu pour Frédéric !

L'abandon de celui qui portait le prénom de son mari l'humilia. Elle éprouvait aussi une colère sourde devant cet acte irresponsable, une envie de donner à son fils une paire de gifles, là, maintenant, tout de suite, de lui dévisser la tête puisqu'elle ne lui servait à rien, et surtout pas à réfléchir ni à prendre considération des sentiments d'une mère. D'un autre côté, elle se rongeait de le savoir en route pour la guerre, au milieu de soldats rudes et grossiers. Qu'allaient-ils faire de son enfant? Elle pleurait sur ce fils comme s'il était déjà mort. Il était parti comme son propre frère, l'Africain, était parti un jour de Roche. Et, sans doute, de même que l'Africain était resté des années sans donner de ses nouvelles, son fils ne prendrait pas davantage la peine de la rassurer sur son sort.

Les nouvelles de la guerre étaient mauvaises. Les Allemands, bien préparés, avaient envahi l'Alsace et la Lorraine. Les batailles de Froeschwiller et de Woerth, le 6 août 1870, furent les premières défaites françaises. Le gouvernement, dirigé par l'impératrice Eugénie nommée régente, mit Paris en état de siège. Les journaux de l'opposition, «dénonçant» la Patrie en danger, «réclamaient l'armement de tous les citoyens et la formation d'un Comité de Défense constitué des députés de la capitale». Pendant ce temps, l'armée française se faisait battre le 14 août à Borny, le 16 à Gravelotte, le 18 à Saint-Privat et se voyait contrainte à un repli dans Metz. «Napoléon crut possible d'aller débloquer Bazaine: les Allemands l'en empêchèrent, forcèrent l'armée peu homogène et démoralisée de Mac-Mahon à glisser vers le nord et à s'installer dans le faux abri de Sedan. C'est là que, cernée par les Allemands, l'armée française, acculée au désastre, capitulera le 2 septembre. Napoléon III sera emmené en captivité avec cent six mille hommes : Sedan impliquait tôt ou tard la perte de l'armée de Metz et le siège de Paris [1]. » Deux jours plus tard, « sous le signe de la Patrie en danger », éclatera la révolution du 4 septembre. Les habitants de Charleville vécurent ce mois d'août dans la peur. Le 25, les Prussiens étaient déjà à Boulzicourt, une localité située à dix kilomètres au sud de la ville. Le 29, l'ennemi avait coupé la ligne directe Rethel-Reims.

Arthur Rimbaud, un des derniers soirs du mois d'août, peut-être inquiet que les événements ne l'empêchent d'aller à Paris, quitta à son tour la ville sans prévenir sa mère. Il se promenait avec Vitalie et les deux fillettes dans les champs en bordure de la Meuse. Soudain, il déclara qu'il allait chercher un livre à la maison. Il s'éloigna alors, non pas vers son domicile, mais en direction de la gare.

Arthur partait pour Paris, la capitale des lettres.

On imagine, cette fois encore, les tourments de Vitalie. Elle se promenait avec ses enfants, essayant, malgré la guerre, malgré le départ de son fils aîné, d'adoucir les difficultés de la vie quotidienne, de goûter les plaisirs de la nature ardennaise. Et voilà que son autre fils disparaissait à son tour. Quand, le soir venu, Vitalie fut bien obligée de constater son absence, elle imagina qu'il lui était arrivé un malheur. Elle pensa même que des Allemands l'avaient arrêté et l'avaient emmené comme prisonnier. Toute la nuit, elle sillonna les rues de Charleville et de Mézières, dans la plus grande détresse, à la recherche de son fils. Elle fit la tournée des cafés, frappa aux portes des quelques personnes qui connaissaient Arthur. En vain. Vitalie réintégra son appartement complètement désemparée. Elle pleurait sans retenue devant les deux fillettes, effrayées par ce qui arrivait. Les jours passèrent. Aucune nouvelle ne venait apaiser les tourments de la mère. Les troupes allemandes avançaient rapidement vers Charleville et l'anxiété de Vitalie grandissait au fur et à mesure que l'annonce de la déroute française et de la victoire des ennemis se confirmait. On racontait, à propos des Allemands, qu'ils avaient incendié des villages, brûlé des gens dans leur propre maison. On racontait qu'ils se conduisaient comme des brutes envers les civils, volant, violant, tuant femmes et enfants. Vitalie, seule avec ses deux filles, n'en menait pas large. Elle ne savait que faire. Comment agir au mieux pour sauver sa famille de la barbarie ennemie? Où aller? Fallait-il rester à Charleville, attendre comme un veau le couteau du boucher? Était-il préférable de fuir? Mais où? Nulle place en Ardenne où se sentir à l'abri. On racontait aussi que les Allemands incendiaient les récoltes… Que resterait-il de Roche après leur passage?

Ce fut dans de telles dispositions d'esprit que Vitalie reçut une lettre de Georges Izambard. Il lui annonçait qu'Arthur était retrouvé, sain et sauf, un peu fatigué, très pouilleux, mais contrit et repentant. Lui-même avait reçu une lettre d'Arthur le 6 septembre et cette lettre était celle d'un enfant en détresse.

Paris, 5 septembre 1870

Cher Monsieur,

Ce que vous me conseilliez de ne pas faire, je l'ai fait : je suis allé à Paris, quittant la maison maternelle ! J'ai fait ce tour le 29 août. Arrêté en descendant de wagon pour n'avoir pas un sou et devoir treize francs de chemin de fer, je fus conduit à la préfecture, et aujourd'hui, j'attends mon jugement à Mazas ! Oh ! – J'espère en vous comme en ma mère ; vous m'avez toujours été comme un frère : je vous demande instamment cette aide que vous m'offrîtes. J'ai écrit à ma mère, au procureur impérial, au commissaire de police de Charleville ; si vous ne recevez de moi aucune nouvelle mercredi, avant le train qui conduit de Douai à Paris, prenez ce train, venez ici me réclamer par lettre, ou en vous présentant au procureur, en priant, en répondant de moi, en payant ma dette ! Faites tout ce que vous pourrez et, quand vous recevrez cette lettre, écrivez, vous aussi, je vous l'ordonne, oui, écrivez à ma pauvre mère (Quai de la Madeleine, 5, Charle.) pour la consoler. Écrivez-moi aussi ; faites tout ! Je vous aime... comme un frère, je vous aimerai comme un père.

Je vous serre la main ; votre pauvre

Arthur Rimbaud
À Mazas

(et si vous parvenez à me libérer, vous m'emmènerez à Douai avec vous).

Ému par la situation du pauvre détenu, Georges Izambard envoya l'argent nécessaire à sa libération et à son rapatriement pour Charleville si la voie était encore libre. Sinon, qu'on renvoie Arthur à Douai, chez lui. Les demoiselles Gindre et Izambard avaient attendu dans l'anxiété des nouvelles de l'enfant prodigue. Quelques jours après, il arrivait penaud, défait, heureux tout de même d'en être quitte. Arthur raconta son départ pour Paris, son arrestation, l'interrogatoire « pas commode » qu'il avait subi, on l'avait soupçonné d'être un agent travaillant pour les Allemands, il avait connu « le petit passage à tabac réglementaire », la vermine du cachot... Izambard, pour dédramatiser l'aventure, ironisa en douceur : « Bref, dit-il, vous avez vu Paris ! » Rimbaud reconnut qu'il avait mal vu : à travers le grillage du panier à salade.

Ensuite, on pensa à rassurer la pauvre mère. Arthur ne sous-estimait pas le mal qu'il lui avait fait. Georges Izambard s'assura qu'Arthur lui écrivait avec toute l'humilité requise. Pour sa part, il envoyait à Vitalie une lettre pour lui raconter ce qui s'était passé. Il demandait à l'ombrageuse maman de se montrer indulgente devant les bêtises commises par Arthur, celui-ci avait déjà reçu une sévère leçon.

À la lecture de ces lettres, Vitalie explosa. Voilà donc où était passé Arthur pendant qu'elle s'inquiétait de son sort. Le petit drôle s'était enfui ! Pas un instant, il n'avait pensé à ce qu'elle ressentirait. Tous des égoïstes !

Et dire qu'elle s'était juré de le venger si on lui avait fait du tort. Et dire qu'elle avait passé des jours et des nuits à courir à sa recherche. Qu'elle s'était tourmentée à l'idée qu'il était malheureux, malmené par des voyous, des soldats allemands. Et lui, pendant ce temps, faisait la noce.

Le 17 septembre, elle écrivit une lettre à son fils dans laquelle elle déversa ses rancœurs. Ses souffrances, ses peurs se muèrent, par contrecoup, en fureur. Sa lettre était « si violente, si comminatoire, si brutale » non seulement pour son fils, mais aussi pour Georges Izambard et sa famille, qu'elle effraya tout le monde. Vitalie s'en prenait à « quiconque (qui) se permettait de le recueillir au lieu de le chasser ». Arthur, terrorisé, perdit son calme. Il sacra, jura, protesta qu'il ne retournerait jamais auprès de sa mère. Les demoiselles Gindre s'employèrent à le calmer. À la fin, il fut décidé que M. Deverrière, encore en vacances auprès de son ami Izambard, ramènerait Arthur à Charleville. De son côté, Vitalie avait eu le temps de se calmer. D'apaiser sa révolte de mère trompée. Elle regretta les reproches trop vigoureux de sa lettre du 17. L'anxiété reprenant ses droits, la colère s'apaisait. Vitalie écrivit une deuxième lettre à Izambard dans laquelle elle s'excusait : « On est injuste aussi quand on est malheureux. » Elle avait exagéré dans sa première lettre ? Qu'on le lui pardonne. Le malheur aveugle. Vitalie reconnaissait avec humilité que la souffrance la mettait hors d'elle. À présent, une seule chose importait : qu'Arthur revienne. Elle écrivit le 24 septembre une lettre où elle traitait son fils de « petit drôle », puis d'« enfant », enfin de « malheureux ». Elle avouait aussi qu'elle ne savait plus que faire dans un pays tourmenté par la guerre.

Georges Izambard restait perplexe devant cette missive. Lui aussi était «bien en peine». Quoique libéré du service militaire pour myopie, il avait contracté un engagement pour la durée de la guerre, ému des désastres qui pleuvaient sur le pays. Il devait être armé dans un mois et demi. Aussi décidat-il d'accompagner Rimbaud et Deverrière à Charleville. Il y avait toujours son appartement. Il désirait emballer ses livres et les mettre en lieu sûr, en prévision d'un bombardement de Mézières. Il écrivit à Vitalie qu'il ramenait Arthur.

Et le 26 septembre, il partait pour Charleville, après un détour obligé par la Belgique à cause des troubles de la guerre.

En les attendant, Mme Rimbaud avait retrouvé ses rancœurs. Lorsqu'elle ouvrit la porte à Arthur et à Izambard, elle n'eut que des reproches à la bouche. Le professeur a raconté cet accueil tonitruant avec beaucoup d'humour : «Ce qu'il y fut reçu, dans le giron, l'enfant prodigue… Et moi donc. Moi qui terre-neuve naïf avais tout exprès fait le voyage avec lui pour faciliter les expansions… Vous avez lu dans Courteline la scène du "Monsieur qui a trouvé une montre" et qui la porte, la bouche en cœur, chez le commissaire : c'est tout juste si on ne le fourre pas au bloc comme voleur ou comme receleur.

«Très au vinaigre, à son habitude, la maman de Rimbaud flanqua comme de juste une pile monstre à son petit prodige de fils et m'admonesta pour mon compte en termes si âpres que j'en restai d'abord tout ébervigé, et bientôt m'enfuis sous l'averse [2]. »

Vitalie traita Arthur de sans-cœur. Elle retrouvait un fils rebelle, alors qu'elle avait toujours cru qu'il observait volontiers ses conseils et ses ordres. Elle devait agir vigoureusement, comme un homme, comme son mari l'aurait fait en pareille circonstance. Il fallait à tout prix ôter à son fils l'envie de recommencer. Après la correction physique qu'elle lui avait infligée, elle le mit au pain sec pendant deux jours. Méthodes dérisoires qui obtinrent le résultat contraire à ce qu'elle espérait.

Adolescent à l'intelligence aiguë et à la personnalité forte, Arthur, devant une mère qu'il disait « plus inflexible que soixante-treize administrations à casquette de plomb », redevenait un petit garçon. Lui qui imposait ses volontés aux autres, pliait devant cette femme. Aussi ne lui restait-il qu'une solution : la fuite. Il n'ignorait pas que sa mère en souffrirait, mais il ne pouvait plus s'en empêcher, et, au fond de lui, la souffrance maternelle ne lui déplaisait pas, elle le rassurait en quelque sorte, lui confirmait que sa mère tenait à lui, l'aimait, ce dont il lui arrivait de douter dans la vie quotidienne.

À cette époque, Arthur commença à se plaindre de Vitalie, à ironiser à son sujet, à la couvrir de qualificatifs peu flatteurs. Cela auprès de ses amis, car jamais la mère ne devina en quels termes son fils parlait d'elle.

L'histoire littéraire a accordé une grande place à ces propos d'adolescent, à tel point que ce sont en partie eux qui ont fondé la mauvaise réputation de Vitalie. Rares sont les critiques qui n'ont pas repris à leur compte les propos frondeurs d'Arthur adolescent. Sans voir que ces termes révélaient une violente passion souterraine[3].

L'année 1870 marque un tournant dans la vie de Rimbaud. Elle le sera aussi pour Vitalie, car, à partir de ce moment, l'enfant qui a fui une première fois le giron maternel va s'échapper régulièrement.

Il faut donc quitter la mère sans la quitter vraiment. Rimbaud s'échappera de la maison pour toujours y revenir dans les moments de désarroi. Et Vitalie s'inquiétera de son sort, courra derrière l'enfant, pour se résigner enfin à ses départs. Et toujours, la mère accueillera le fils blessé.

Georges Izambard avait recommandé à Arthur une extrême soumission, une extrême prudence aussi et, vu l'accueil que Vitalie lui avait réservé, de ne pas venir le voir pendant son séjour à Charleville sans l'autorisation expresse de la mère. Il ne fut donc pas étonné de ne plus avoir de nouvelles d'Arthur.

Pourtant il fut surpris de recevoir, le 8 octobre, une lettre de Vitalie. Elle l'avait cherché à l'adresse de son appartement, chez son ami Deverrière, à la pension où il prenait ses repas. Vitalie avait besoin de lui.

L'ancien professeur revenait d'une visite de Sedan et des champs de carnage de Bazeilles et de Balan. Il était encore sous le choc de ce qu'il avait vu. Aussi la lettre de Vitalie l'exaspéra. Cette famille Rimbaud était bien pesante. Il en avait assez de servir de bonne d'enfant. Puis il se calma. L'homme était généreux, sensible, et les inquiétudes de Vitalie, qui pourtant l'avait toujours traité sèchement, le touchèrent. Elle lui expliqua qu'Arthur avait de nouveau pris la poudre d'escampette. Elle s'en était aperçue le soir du 7 octobre, à l'heure du repas, évidemment, au moment où toute la famille se réunissait.

« Où est Arthur ? » avait-elle demandé aux autres enfants. Les fillettes n'en savaient rien. Cette fois, Vitalie ne crut pas un instant qu'un malheur était arrivé. Elle sut qu'Arthur était reparti, sans avertir sa mère ou ses sœurs de sa décision. Vitalie songea qu'Izambard savait peut-être quelque chose. Elle courut à travers la ville à sa recherche, un voisin lui avait appris qu'il était parti visiter « le triste Sedan », mais qu'il allait revenir. Qu'elle lui laisse donc un message. Sûr qu'il ferait signe à son retour. En effet, Izambard vint la trouver sitôt averti, mais il se tenait sur ses gardes, inquiet d'apprendre si, cette fois encore, on le rendait responsable de tout. Il exigea de la mère qu'elle reconnaisse qu'il n'y était pour rien. Vitalie, penaude, avoua qu'il n'était pas responsable de la fugue de son fils. Mais y avait-il vraiment un responsable ? Elle, le père absent, la guerre, tout pouvait en être la cause. Tout et rien.

Vitalie était bouleversée par l'attitude de son fils. Elle ne comprenait plus rien, mais, pour l'instant, ce qui importait, c'était de retrouver Arthur. Sans Izambard, elle n'y arriverait jamais. Le professeur regardait cette femme seule, éperdue, qui le suppliait. Il savait qu'elle pouvait être redoutable parfois, mais il ne voyait en ce moment que la blessure.

Il interrogea : avait-elle au moins quelques indications sur la direction prise par celui qui souffrait de « prurit ambulatoire » ? Oui, Arthur serait parti à pied dans la direction de Fumay, dans l'intention probable de rendre visite à un ami qui y demeurait.

« Soit, répondit le brave Izambard, j'allais repartir. Fumay est sur ma route, j'y ferai halte, je verrai Léon Billouart, mon ancien élève, chez qui Arthur à dû se rendre.

– Si vous y trouvez mon fils, répliqua Vitalie, qui s'énervait déjà à cette idée, et qu'il refuse de revenir de bon gré, veuillez prévenir les autorités locales et le faire ramener par la gendarmerie.

– Bien. »

Izambard constatait que les méthodes éducatives de Vitalie restaient aussi simples et vigoureuses qu'elles l'étaient jadis. Il était partagé entre l'agacement et la pitié.

Il partit à Fumay avec la promesse de ramener Arthur. Vitalie, de son côté, pensait que cet homme n'était pas aussi néfaste qu'elle l'avait cru. Elle commençait même à le trouver sympathique. Depuis qu'il avait accepté de s'occuper de l'affaire, elle se sentait moins anxieuse.

À Fumay, Georges Izambard fut reçu par les parents de Léon Billouart. Oui, ils avaient hébergé l'ami de leur fils, mais il était déjà reparti.

« A-t-il dit où il allait ?

– Oui, chez Arthur Binard », un autre condisciple qui habitait Vireux.

Va pour Vireux. Là, le pauvre Izambard apprit qu'en effet, Rimbaud était venu, mais qu'il était déjà reparti.

« Diable. A-t-il dit vers où ?

– Oui, pour Charleroi, où il espérait se faire embaucher comme rédacteur par M. des Essarts, propriétaire dans cette ville d'un journal "libéral". »

Izambard partit donc à Charleroi. Là il fut reçu avec amabilité par le directeur. Georges Izambard ne remarqua pas qu'il prononçait « june homme » comme Rimbaud le dira plus tard. M. des Essarts expliqua qu'il avait reçu Rimbaud chez lui. Que celui-ci lui avait fait bonne impression au départ, mais qu'invité à dîner, il avait tenu des propos grossiers sur des hommes politiques. Il avait traité X de « pignouf », Y de « sauteur » et Z de « maringouin ». M. des Essarts avait alors décliné ses offres de collaboration. Et Arthur était parti on ne savait où. Cette fois, Izambard était perplexe. La piste semblait perdue. Découragé, un peu irrité par cette corvée que Vitalie lui avait mise sur les bras, il décida de reprendre son itinéraire primitif, c'est-à-dire la route vers Bruxelles. Izambard comptait y surprendre un de ses bons amis, Paul Durand, qui vivait en compagnie de sa mère rue Fossé-aux-Loups.

« Ah, lui dit la vieille dame, vous voilà. Nous vous attendions. Votre chambre est prête.

– Comment ? répliqua Izambard. Vous m'attendiez ?

– Oui, votre élève, le petit Rimbaud, est venu nous donner avis de votre prochaine visite.

– Lui !

– Il est très gentil, très doux.

– Le pauvre enfant, intervint Paul Durand, avait beaucoup marché, paraît-il. Il était poudreux,

113

boueux, faux col sale, cravate en tordion… Tu comprends, je l'ai requinqué de mon mieux.

– Qui, Rimbaud ?

– Oui, ton ami Rimbaud.

– L'animal. Il est donc là ?

– Non. On l'a logé ici deux jours, puis il a déclaré qu'il avait à faire son tour de Belgique pour son instruction, qu'il saurait bien se débrouiller. Nous l'engagions à t'attendre, puisqu'il était sûr que tu viendrais… Il a dit non… Alors, soupçonnant qu'il n'était pas très argenté, je l'ai muni d'un léger viatique, bien qu'il y fît quelques façons et il a filé… mais propre, bien cravaté, tout coquet… »

Georges Izambard éclata de rire. Il raconta à son ami et à sa mère tout ce qui s'était passé, la fugue d'Arthur, l'angoisse de Vitalie et la mission dont elle l'avait chargé. Izambard se souvenait qu'il avait parlé de Paul Durand, son ami de Bruxelles, devant Arthur, lors du retour après la première fugue. Ce n'était pas tombé dans l'oreille d'un sourd.

Depuis la fin des cours à Charleville, l'ancien professeur n'avait guère eu le temps de prendre du repos. Cette fois, il décida de laisser Arthur courir là où il le voulait. Il se laissa dorloter à son tour par ses amis bruxellois.

Une semaine plus tard, Georges Izambard s'en retournait à Douai. Pour y trouver qui ? Arthur. Il s'était présenté chez les demoiselles Gindre : « C'est moi, je suis revenu. » Elles l'accueillirent volontiers, mais d'expérience elles savaient qu'elles prenaient des risques. Si Mme Rimbaud l'apprenait, elle serait furieuse.

En attendant que sa mère soit informée de la « bonne nouvelle » – son fils était retrouvé –, celui-ci, faux col à coins cassés, plastronné d'une cravate en soie mordorée, d'un effet aveuglant, recopiait sur de larges feuilles de papier d'écolier ses poèmes : « Au cabaret vert », « La maline », « Le buffet », « Ma bohème ».

Arriva la réponse de Vitalie : ordre de charger la police du rapatriement et cela sans frais. Défense expresse de recourir à d'autres moyens. Arthur, résigné, du moins en apparence, accepta de suivre Izambard jusqu'au commissariat. « Une vraie maman-gâteau, la petite mère », ironisa le policier après la lecture de la lettre de Vitalie. Évidemment. Vitalie ne s'apprêtait pas à féliciter Arthur pour sa seconde fugue. Elle qui avait déjà perdu son fils aîné avec les troupes françaises… Ah, non, elle ne le remercierait pas pour ses expéditions ! Si la punition infligée après la première escapade n'avait servi à rien, elle trouverait quelque argument plus efficace. Ici chez elle, contrairement à ce qu'il croyait, ce n'était pas une auberge. En dépit de ses menaces, Vitalie accueillit son fils sans faire d'éclat. Tout au plus manifesta-t-elle de la tristesse. Arthur semblait ému de la revoir. Il promit d'être sage.

La mère et le fils se parlèrent, ouvertement sembla-t-il. Il fut décidé que Vitalie ne mettrait pas Arthur en pension avant janvier 1871. Ce dernier écrivit à Izambard ce qui avait été décidé à son sujet. Il ne pouvait s'empêcher d'avouer son impatience : « Je meurs, je me décompose dans la platitude, dans la mauvaiseté, dans la grisaille. Que voulez-vous, je m'entête affreusement à adorer la liberté libre, et… un tas de choses que "ça fait pitié", n'est-ce pas?»

Arthur évoquait également la guerre et l'attitude de ses concitoyens: «Guerre: pas de siège de Mézières. Pour quand? On n'en parle pas (…). Par-ci, par-là, des francs-tirades. Abominable prurigo d'idiotisme, tel est l'esprit de la population. On en entend de belles, allez. C'est dissolvant [4].»

Entre-temps, Vitalie avait reçu une facture d'Izambard. Il demandait le remboursement des frais que lui avait occasionnés Arthur: billet de chemin de fer, grandes feuilles de papier, etc. Deverrière, l'ami du professeur, était chargé d'encaisser la somme. Vitalie le convoqua: «Vous êtes bien M. Deverrière demeurant chez… chargé d'affaires de M. Izambard et c'est vous qui avez remis à mon fils une lettre venant de Douai?

– Voui, madame.»

Vitalie déclara que les exigences de M. Izambard étaient inacceptables, qu'elle, Vitalie, se réservait de s'entendre avec lui et qu'en attendant, elle lui versait 15,65 F. Elle dicta le reçu puis laissa tomber «trois pièces de cent sous et quinze sous de ferraille».

À la fin du mois d'octobre, le 27, Metz capitula. Le 28, les soldats français refluèrent en désordre à Charleville. Vitalie découvrit avec stupeur son fils aîné parmi les troupes. Il était dans un piteux état. Vitalie, bouleversée de le retrouver alors qu'elle croyait l'avoir perdu à jamais, l'accueillit avec chaleur. Elle s'employa à le «requinquer». Mais quand son émotion fut apaisée, elle ne put lutter contre ce sentiment qui montait en elle, malgré ses efforts, chaque fois qu'elle dressait le bilan des événements. On s'était encore bien moqué d'elle. La rancune lui brûlait le cœur.

Elle n'en parlait pas, mais elle se refermait sur elle-même. Elle restait silencieuse aux repas et, pour ses enfants, son silence pesait lourd. Ils sentaient, bon gré mal gré, les reproches contenus dans ce silence farouche. Après tout, pourquoi se tourmenter pour leur santé ? S'ils étaient capables de se balader à travers la France, ils seraient bien capables de se débrouiller à la maison. Vitalie, la souffrance rivée au cœur, partait se promener le long de la Meuse. Elle allait y chercher une sorte de respiration, de second souffle. Pendant ce temps, Arthur s'amusait à plaisanter « le patriote Frédéric ». Celui-ci, très calme, avec l'accent quelque peu méridional qu'il avait contracté au régiment, et sur le ton apaisé de l'homme qui se repose, ne répondait que ces trois mots : « Tu me dégoûtes. »

Le 14 décembre, la 14e division allemande reçut l'ordre d'encercler Mézières et d'enlever la place. Le 30 décembre, le lieutenant des hussards, von Reymann, accompagné de deux estafettes, vint demander la capitulation. Il fut éconduit. « L'ennemi pourra user ses munitions pour brûler la ville, la place résistera », proclamait le général Mazel.

Le 30 au soir, les canons des bastions entrèrent en action. Le bombardement était prévu pour le lendemain à l'aube. Le 31, à sept heures du matin, par −18 degrés (les eaux de la Meuse étaient recouvertes d'une profonde couche de glace), les premiers obus tombèrent sur Mézières. «La ville ne fut bientôt plus qu'une fournaise sans cesse ébranlée par de nouvelles secousses qui soulevaient d'immenses gerbes d'étincelles.» La garnison française en réponse au déluge de feu expédia 150 coups de canon qui ne portèrent pas à plus de douze cents mètres. Cela durera encore toute la nuit. Les habitants, réfugiés dans des abris, passèrent le réveillon à trembler de froid et de peur. Le général Mazel refusait de capituler sous prétexte que la ville n'avait pas assez souffert de dégâts matériels. Pourtant, le 1er janvier, Mézières se rendait sans conditions. Les habitants encore tout ébahis par l'aventure, se demandaient, puisqu'on leur avait toujours vanté les forces invincibles de la France : «Alors comment qu'ça s'fait qu'c'est eux, en définitive, qu'ont été les plus forts ?»

Le 2 janvier, les troupes ennemies prirent possession de Mézières et de Charleville. «Bonne aubaine pour Arthur, note Marcel Coulon, la soldatesque prussienne en réquisitions, corvées, patrouilles, parades et pas-de-l'oie offre un aliment choisi à sa haine de l'orgueil… des autres ; à sa détestation, lui l'autoritaire violent, de l'autorité et de la discipline.» En effet, Arthur Rimbaud n'était pas né triste. Apprenant la sommation de l'ennemi et le bombardement imminent de sa ville, Rimbaud s'écriait : «Bah ! Encore une blague. Nous n'aurons pas la chance de voir ça. La vie était ici tout en banalité, en pot-bouille.» Et, après le bombardement de Mézières, il constatait : «Une tortue dans du pétrole.» À une sentinelle des bastions de Mézières qui menaçait à son arrivée en compagnie d'un ami : « Qui vive ? ou je tire », Rimbaud répondit en ricanant : « Français, Français, tout ce qu'il y a de plus Français [5]. »

Son attitude, les propos qu'il tenait sur ses concitoyens agaçaient Vitalie. Il ne se rendait donc pas compte de ce qui se passait ? Au contraire, rétorquait Rimbaud, je suis le seul ici à me rendre compte de ce qui se passe. Vitalie rongeait son frein. Son enfant, fils de capitaine, méprisait les malheurs de sa patrie. C'était un peu fort. À cet enfant chéri, elle aurait volontiers donné une gifle pour impertinence. Mais elle n'osait plus le toucher. Tout ce qu'elle s'était permis, la nuit de la Saint-Sylvestre, pendant que Mézières était réduite en cendres, c'était de l'enfermer à clef, avec ses sœurs et son frère. Parce qu'Arthur voulait à tout prix contempler le spectacle de près, comme si c'était réjouissant.

Toutefois, le soir du 1er janvier, elle ne put le garder à la maison. Arthur était parti voir, à minuit, les troupes prussiennes qui, « tambours et fifres en tête, débouchèrent sur la place Ducale de Charleville et prirent leur cantonnement en ville. Le lendemain, ce fut le tour de Mézières ».

Un journal, *L'Étoile belge*, donna la liste des victimes et des disparus. La famille Delahaye s'y trouvait, mais c'était une information fausse. Arthur revit son ami, Ernest, quelques jours plus tard, sans doute le 5 janvier. C'est à cette même date que Paris subit le bombardement qui fit, disait-on, six cents victimes. Le 28 janvier, Jules Favre capitula, au mépris de la volonté de Paris. Le 8 février, les élections mirent les républicains en minorité et le 12 février, l'investiture fut accordée à M. Thiers par l'Assemblée nationale.

La guerre était finie.

Le 15 février, une circulaire informa les parents des collégiens que les cours reprendraient, non au collège qui servait d'hôpital militaire, mais au Théâtre municipal de Charleville. Enfin ! Vitalie ne verrait plus ses fils se balader n'importe où. L'oisiveté était mauvaise conseillère. Il était temps de reprendre une vie normale. Vitalie annonça la nouvelle à Arthur, persuadée qu'il en serait heureux. Elle fut bien reçue. Le bon élève n'avait, disait-il, aucun goût pour les planches. Vitalie ne désarma pas. Elle ignora les ricanements de son fils (elle commençait à en avoir l'habitude) et elle le somma d'obéir. Peine perdue. Arthur bouda, se tut. Vitalie s'époumonait en vain. Ce fut un affrontement terrible.

Après avoir crié, Vitalie essaya les supplications. En vain. Le jour de la rentrée, elle eut beau secouer son fils, il resta au lit. Vitalie, cette fois, déclara forfait. Elle n'en pouvait plus. La vie était devenue intolérable à la maison. Arthur lui menait un train d'enfer. Elle se plaignait de son fils. Lui, de son côté se plaignait de sa mère. Qu'allait devenir Arthur s'il arrêtait ici ses études ? Ne voyait-il pas quelle bêtise irréparable il était en train de commettre ? Sans diplôme, il pourrait se louer au plus comme domestique dans une ferme. Ou aller casser des cailloux sur les routes, comme un forçat. Ah, le misérable. S'il avait été bête, Vitalie n'aurait pas insisté. Avait-elle insisté auprès de Frédéric ? Non. Mais ici, avec la belle intelligence d'Arthur, ce serait un gâchis de ne plus étudier. Le petit drôle le regretterait plus tard. Il serait même capable de reprocher à sa mère de ne pas l'avoir forcé à étudier. Celui qui veut noyer son chien trouve toujours une raison pour le faire.

Excédée, Vitalie adressa un ultimatum à son fils. Ou il allait en pension, ou il quittait la maison.

Arthur, en d'autres circonstances, s'était plu à s'imaginer « mourant sur un tas de pavés. » Cette fois, il s'imagina avec délices en « ermite dans les bois ». Il ne résista pas longtemps : la vie dans les bois manque de livres. Il irait donc là où on en trouvait : à Paris.

Le 25 février, en douce, Arthur quittait Charleville pour la capitale.

Vitalie, lors de la première fugue d'Arthur, avait cru mourir de chagrin. À la deuxième, elle pensa : « Qu'il aille au diable. » Pendant quelques heures. Il n'y en avait plus que pour lui à la maison. Il infligeait son sale caractère à toute la famille. Il n'y avait pas de raison de désirer que cela dure. La vie était assez difficile sans ça, avec les privations dues à la guerre, avec l'insécurité dans les rues, avec l'humiliation de voir les Prussiens se pavaner en France.

Puis les jours passèrent et Vitalie renoua avec l'anxiété et le chagrin.

Elle retrouva son fils le 10 mars. Il était revenu de Paris à pied. Il se montrait déçu par la capitale où les gens n'avaient qu'une seule préoccupation : trouver à manger. « Paris n'est qu'un estomac », dira-t-il. Lui-même, sans ressources, n'avait guère mangé pendant sa fugue. Vitalie récupérait un fils toussant et en loques. Avec une chevelure qui lui tombait sur les épaules. Cela lui donnait un air bizarre, mais Vitalie n'allait pas le quereller pour si peu. Même si les habitants de Mézières-Charleville se moquaient de sa nappe soyeuse de cinquante centimètres. Vitalie allait droit à ce qui importait vraiment : l'oisiveté d'Arthur. Dès son retour, il avait recommencé à se promener dans les environs, il fumait la pipe en la tenant à l'envers (cela énervait la mère plus que tout), il entrait dans les cafés… il était devenu ce qu'on appellerait aujourd'hui un marginal.

Le 18 mars, pendant qu'à Paris on proclamait la Commune, Vitalie lisait sur des affiches placardées un peu partout dans Charleville l'annonce de la réouverture officielle du collège. Elle courut prévenir Arthur de la bonne nouvelle. Il restait trois semaines de sursis. Arthur se dit qu'il verrait bien ce qu'il faudrait faire, la date venue. Mère et fils cessèrent de se quereller. Chacun attendait le 12 avril pour voir comment l'autre réagirait.

Ce fut vite vu. Arthur annonça à sa mère qu'il avait trouvé du travail. Il était engagé comme journaliste au *Progrès des Ardennes*. Il serait rémunéré. Était-ce un emploi sérieux ? Oui, et un jour, il serait le rédacteur en chef du journal. Peut-être remplacerait-il à la fin le directeur Jacoby. Vitalie s'inclina devant la décision de son fils. Du moment qu'il travaillait, elle n'avait rien à redire. Hélas, après cinq jours passés à dépouiller le courrier, à classer les papiers, à rédiger de courts articles, Arthur se retrouva au point de départ. *Le Progrès des Ardennes* était suspendu sur ordre des autorités d'occupation. De nouveau, Arthur était sans travail, mais il n'était plus question pour lui de retourner au collège.

Plutôt que de reprendre de sempiternelles disputes avec sa mère, il préféra fuir. Il se mit en route, à pied, en direction de Paris. Vitalie, un fois de plus, fut mise devant le fait accompli. Décidément, elle ne s'y habituerait jamais. En une seule heure, elle passait par toutes les couleurs de l'arc-en-ciel. Elle commença par enrager de voir qu'il avait recommencé. Puis, ce fut le « après tout, ce sera comme il veut » et le haussement d'épaules. Enfin, ce furent les nuits d'insomnie. Cet enfant ignorait dans quels périls il s'était jeté. Les troupes gouvernementales pourchassaient les traîtres, les espions, les étrangers. Les Prussiens patrouillaient de tout côté. Paris était devenue rouge. La Commune était « une révolte d'hommes de bonne volonté [6] », mais Vitalie n'y voyait que le triomphe du désordre. Elle avait peur du peuple parisien en fureur et elle n'en retiendra que les pelotons d'exécution et les incendies.

Aussi, Arthur, parti pour la Commune, sera, de retour à Charleville au début du mois de mai, critiqué par les Carolopolitains. Vingt ans plus tard, en 1891, on dira encore sur son passage : « Tiens, voilà le fameux petit-fils au père Cuif, un va-nu-pieds, un communard, un propre à rien qui a fait les quatre cents coups. »

Vitalie accueillit son fils avec soulagement : « Allons, te voilà. Et dans quel état. » Une fois de plus, elle s'employa à le requinquer. Elle était désormais résignée à ce qu'il renonce au collège. Elle le voyait travailler à des écritures et, même si pour elle ce n'était pas vraiment travailler, elle reconnaissait que ce n'était pas non plus de l'oisiveté. Il semblait si sérieux quand il écrivait que Vitalie décida de lui faire confiance. Un jour ou l'autre, il faudrait bien qu'Arthur devienne indépendant. Depuis un an, on vivait plutôt chichement chez les Rimbaud.

Malgré les difficultés, Vitalie continuait à vouloir pour ses enfants ce qu'il y avait de mieux. Ainsi, la petite Vitalie, à l'âge de douze ans, avait été inscrite au pensionnat du Saint-Sépulcre. La fillette un peu effrayée de s'éloigner de sa mère et de sa chère sœur, s'était rapidement adaptée. Cet événement majeur dans l'existence d'une jeune fille était précédé de la communion, cérémonie qui symbolisait la fin de l'enfance et l'entrée de la jeune fille dans la vie chrétienne. Au pensionnat, les religieuses vont enseigner à la petite Vitalie l'art de résister à toutes les tempêtes, s'inspirant du modèle de la femme forte, thème privilégié des manuels religieux des années 1850-1870 : « Qui trouvera la femme forte, plus forte que le malheur, que les coups de la fortune, que les calomnies (…) et qui, après le passage de toutes les vagues demeure la colonne en mer pour éclairer et fortifier les pauvres naufragés[7] ? »

Comment, à écouter ces propos lyriques, la fillette n'aurait-elle pas songé à sa propre mère ? Comment n'aurait-elle pas été impressionnée de découvrir que sa mère était le modèle à suivre ? La petite avait vu sa mère pleurer de nombreuses fois, mais aussi elle l'avait toujours vue se redresser et lutter. Les deux Vitalie se sentaient proches l'une de l'autre. Elles formaient, avec la jeune Isabelle, un clan féminin où les passions et les désirs restaient souterrains. Par contraste, Frédéric et Arthur apportaient à la maison plus de tourments et plus de vie.

Un jour, Arthur reçut une lettre qui le plongea dans un état d'excitation très grande. C'était le poète Paul Verlaine qui, après avoir lu des textes d'Arthur, invitait celui-ci à Paris. Arthur s'en ouvrit à sa mère. Était-elle d'accord qu'il parte pour la capitale ? Paul Verlaine se proposait d'accueillir le jeune Ardennais chez lui. Arthur ne serait donc pas un vagabond. Au contraire, il commencerait une carrière d'homme de lettres sous des auspices favorables. Vitalie accepta de payer le voyage. Elle voulut que, pour la circonstance, son fils soit « correctement mis ». Elle lui prépara une nouvelle chemise, son beau pantalon bleu ardoise, une paire de chaussettes neuves. Elle cira ses bottines. Bien sûr, le pantalon était devenu un peu court, Arthur avait tellement grandi en un an. Mais elle n'avait pas le temps de lui en confectionner un autre. Tant pis. Inutile de faire le riche quand on n'en a pas les moyens.

Arthur impressionnerait « ces messieurs » par son intelligence. Il venait de composer un poème dont il semblait très fier. Il lui avait confié qu'il montrerait son « Bateau ivre » à Paris, en guise de laisser passer.

En septembre, Vitalie embrassait son fils : « Bonne chance. Écris-nous. »

À partir de ce moment, Vitalie allait ignorer ce qui se passait à Paris, ce que devenait son fils. Il ne reviendra qu'en mars de l'année suivante et ne se confiera guère à sa mère. Cette dernière flairera qu'on lui cache des choses graves, mais elle devra encore attendre huit mois avant de savoir à quoi s'en tenir.

Rimbaud, débarqué à Paris, s'était dirigé tout droit chez Paul Verlaine. Ou, plus précisément, chez les Mauté, beaux-parents de Verlaine. La belle-mère et la femme du poète avaient accueilli celui que Paul avait annoncé comme «un génie naissant». Ces dames, qui se piquaient d'apprécier les artistes, avaient été déconcertées par l'Ardennais qui s'était tenu dans leur salon, hostile et muet. Évidemment, Rimbaud ne correspondait pas à l'image que les Mauté avaient de l'artiste, en cape noire et chevelure à la Chateaubriand. Il débarquait habillé par Vitalie, ce qui donnait ceci : «C'était un grand et solide garçon à la figure rougeaude, *un paysan*. il avait l'aspect d'un jeune potache ayant grandi trop vite car son pantalon écourté laissait voir des chaussettes de coton bleu tricotées par les soins maternels. Les cheveux hirsutes, une cravate en corde, une mise négligée. Les yeux étaient bleus, assez beaux, mais ils avaient une expression sournoise que, dans notre indulgence, nous prîmes pour de la timidité [8]. »

Très vite, Arthur détestera la femme de Verlaine, alors âgée de dix-neuf ans. Il va se conduire en conséquence. «D'abord, raconta la jeune femme, il emporta un christ ancien en ivoire qui venait de ma grand-mère et Verlaine eut quelque peine à le lui faire rendre ; puis il cassa *exprès* quelques objets

auxquels je tenais…» Ce fut rapidement l'enfer.
Son mari ne s'intéressait plus du tout à elle. Il sortait en compagnie d'Arthur et passait des heures au café. Lorsqu'il rentrait, tard dans la nuit, ivre d'absinthe, il la rudoyait et se moquait d'elle. Arthur lui avait révélé à quel point sa vie de petit-bourgeois était mesquine. Elle était le contraire de la poésie. Pourtant, Mathilde Mauté, Madame Verlaine, ne comprit pas aussitôt ce qui lui arrivait. Elle sortait à peine de l'expérience communarde où ses nerfs, comme ceux de tous les Parisiens avaient été soumis à rude épreuve. Elle a raconté dans ses *Mémoires* l'entrée des troupes versaillaises et la résistance de Paris. Ces épreuves, comme celles qu'elle connaîtrait avec le couple Verlaine-Rimbaud, elle les avait vécues dans un mélange d'innocence et de bonne volonté. Elle-même raconte cette scène: «Au milieu du boulevard Sébastopol, une énorme barricade se dressait devant moi.

– Citoyenne, un pavé! me cria un garde national de la barricade. Docile, je pris le pavé et l'apportai.

– Mais non, c'est une plaisanterie, me dit un caporal en me prenant des mains la lourde pierre et m'offrant son aide pour franchir la barricade.»

Intermède comique, mais l'ambiance à Paris était lugubre: «À cette époque de troubles, tous ceux qui étaient restés dans Paris se sentaient plus ou moins inquiets; il n'était pas rare de voir des gens parfaitement inoffensifs arrêtés et mis en prison, et souvent condamnés à tort.» Et puis, une coutume qui aura la vie longue: «À ce moment de réaction excessive se joignaient des dénonciations anonymes et des vengeances particulières.»

Cette période à peine terminée, voici que débarquait le petit Rimbaud, Lucifer en personne! Mathilde fut rapidement dépassée par les événements. Elle sera injuriée d'abondance par les biographes de Verlaine, mais il convient de remettre les choses en perspective.

«Si nous voulons être équitables, replaçons Mathilde, ce pauvre petit bout de femme, dans le trio singulier qu'elle forme avec son dangereux mari et le terrible Rimbaud. Imaginons-la, si jeune, si simplette, entre ces forcenés[9].» Très vite, elle sera plongée en pleine tourmente, malmenée par son mari alors qu'elle était enceinte.

L'amitié de Verlaine et de Rimbaud ne bouleversera pas que Mathilde à Paris. Des plaisanteries, des regards, un article de journal laissèrent à entendre qu'on nourrissait des soupçons sur la nature de leurs relations. On parlait de Paul Verlaine vu en compagnie de «Mademoiselle Rimbaud». Arthur s'en moquait éperdument. Verlaine, lui, était écartelé, gêné par les médisances qui commençaient à circuler. S'il le fallait, proclamait-il, il leur montrerait son cul, à preuve qu'il n'y avait entre Rimbaud et lui qu'une amitié profonde et pure. Le malheureux était loin de s'imaginer qu'un jour, il devrait, en effet, subir cet examen corporel humiliant, sur ordre de la justice belge.

En attendant, la situation s'était à ce point détériorée que Mathilde demanda la séparation. Verlaine, effrayé, supplia Rimbaud de s'éloigner de

Paris, jusqu'à ce que son ménage fût sauvé. Rimbaud, ricanant, furieux, accepta l'argent que Verlaine lui offrit pour un voyage vers Arras.

Ce fut à cette époque, en mars 1872, que Vitalie reçut une lettre anonyme l'informant de ce qui était arrivé à Paris. On lui narrait la mauvaise conduite de son fils et on lui conseillait de le rappeler auprès d'elle. Vitalie avala la pilule avec difficulté. Elle qui rêvait d'Arthur avec émotion, songeait à la carrière qu'il menait… Elle était femme à mépriser les lettres anonymes, mais elle suivit le conseil qui lui était donné. Elle envoya à son fils l'ordre impératif de rentrer à Charleville.

Arthur revint auprès de sa mère, puisqu'il le fallait. Il était dans un état de rage qu'il ne chercha pas à dissimuler. À Paris, comme à Charleville, on rencontrait « les mêmes imbéciles suffisants, les mêmes bourgeois gonflés de vanité, la même indigence de pensée, la même nullité [10] ». Pourtant Arthur, retrouvant les Ardennes, allait peu à peu se calmer. Vitalie, contrairement à ce qu'il craignait, ne l'avait pas accablé de reproches. Elle l'avait même reçu avec tendresse. Elle lui permettait de faire ce qu'il voulait. Bien sûr, elle continuait de désirer pour lui un métier, mais elle lui laissait le temps de le trouver.

Elle constatait que, depuis son retour, il écrivait des poèmes, qu'il passait de nouveau beaucoup de temps à la bibliothèque. Dans le fond, Arthur était sérieux. Il travaillait. Cela ne rapportait rien, mais qui sait si, avec le temps, cela ne donnerait pas des résultats… Elle lui avait bien demandé un jour pourquoi il continuait à écrire de la sorte puisque cela ne menait à rien. Arthur avait essayé de lui expliquer qu'il ne pouvait faire autrement; ce que sa mère n'avait pas contredit. Elle attendait, elle ne savait quoi, mais elle attendait «que quelque chose se passe». Pendant ce temps, son fils aîné, pour gagner un peu d'argent, s'était fait crieur de journaux en ville. Vitalie trouvait du réconfort auprès de ses deux filles, douces et pieuses comme il convenait. En mai, Arthur annonça à sa mère qu'il repartait pour Paris. Inquiète, mais ne l'avouant pas, Vitalie le laissa s'éloigner. Elle n'ignorait pas qu'il allait rejoindre son ami Verlaine. Elle prévoyait des ennuis pour l'avenir, mais elle aurait été bien en peine de dire de quel ordre.

Vitalie allait tout ignorer de la vie d'Arthur à Paris jusqu'au 10 juillet, date à laquelle un habitant de Charleville lui révéla qu'il avait aperçu son fils en ville. «Alors comme ça, il est revenu, vot'Arthur?» Vitalie sursauta: «Comment? Arthur ici?» «Quoi, vous ne le saviez pas?» Et bien non, elle ne le savait pas. «Êtes-vous sûr que c'était lui?» «Dame. Que je prendrais le petit-fils au père Cuif pour un autre? Même qu'il était avec un poète de Paris. Même qu'on les a vus près de la gare, en compagnie de Bretagne.»

Arthur avait jadis sympathisé avec cet homme. C'était Bretagne, ami de Verlaine, qui avait mis en relation le poète avec Arthur. Vitalie se précipita chez Bretagne. Comment? Il avait vu son fils? Et avec qui était-il? Pourquoi Arthur n'était-il pas venu l'embrasser? Sous la pluie de questions, Bretagne ne put qu'avouer la vérité. Arthur et son compagnon désiraient se rendre en Belgique. Et pour quelles raisons, je vous prie ? Bretagne expliqua qu'en ce moment, à Paris, les conseils de guerre condamnaient les gens compromis sous la Commune. Verlaine, qui avait dirigé alors le bureau de la presse, craignait d'être arrêté. Bretagne cacha à Mme Rimbaud les ennuis matrimoniaux de Verlaine, les disputes à couteaux tirés au sens propre avec Mathilde, et principalement le fait que c'était Verlaine qui suivait Arthur, désireux de voyager, et non le contraire. Il ne raconta pas davantage à la maman que les deux complices étaient partis ensemble en carriole, en pleine nuit, et qu'ils avaient passé la frontière belge on ne sait comment, évitant les rondes des douaniers et le contrôle des autorités (un passeport était nécessaire). Vitalie, furieuse et désolée, rentra chez elle. Elle se demandait ce qu'elle avait pu faire pour mériter un tel traitement. À quel moment elle avait mérité le châtiment de Dieu et des hommes. Elle ne trouva rien. Ou elle trouva mille explications à son sort malheureux. De toute façon, même si elle ne comprenait rien aux directions que prenait sa vie, elle avait décidé une fois pour toutes qu'elle ne changerait pas de cap, qu'elle garderait patience et courage face à l'adversité. Et c'était bien un rude coup d'apprendre qu'Arthur était passé par Charleville sans venir la saluer.

Pourtant, Vitalie n'était encore qu'au début de ses tourments. De Bruxelles, installé au Grand Hôtel liégeois qu'il connaissait « pour y avoir été hébergé avec sa mère lorsqu'il était venu saluer Victor Hugo en 1867[11] », Verlaine écrivit à Mathilde. Il l'avait quittée sans prévenir. Il lui dit de ne pas s'affoler : il avait fui à cause des arrestations d'anciens communards. En même temps, il confessait : « Je fais un mauvais rêve, je reviendrai un jour… » Que voulait-il dire ? D'un autre côté, Verlaine adressait à sa mère des lettres dans lesquelles il avouait la vérité. La pauvre femme ne pouvait cacher ses émois à sa belle-fille. Celle-ci finit par découvrir que la fuite à Bruxelles n'était qu'un prétexte. Rimbaud était avec son mari. Mathilde décida de le tirer des griffes de l'adolescent. Elle débarqua en compagnie de sa mère à Bruxelles. Elle tenta de convaincre Verlaine de revenir avec elle, auprès de leur fils, Georges. Elle parvint à le charmer et le poète, tiraillé entre Rimbaud et Mathilde, sembla choisir Mathilde. Il accepta de rentrer à Paris avec elle. Mais à la gare-frontière de Quiévrain, les voyageurs durent descendre pour des formalités de douane. Verlaine aperçut Rimbaud dans la foule : il bascula. Au moment de remonter dans le train, il refusa de rejoindre Mathilde et sa mère, déjà installées dans le wagon. Verlaine et Mathilde ne devaient plus jamais se revoir. La jeune femme rentra à Paris, ainsi qu'elle le rapporta, blessée à vif, en larmes, le cœur débordant de mépris pour son mari ; la fièvre la prit et elle dut s'aliter.

Dans ses *Mémoires*, Mathilde avoue que, quelques jours plus tard, elle reçut une lettre de son mari qui l'acheva : « Misérable fée carotte, princesse souris, punaise qu'attendent les deux doigts et le pot, vous m'avez fait tout, vous avez peut-être tué le cœur de mon ami. Je rejoins Rimbaud s'il veut encore de moi après la trahison que vous m'avez fait faire. »

Suite à cet échec cruel, Mathilde activa la procédure en séparation.

De son côté, Vitalie, revenue de sa déception, s'était rendue au commissariat de police pour faire rechercher son fils qui devait être en Belgique. Demande officielle qui fit son chemin : « On a retrouvé dans un dossier de la police secrète belge une lettre d'un enquêteur à son chef : « J'ai l'honneur de vous envoyer la lettre d'un sieur Rimbaud qui demande à faire rechercher son fils Arthur, qui a quitté la maison paternelle en compagnie d'un (biffé : "jeune homme") nommé Verlaine Paul. Il résulte des renseignements recueillis que (biffé : "le jeune") Verlaine est logé à l'Hôtel de la Province de Liège, rue de Brabant à Saint-Josse-ten-Noode. Quant à M. Rimbaud, il n'a pas été annoncé jusqu'ici à mon administration (biffé : "La demeure de Rimbaud n'a pas encore été découverte, il est cependant à supposer qu'il habite avec son ami"). »

Comme on le remarqua à juste titre, si un obscur policier n'avait pas confondu le Grand Hôtel liégeois et l'Hôtel de la Province de liège, c'en était fait de la folle aventure : Rimbaud était reconduit chez sa mère et Verlaine inculpé peut-être de détournement de mineur[12].

Quant à Vitalie, qu'on prenait pour un sieur Rimbaud parce qu'elle signait V. Rimbaud et que ce V. pouvait aussi bien être un Victor qu'une Vitalie, il ne lui restait plus qu'à attendre. Patience et courage. Décidément, il n'y avait que cela de vrai.

Aussi, au mois de novembre, elle en fut récompensée, si l'on peut dire. Elle reçut une première lettre de son fils. Il se trouvait à présent à Londres. Il donnait des leçons de français. Tout allait bien. Ou presque. Il devait tout de même la prévenir contre certaines insinuations infamantes qui couraient à Paris sur son compte. Il l'avertissait également de ce que la famille Mauté, Mathilde et ses avocats, tentaient d'accréditer auprès du public. Entre les lignes, à cause de l'embarras de son fils, Vitalie devina ce qui se passait. Elle reçut aussitôt après une lettre de Verlaine dans laquelle le poète essayait à son tour d'expliquer, sans trop en dire, ce qui leur arrivait. Il fut bientôt en correspondance régulière avec elle. Par prudence, il lui avait donné l'adresse de sa propre mère, celle des Mauté, celle des deux avoués, celle d'un ami, Lepelletier. Vitalie, fille d'agriculteur et fermière, découvrit un monde dont elle avait peur. Bien sûr, elle n'était pas née de la dernière pluie, elle savait que des hommes pouvaient s'aimer entre eux. Mais c'était un autre choc de découvrir ce genre d'amour dans sa famille. Vitalie n'ignorait pas comment on traitait les homosexuels à la campagne. Quelle vie isolée, bafouée, était la leur. Vitalie éprouvait un dédain rageur pour les médisances, les commérages. Elle ne se laisserait jamais atteindre par des sous-entendus blessants à ce sujet, même si, pour sa part, elle estimait qu'un homme était fait pour une femme. Ce genre d'amour, pensait-elle n'était pas voulu par Dieu, mais que pouvait-elle faire, elle, Vitalie, si son fils et Verlaine formaient un couple ? Parce que même s'ils lui juraient mordicus que ce n'était que calomnies, elle savait bien ce qu'il fallait en penser.

En attendant, Vitalie devait agir. Elle n'hésita pas une seconde. Elle confia ses filles aux bons soins d'une voisine et, plantant tout là, elle prit le train pour Paris. Son fils était mis en cause dans une procédure de séparation entre Verlaine et Mathilde ? C'était un peu fort ! De quel droit attaquait-on Arthur ?

À Paris, Vitalie se rendit sur-le-champ chez la mère de Verlaine. Les deux femmes avaient des points communs : un mari capitaine, des origines campagnardes, la solitude, un fils qui leur en faisait voir de toutes les couleurs… Elles sympathisèrent. Madame Verlaine assura que tout était calomnie, que les Mauté diraient n'importe quoi pour nuire à son fils.

Puisque c'était ainsi, Vitalie irait chez eux. Elle s'y rendit pour défendre la réputation de son fils et pour récupérer, à la demande d'Arthur, des lettres et des manuscrits qui lui appartenaient. Vitalie, qui fut souvent accusée de détester la littérature, tentait l'impossible pour récupérer les poèmes de son fils. Elle fut reçue, on l'imagine sans peine, avec froideur. Cette grande paysanne, avec son air buté, sa robe démodée, ses chaussures éculées, suscita l'ironie des Mauté à qui un certain snobisme ne déplaisait pas. Avec ses grandes mains rouges qu'elle agitait en parlant, avec ses yeux bleus et son sourire moqueur, elle rappelait Arthur. Elle ne manquait pas d'audace, cette brave Ardennaise, pour oser réclamer des papiers aux victimes mêmes de son fils.

L'entretien ne devait pas manquer de piquant. D'un côté, Vitalie, avec ses manières carrées, son franc-parler. De l'autre, les Mauté, tout en bonnes manières et en langage châtié. Mathilde a raconté leur rencontre : « On m'envoya en ambassade qui ? ô surprise ! La mère de Rimbaud... La bonne dame venait tout simplement me demander de renoncer à la séparation, parce que, disait-elle, cela pourrait nuire à son fils. Je la reçus poliment, mais je n'ai pas besoin de dire que sa démarche n'eut pas de succès [13]. »

Voilà Vitalie éconduite. Mise « poliment » à la porte. Elle était furieuse. Qu'allait-il arriver à son Arthur ? Elle rentra à Charleville, épuisée par son voyage dans Paris, triste d'avoir échoué. Que devait-elle faire, à présent ? Elle attendait qu'Arthur lui écrive.

Malgré tout, dans sa lettre où elle lui racontait son équipée à Paris et son échec, elle l'adjurait de quitter Verlaine et de rentrer à Charleville. Puisqu'on le mettait en cause dans une affaire de séparation, il était préférable qu'il rentrât auprès de sa mère. Même si, elle le reconnaissait, Verlaine était bien touchant. Et c'est dans Charleville toujours occupée par les Prussiens, dans une ville où dès cinq heures du soir les rues étaient désertes, où les habitants étaient de méchante humeur à cause des privations imposées par l'occupant, qu'Arthur Rimbaud débarqua en décembre. Vitalie était comblée et ne demandait pas d'explications supplémentaires. De nouveau, la famille était réunie. Elle préparerait un repas avec les moyens du bord, mais délicieux, pour fêter la fin de cette année et pour accueillir dignement 1873. Vitalie était, de façon incurable, une lutteuse.

La trêve fut de courte durée.

Le 10 janvier, Arthur reçut un mot de Verlaine dans lequel celui-ci se disait « prêt à claquer ». De Londres, il avait expédié des lettres de ce genre à sa mère et à un ami.

La mère de Verlaine s'embarqua pour Londres. Rimbaud désirait faire de même. Il s'en était ouvert à Vitalie qui, cette fois, avait poussé les hauts cris. Arthur ne voyait-il pas que son histoire avec Verlaine était sans issue ? Elle refusa de payer le voyage. Néanmoins, Arthur partit. Mme Verlaine lui avait fait parvenir l'argent, avec la complicité de Delahaye.

Vitalie n'apprécia guère cette trahison de Mme Verlaine. Elle méprisait la mollesse de caractère. Elle jugeait donc avec sévérité les complaisances de l'autre mère. Cela finirait mal. Vitalie laissa finalement partir son fils, après l'avoir averti que rien de bon ne pourrait découler de cette affaire. Elle jouait les Cassandre, rôle ingrat, elle le savait, mais il y avait belle lurette qu'elle avait renoncé à plaire, à paraître aimable quand la vérité et le devoir étaient bafoués.

En attendant, la suite de l'histoire de Verlaine et de Rimbaud, Vitalie s'occupait de ses autres enfants et de sa ferme de Roche. Une partie du bâtiment avait été détruite dans un incendie et, à présent, la récolte était perdue. Une catastrophe pour Vitalie. Ses revenus diminueraient encore.

Le 5 avril, Vitalie, son fils Frédéric et ses deux filles, Vitalie et Isabelle, quittaient Charleville pour Roche. Depuis trois ans, la famille n'y avait plus mis les pieds. Vitalie cachait mal son émotion. À chaque voyage à Roche, à chaque retour vers la terre de son enfance, elle ressentait au plus profond d'elle-même une angoisse sourde et un bonheur. Ses enfants manifestaient la même excitation qu'elle et, après le voyage en chemin de fer, lorsqu'ils furent installés dans la carriole qui les conduisait d'Attigny à Roche (« distance de 4 kilomètres 1 hectomètre »), ils ne se tinrent plus. Ce serait à qui découvrirait le premier le toit à pignon de la maison et le colombier à côté [14]. Enfin, ils arrivèrent. Ils purent constater avec soulagement que la ferme était dans le même état que trois ans auparavant. Malgré les ravages de l'incendie, les murs noircis étaient toujours debout. Après avoir ouvert les volets et les portes, Vitalie et ses enfants pénétrèrent dans la maison. Elle était froide et humide. Ils installèrent leurs malles dans la chambre du bas. Frédéric alla chercher du bois et alluma un bon feu dans la cuisine. Peu à peu, la ferme se remettait à vivre. Vitalie renouait avec les lieux qui avaient marqué son enfance, la cour notamment où elle se revoyait quand elle avait cinq ans et accueillait ceux qui venaient voir mourir sa mère. À présent, la cour était déserte, silencieuse. Un gazon sauvage la recouvrait malgré le sable et les pierres.

Après s'être restaurés, ils passèrent le reste de la soirée à examiner au clair de lune les jardins, les chènevières et les clos. Avec un peu de courage, on pouvait remettre les terres et la maison en état. Vitalie et ses deux filles dormaient dans la chambre du bas, où elles se tenaient habituellement pendant le jour. Cette chambre donnait sur la route. De l'autre côté du corridor, une grande cuisine. À l'arrière, deux petites chambres étaient louées à un locataire assez discret. Au premier, il y avait quatre chambres. Le second était occupé par un immense grenier.

Le Vendredi saint, la famille se tenait dans la chambre du bas, à ranger quelques affaires, lorsqu'un coup discret retentit à la porte. La petite Vitalie courut ouvrir : c'était Arthur !

Débarqué en France, il avait aussitôt rejoint sa mère et ses frère et sœurs. Il fut heureux de voir combien les siens se réjouissaient de son arrivée. Surtout la mère. Elle comprit qu'Arthur lui reviendrait toujours. Elle ne posa aucune question à son fils alors qu'elle brûlait de savoir ce qui s'était passé. Vitalie constatait, d'après la mine de son fils, que la vie à Londres n'avait pas été rose.

Ce fut donc la vie calme et laborieuse de la campagne qui les occupa tous. Des ouvriers reconstruisaient les bâtiments détruits. Vitalie leur donnait des ordres, les surveillait. Les enfants arrangeaient et semaient un terrain bien préparé.

Vie cependant trop calme pour Arthur qui écrivit à son ami Delahaye qu'il mourait d'ennui dans cette belle campagne. « Quelle chierie et quels monstres d'innocince (*sic*), ces paysans. Il faut, le soir, faire deux lieues, et plus, pour boire un peu. La *mother* m'a mis là dans un triste trou. » Laïtou (Roche) n'était pas plus plaisant que Parmerde (Paris). Dans la même lettre, Arthur révélait qu'il écrivait : « ... Je

fais de petites histoires en prose, titre général : Livre
païen, ou Livre nègre. C'est bête et innocent. Ô
innocence ! innocence ; innocence, innoc… fléau ! »

Comme divertissements, Arthur n'avait que la
contemplation de la nature (« Ô Nature ! ô ma
mère ! ») et une promenade jusqu'à Vouziers, une
sous-préfecture de 10.000 âmes, à sept kilomètres de
Roche, pour voir « les Prussmars ». Non, décidément, Arthur n'était pas fait pour vivre à Roche qu'il
comparait à un terrier à loups. « Quelle horreur que
cette campagne française [15]. »

Arthur repartit donc, en mai. Vitalie ignorait où
allait son fils. Elle pensait que Verlaine n'était pas
étranger à ce départ, mais elle ne savait où celui-ci
se trouvait, s'il était encore à Londres ou s'il était
rentré en France en même temps que son fils. Ce fut
une lettre éplorée de Verlaine qui lui apprit, quelque
temps après, que les choses allaient si mal entre
Arthur et lui, entre sa femme et lui, entre le monde
et lui, qu'il avait résolu de se tuer. Avant cela, il prenait la plume pour saluer une dernière fois les personnes qui lui avaient été chères dans la vie ; elle
était du nombre. Il se trouvait seul à Bruxelles,
décidé à « se brûler la gueule ».

Vitalie alors adressa à Paul Verlaine cette lettre
superbe [16] :

Roche, 6 juillet 1873

Monsieur,

*Au moment où je vous écris, j'espère que le calme
et la réflexion sont revenus dans votre esprit. Vous*

tuer, malheureux! Se tuer quand on est accablé par
le malheur est une lâcheté ; se tuer quand on a une
sainte et tendre mère qui donnerait sa vie pour vous,
qui mourrait de votre mort, et quand on est père
d'un petit être qui vous tend les bras aujourd'hui,
qui vous sourira demain, et qui un jour aura besoin
de votre appui, de vos conseils, se tuer dans de telles
conditions est une infamie : le monde méprise celui
qui meurt ainsi, et Dieu lui-même ne peut lui par-
donner un si grand crime et le rejette de son sein.

Monsieur, j'ignore quelles sont vos disgrâces avec
Arthur, mais j'ai toujours prévu que le dénouement
de votre liaison ne devait pas être heureux. Pour-
quoi ? me demanderez-vous. Parce que ce qui n'est
pas autorisé, approuvé par de bons et honnêtes
parents, ne doit pas êtes heureux pour les enfants.
Vous, jeunes gens, vous riez et vous vous moquez de
tout, mais il n'est pas moins vrai que nous avons l'ex-
périence pour nous, et chaque fois que vous ne sui-
vrez pas nos conseils, vous serez malheureux. Vous
voyez que je ne vous flatte pas, je ne flatte jamais
ceux que j'aime. Vous vous plaignez de votre vie mal-
heureuse, pauvre enfant! Savez-vous ce que sera
demain ? Espérez donc. Comment comprenez-vous le
bonheur ici-bas ? Vous êtes trop raisonnable pour
faire consister le bonheur dans la réussite d'un pro-
jet, ou dans la satisfaction d'un caprice, d'une fan-
taisie : non, une personne qui verrait ainsi tous ses
souhaits exaucés, tous ses désirs satisfaits, ne serait
certainement pas heureuse ; car, du moment que le
cœur n'aurait plus d'aspiration, il n'y aurait plus
d'émotion possible, et ainsi plus de bonheur. Il faut

donc que le cœur batte, et qu'il batte à la pensée du bien ; du bien qu'on a fait, ou qu'on se propose de faire.

Et moi aussi j'ai été bien malheureuse. J'ai bien souffert, bien pleuré, et j'ai su faire tourner toutes mes afflictions à mon profit. Dieu m'a donné un cœur fort, rempli de courage et d'énergie, j'ai lutté contre toutes les adversités ; et puis j'ai réfléchi, j'ai regardé autour de moi, et je me suis convaincue, mais bien convaincue, que chacun de nous a au cœur une plaie plus ou moins profonde ; ma plaie, à moi, me paraissait beaucoup plus profonde que celle des autres, et c'est tout naturel : je sentais mon mal, et ne sentais pas celui des autres. C'est alors que je me suis dit (et je vois tous les jours que j'ai raison) : le vrai bonheur consiste dans l'accomplissement de tous ses devoirs, si pénibles qu'ils soient !

Faites comme moi, cher monsieur : soyez fort et courageux contre toutes les afflictions ; chassez de votre cœur toutes les mauvaises pensées, luttez, luttez sans relâche contre ce qu'on appelle l'injustice du sort ; et vous verrez que le malheur se lassera de vous poursuivre, vous redeviendrez heureux. Il faut aussi travailler beaucoup, donner un but à votre vie ; vous aurez sans doute encore bien des jours mauvais ; mais quelle que soit la méchanceté des hommes, ne désespérez jamais de Dieu. Lui seul console et guérit, croyez-moi. Madame votre mère me ferait grand plaisir en m'écrivant.

Je vous serre la main, et ne vous dis pas adieu, j'espère bien vous voir un jour.

V. RIMBAUD

Vitalie, contrairement à ce que d'aucuns ont pu prétendre, était au courant de la nature des rapports de Verlaine et de Rimbaud : elle emploie le terme « liaison », elle reconnaît que ce « n'est pas autorisé ». Et, devant ces amours homosexuelles, elle fit preuve d'une largeur d'esprit rare chez quelqu'un de son milieu et de son temps. Les amis des deux poètes, même les communards exilés à Londres, n'approuvaient pas ce genre de relation.

Cette lettre est aussi admirable par l'aveu que fait cette femme de ses propres tourments. Ce sera un des rares moments où elle, si dévouée à autrui, livre son âme blessée. Devait-elle se sentir en confiance avec Verlaine pour oser parler, elle qui fut si souvent accusée de sécheresse. Et là aussi, elle nuance, elle montre l'ambiguïté de ses recettes contre la douleur : accomplir ses devoirs, ou, mais surtout ne pensez pas que cela me soit agréable ou facile. Non à moi comme aux autres, c'est pénible, cela coûte des efforts.

Enfin, Vitalie affirme qu'elle espère voir Verlaine un jour. Pas de rancune envers celui qui a mené son fils (mineur) sur d'étranges chemins. Cet homme et elle se rejoignaient dans leur amour pour le même être.

Et il en faudra, de l'amour. Vitalie apprenait que, le 10 juillet, son fils avait été blessé par balle. Verlaine avait tiré sur lui. Rentrés de Londres l'un après l'autre, ils s'étaient querellés à Bruxelles. Contre toute logique, Verlaine espérait que sa femme répondrait à sa lettre dans laquelle il demandait qu'elle interrompe son procès et qu'elle reprenne la vie commune avec lui. Sinon, il se tuerait. Dans une autre lettre, adressée à sa mère, il l'avertissait de même[17] :`

Bruxelles

Ma mère,

J'ai résolu de me tuer si ma femme ne vient pas dans trois jours. Je lui ai écrit. Je demeure actuellement à cette adresse : M. Paul Verlaine Hôtel Liégeois rue du Progrès chambre n°2 Bruxelles.
Adieu s'il le faut
Ton fils qui t'a bien aimé

P. Verlaine

J'ai quitté Londres exprès.

La femme de Verlaine ne répondit pas.

La mère accourut sur-le-champ. Puis arriva Rimbaud furieux d'avoir été abandonné à Londres, désireux de se débarrasser de Verlaine une fois pour toutes, ne croyant pas une seconde à son suicide futur. « Quant à claquer, je te connais. Tu vas donc, en attendant ta femme et ta mort, te démener, errer, ennuyer des gens. » Arthur n'avait pas d'argent pour payer le voyage jusqu'à Charleville. Madame Verlaine aurait volontiers donné les vingt francs nécessaires, mais Paul le lui interdisait. Rimbaud avait déclaré qu'il partirait, même sans argent. Alors Verlaine, ivre, avait sorti un revolver qu'il avait acheté le matin chez un armurier des Galeries Saint-Hubert et il tira sur Rimbaud. Une première balle le blessa au poignet gauche. La seconde pénétra dans le mur derrière lui. La mère de Verlaine accourut au bruit des coups de feu. Elle vit Arthur, la main en sang, et son propre fils écroulé sur le lit en sanglots. C'était le drame. Heureusement, la blessure de Rimbaud était légère. Madame Verlaine conduisit le blessé à l'hôpital Saint-Jean où des médecins le soignèrent. Ils lui recommandèrent de se présenter le lendemain pour un contrôle de la blessure.

De retour à l'hôtel, Rimbaud et Verlaine avaient recommencé à se disputer. Cette fois, la mère en eut assez : elle donna à Arthur l'argent nécessaire au voyage. Qu'il parte ! Rimbaud décida de gagner la gare du Midi sur-le-champ. Verlaine voulut l'accompagner. La mère ne put que suivre les deux enragés. Mais, en chemin, arrivé à la place Rouppe, Verlaine menaça de se suicider devant eux et il prit le revolver dans sa poche. À la vue de ce geste, Arthur, effrayé, se précipita vers un agent de police en criant : « Il veut me tuer ! »

Ils furent emmenés tous les trois au commissariat de police accolé à l'Hôtel de ville. Dépositions. Arrestation de Verlaine. La justice belge s'emparait de l'affaire.

Le dossier dit « de Bruxelles » raconte l'histoire de Rimbaud et de Verlaine, l'histoire d'une passion tourmentée, l'histoire d'une rupture. Tragédie humaine, avec comme témoins les deux mères : on peut y lire la déposition de la mère de Verlaine et la lettre exemplaire que Vitalie écrivit à Verlaine le 6 juillet 1873. La police l'avait trouvée dans le portefeuille de l'inculpé, ainsi que des lettres de Rimbaud, des poèmes, dont « Le bon disciple » qui stupéfia les policiers :

... Vers toi je rampe encore indigne.
Monte sur mes reins, et trépigne.
(Mai 72)

Très vite, le juge comprit qu'il n'avait pas à juger une rixe banale, mais un affrontement sanglant entre deux homosexuels.

Comment passer de l'intime conviction à l'absolue certitude ? Le juge T'Serstevens ordonna un examen corporel de Paul Verlaine, « homme de lettres né à Metz, détenu à la maison de sûreté de cette ville (Bruxelles) aux fins de constater s'il porte des traces d'habitudes pédérastiques ». Les médecins Vleminckx et Semal se rendirent dans la cellule de Paul Verlaine et y firent le rapport qui suit :

« 1. Le pénis est court et peu volumineux – le gland est surtout petit et va s'amincissant – s'effilant vers son extrémité libre, à partir de la couronne – Celle-ci est peu saillante et sans relief.

« 2. L'anus se laisse dilater assez fortement, par un écartement modéré des fesses, en une profondeur d'un pouce environ – Ce mouvement met en évidence un infundibulum évasé, espèce de cône tronqué dont le sommet serait en profondeur. Les replis du sphincter ne sont pas lésés ni ne portent de traces... La contractibilité. Elle reste *à peu près* normale.

« De cet examen, il résulte que P. Verlaine porte sur sa personne des traces d'habitude de pédérastie active et passive. L'une et l'autre de ces deux sortes de vestiges ne sont pas tellement marquées qu'il y ait lieu de suspecter des habitudes invétérées et anciennes mais des pratiques plus ou moins récentes…

« Bruxelles, le 16 juillet 1873 [18]. »

Scientifiquement récusable, le rapport des médecins fut néanmoins reçu comme décisif par le juge. Dès lors, il condamna Paul Verlaine à deux ans de prison et à deux cents francs d'amende. D'évidence, le jugement condamnait davantage l'homosexualité que le crime. Il faut signaler que bien des années après, le colonel Godchot, dont le *Arthur Rimbaud, ne varietur* accable Vitalie, s'écriera : « Il est tout de même triste de penser que la Poésie française actuelle sort de cet accouplement de pédérastes ! »

Plus loin, le même inquisiteur persistera : « Je n'ai qu'un profond regret, c'est que la vie de Rimbaud n'ait pas été aussi parfaite que celle de son père et que ses *Poésies*, ses *Hallucinations*, sa *Saison en enfer*, aient été la cause des turpitudes où est encore enlisée la pauvre poésie française [19]. »

Ah, le brave colonel !

Le 17 juillet, Arthur s'était rendu à l'hôpital Saint-Jean où les médecins avaient procédé à l'extraction de la balle logée dans le poignet.

Le 8 août, Verlaine commença de purger sa peine en prison. Arthur attendit jusqu'au 27 août, date à laquelle Verlaine, qui avait interjeté appel, se vit confirmer le jugement du 8. Le pauvre Lélian retournait dans sa cellule. Arthur, effondré, ne pouvait plus que rentrer auprès de sa famille.

À la gare de Voncq, sa mère l'attendait. Il arrivait le bras en écharpe. Son visage était aminci et barré par la souffrance ; à la première marque de sympathie, il s'effondra en larmes. Vitalie éprouvait une terreur rétrospective en écoutant le récit d'Arthur. La douleur de son fils était telle que la mère imaginait sans peine ce que celui-ci omettait de lui avouer. Elle le soigna comme s'il se relevait d'une longue maladie.

Vitalie pensait que sa vie était un long cauchemar. Elle était destinée au malheur mais elle avait espéré que ses enfants échapperaient à cette malédiction. Or, voici qu'en Arthur elle reconnaissait un être voué lui aussi à toutes les dérélictions.

Aussi, au cours de l'été 1873 qui offrait des journées de grandes chaleurs suivies d'orages nocturnes, Vitalie bâillonnait son chagrin en travaillant la terre. Elle passait des heures aux champs avec sa fille, celle qui portait son nom, et on pouvait voir de loin les deux Vitalie penchées au-dessus de la luzerne. Abritées toutes deux sous un chapeau de paille à large bord, vêtues légèrement, elles sentaient néanmoins la sueur couler sur leur visage et sur leur corps. La fillette Vitalie s'efforçait de ressembler à sa mère. Elle affirmait déjà connaître « des petites amertumes », « de légères contrariétés », et « d'ennuyantes déceptions ». À quinze ans, elle désirait mener une vie « sage et vaillante », alors qu'elle sentait en elle une nature prompte à se laisser aller. Elle avait acquis certains tics de langage de sa mère, notamment sa propension à s'exprimer par dictons. C'était toujours un sujet d'amusement quand la petite Vitalie disait en soupirant : « Heureux celui qui sait se conformer à la situation dans laquelle il doit vivre. » Il lui arrivait aussi d'énoncer d'un air sérieux : « Heureux celui qui travaille, il sentira toujours qu'il est libre et content de cœur. » À quinze ans ! Cette enfant souffrait par ailleurs d'une obsession : la vie passait trop vite. Hélas, pour la fillette, ce ne serait que trop vrai.

La jeune Isabelle, pendant ce temps, gardait la maison, affairée aux soins du ménage dont la mère l'avait chargée. Elle devait de plus veiller sur les lapins et les jeunes poussins qu'on venait de leur offrir. Frédéric, homme doux et solide, fanait dans les prés. Il s'occupait aussi du cheval Bijou.

Les Rimbaud étaient montés comme de véritables fermiers. Ils possédaient des vaches, des poules et ce cheval, utile pour amener les terres, les décombres provenant des démolitions, pour conduire les betteraves et pour faire des courses dans les villages voisins. Comme ils n'avaient pas de récolte cet été-là, Vitalie acheta du blé et de l'avoine qui furent remisés dans la grange [20].

Arthur ne participait pas aux travaux agricoles. Depuis son arrivée à Roche, il passait par des crises de désespoir violent. Vitalie l'entendait gémir à travers la porte du grenier où il s'était réfugié. « Ô Verlaine, Verlaine », sanglotait Arthur. À ces paroles, Vitalie éprouvait à son tour l'envie de pleurer ou de crier, mais que pouvait-elle faire, sinon se taire comme d'ordinaire, attendre que la paix revienne. Elle savait qu'Arthur écrivait avec fièvre des poèmes qui l'éprouvaient beaucoup. Elle le voyait à sa mine, le soir venu, quand, sortant de son repaire, il acceptait enfin de rejoindre la famille et de participer au repas. Hélas, il ne montrait guère d'appétit. Vitalie, inquiète, se demandait comment sortir son fils du malheur.

Ce fut Arthur lui-même qui trouva la solution. Ou qui crut l'avoir trouvée. Il désirait publier les poèmes qu'il avait terminés cet été dans une grande souffrance. Il s'en ouvrit à sa mère. Serait-elle d'accord d'en payer l'édition ? Vitalie et Arthur eurent sans doute une conversation importante à ce moment. Vitalie, qui n'estimait pas la poésie comme nécessaire à la vie, aurait cependant fait n'importe quoi pour qu'Arthur soit heureux. Il désirait publier ? Elle l'y aiderait donc. Comment s'intitulerait ce livre ? *Une saison en enfer*. Vitalie se dit qu'elle savait de quoi il s'agissait. Pouvait-elle cependant le lire ? Arthur le lui donna. Le lendemain, Vitalie rendit les poèmes à son fils. Elle qui appelait un chat un chat ne fit pas semblant d'avoir percé le mystère poétique. Elle demanda à son fils ce que cela voulait dire. À quoi Arthur aurait répondu : « J'ai voulu dire ce que cela dit, littéralement et dans tous les sens. » Va donc pour *Une saison en enfer* !

Rimbaud signa un contrat avec un éditeur bruxellois, Jacques Poot, gérant de l'Alliance typographique, 27 rue aux Choux. Le 23 octobre, Rimbaud se rendit à Bruxelles pour prendre livraison de ses exemplaires d'auteur. Vitalie lui avait payé le voyage jusqu'en Belgique et donné l'acompte prévu pour l'éditeur. Elle avait assommé son fils de recommandations : « Méfie-toi des gens dans le train. Veille bien sur tes sous. » Le 24 octobre, Arthur aurait déposé un exemplaire de son livre à la prison des Petits-Carmes pour Verlaine, avec cette dédicace parmi les plus laconiques : « À P. Verlaine, A. Rimbaud ». Il était temps car, le lendemain, Verlaine était transféré à la prison de Mons. Son exemplaire d'*Une saison en enfer*, il allait le conserver jalousement. À sa mort, il le léguerait à son fils, Georges.

Arthur, muni d'une douzaine d'exemplaires de son livre, arriva à Roche le 25 octobre. Toute la famille se précipita vers lui. L'auteur était fier du volume, de son titre, de son nom imprimé. Ses frère et sœurs admiraient sans réserve. Vitalie remarquait le bonheur de son fils, la joie des autres enfants. Elle se sentit récompensée.

Elle avait bien fait d'offrir cela. Qui sait ? Peut-être commençait-il une carrière sérieuse.

« On le vend un franc, chez les libraires ? Il n'est pas trop bon marché ? » Arthur haussait les épaules, mais il souriait. Ce fut une journée à marquer d'une pierre blanche, un de ces moments où chacun cultivait en soi l'espoir. Arthur attendait que ce livre changeât sa vie. Les deux filles attendaient avec impatience leur retour au pensionnat. Frédéric avait trouvé du travail à Amagne.

Vitalie, comme toujours au premier signe de bonheur, pensait que chacun avait été remis en selle et qu'on pouvait continuer, tous ensemble, avec elle comme chien berger.

Aussi, le 2 novembre, elle crut mourir d'émotion quand elle vit Arthur jeter dans la grande cheminée de la chambre les livres rapportés de Bruxelles et des papiers. Était-il devenu fou ? Ou était-ce elle qui perdait la raison ? Arthur ne fournit aucune explication. Il redevint plus taciturne et plus triste qu'avant.

L'hiver allait bientôt commencer.

5

1874-1880

Un souffle disperse les limites du foyer
(*Illuminations*)

Au début de 1874, Vitalie se retrouva seule dans son appartement du quai de la Madeleine. Frédéric travaillait à Amagne. Arthur avait repris le chemin de Paris et de Londres. Les deux fillettes étaient retournées dans leur cher pensionnat du Saint-Sépulcre. Ce fut pour Vitalie, une nouvelle épreuve. Après les tumultes des trois dernières années, elle se sentait désemparée devant sa solitude de mère. Elle qui avait pris comme ligne de conduite un dévouement à toute épreuve envers ses enfants, ceux-ci partis, elle se sentait dépouillée du sens même de sa vie.

Bien sûr, aucun des quatre enfants n'était réellement indépendant, autonome, mais ils étaient loin d'elle et Vitalie ressentait chaque fois qu'elle se levait le matin et entamait la journée, une sorte de désarroi, un malaise feutré. Elle ne le repoussait que difficilement, au fur et à mesure que les heures passaient. Elle luttait contre le côté dérisoire de sa situation. Dérisoire, oui. Car elle apercevait mieux que jamais la cruauté de son destin.

Pendant que Vitalie-mère luttait contre ses fantômes, Vitalie-fille préparait sa retraite. Dans un cahier, elle inscrivait ses « Résolutions » et… curieusement, mère et fille se rejoignaient dans leurs conclusions. Le 28 janvier, résolution de la fillette : « Je serai généreuse. » Le 29 : « Je souffrirai pour Dieu. » Le 30 janvier : « Je réprimerai mon imagination. » Les deux Vitalie étaient bien d'accord là-dessus : l'imagination était la folle du logis [1] ! Coïncidence d'autant plus étrange qu'Arthur Rimbaud avait, lui aussi, son idée à ce sujet. Dans *Une saison en enfer*, en 1873, il écrivait : « Eh bien ! je dois enterrer mon imagination et mes souvenirs ! »

Pour lutter contre les images qu'on a dans la tête, rien ne vaut un petit déménagement. Vitalie décida de quitter le quai de la Madeleine : trop cher et trop grand pour elle. Elle chercha un autre logement. Rien ne lui convenait. Malgré cela, cette femme obstinée continuait à parcourir la ville afin de trouver un nouvel appartement. Elle n'aurait plus de répit avant de s'être installée ailleurs.

Pendant que la mère s'offrait de courts voyages à Charleville, le fils poursuivait ses grands voyages en Europe. En mars, il était reparti pour Londres, en compagnie du poète Germain Nouveau. Ils s'étaient rencontrés vers la fin de 1873. Rimbaud, qui venait d'avoir dix-neuf ans cette année-là, était un jeune homme grand, aux cheveux châtain doré, d'une allure dégingandée que les dessins de son ami Delahaye évoquent avec humour. À ses côtés, Germain Nouveau, âgé de vingt et un ans, paraissait encore plus trapu qu'il ne l'était. L'Ardennais et le Provençal s'étaient mis d'accord sur l'urgence qu'il y avait à voyager, à bouger, à aller voir ailleurs. Ni Rimbaud ni Nouveau ne s'accommodaient de Paris. Il faut dire que les hommes de lettres parisiens, de leur côté, ne s'accommodaient pas de l'Ardennais. Ils le tenaient ostensiblement à l'écart, monté contre lui depuis l'affaire de Bruxelles. Ils ne voulaient pas de scandale chez eux. Surtout pas d'homosexuels qui s'entretuent. Encore s'ils s'étaient montrés discrets…

Arthur Rimbaud et Germain Nouveau étaient donc partis pour Londres. Le 26 mars, ils louaient une chambre au 178, Stamfort Street. Arthur, sitôt arrivé dans la capitale anglaise, avait écrit à sa mère pour l'informer de sa nouvelle adresse. Il lui annonçait également qu'il étudiait la langue anglaise et qu'il avait pris une carte de lecteur au British Museum. Bien sûr, il comptait gagner sa vie en donnant des leçons de français, mais, pour l'instant, il n'avait pas d'élèves. Alors si Vitalie voulait lui envoyer un peu d'argent… Elle savait à présent qu'il étudiait sérieusement, et qu'il cherchait un travail pour ne plus être à sa charge. Vitalie, probablement, envoya un mandat à son fils, car leurs rapports étaient redevenus affectueux et elle refusait rarement ce qu'Arthur lui demandait. La somme ne devait pas être importante : Vitalie avait horreur de dépenser et ses revenus avaient diminué suite à la guerre. Mais elle fit ce qu'elle pouvait. Cependant, elle dut faire davantage. Au début de l'été, Arthur lui avait écrit que son ami était reparti pour la France. Il traversait pour sa part une crise de dépression grave. Il était seul, à Londres, malade, désespéré. Il l'appelait, il la suppliait de venir à son secours, ici, en Angleterre. Qu'elle vienne !

Vitalie décida qu'elle irait à Londres. Son devoir de mère l'exigeait. Son amour pour Arthur surtout. Le 4 juillet au soir, Vitalie confiait Isabelle, alors âgée de quatorze ans, au pensionnat du Saint-Sépulcre. La jeune Vitalie avait insisté pour les accompagner et, au moment de la séparation, toutes trois avaient pleuré d'abondance. Allons, courage ! Le voyage ne serait pas long. On promit de s'écrire. Isabelle serait patiente. Vitalie était déchirée. Elle n'aimait pas laisser Isabelle seule à Charleville. Même si elle l'avait confiée à de braves sœurs, elle n'aimait pas cette idée qu'en quelque sorte Isabelle ressemblerait à une orpheline après son départ. Or il lui fallait partir. Elle ne pouvait abandonner à son sort Arthur qu'elle imaginait, avec raison, au fond du désespoir. Vitalie se rappelait combien son enfant pouvait souffrir, comment, à Roche, après l'affaire de Bruxelles, il avait crié. Elle, Vitalie, savait quel degré de douleur il fallait attendre pour que, tout à coup, malgré vous, des cris jaillissent de votre gorge. Elle-même poussait des cris qui la faisaient passer pour démente. C'était, évidemment, des gens heureux qui disaient cela d'elle. Les autres, ceux qui avaient été tourmentés par la vie, se contentaient de la regarder sans lui adresser la parole. Alors Vitalie, au moment du départ pour l'Angleterre, versa des larmes sur l'abandon momentané d'Isabelle et sur ce tourment qu'endurait son fils en attendant qu'elle vienne à lui. Elle, femme austère mais rassurante, si solide qu'on la croyait dure, oui, elle, Vitalie Cuif, donnerait à son fils la tendresse et la force dont il avait besoin.

Le 5 juillet 1874, Mme Rimbaud et sa fille Vitalie, se levèrent de bonne heure[2]. Elles se sentaient excitées comme des écolières à l'approche des vacances. Elles s'apprêtaient à traverser le Nord de la France, toute la Belgique. Elles allaient naviguer sur l'océan. Vitalie était un peu effrayée par ce voyage, elle qui n'avait guère quitté ses Ardennes, sinon pour une mission ratée à Paris ! Les deux Vitalie s'étaient installées dans le train, observant d'un air inquiet leurs voisins. N'avaient-ils pas l'air de voleurs ou d'assassins, au moins ? Non. Des bourgeois et des bourgeoises, peu aimables, mais discrets. Le train avait démarré, secouant les voyageurs qui ne s'y attendaient pas, bondissant vers le nord comme un taureau furieux au milieu de l'arène : l'aventure avait commencé ! En dépit de cette vitesse que les deux Vitalie jugeaient excessive, elles découvrirent Rimogne, avec ses carrières d'ardoise. Plus loin, de jeunes bois. Plus loin encore, un sol rougeâtre, étonnant. As-tu jamais vu cela ? Non, jamais. Ah, que c'est beau de voyager ma fille ! Après Maubert-Fontaine, les deux femmes avaient observé qu'elles ne comprenaient plus le patois des nouveaux venus. Elles avaient fini par se taire, pour écouter la parole des autres. À Valenciennes, elles avaient pu descendre se dérouiller les jambes. Rester assises comme ça, pendant des heures, était encore plus fatigant que de faner les prés. Vitalie-mère et Vitalie-fille allaient se conduire en parfaites touristes, décidées à ne rater ni une église, ni un parc, ni un musée. Après leur rapide découverte de Valenciennes, elles étaient remontées dans le train, en route pour Calais. D'habitude, la jeune fille pratiquait l'amour des nombres. Elle comptait tout ce qu'elle pouvait compter : les marronniers autour de la gare, les marronniers sur les allées, les cierges ornant l'autel à la messe de Pâques, etc. Au cours du voyage, ce furent les moulins à vent qui retinrent son attention : douze sur une même rangée. Elle arrivèrent à Lille vers six heures du soir. Fatiguées ? Peut-être. Elles regrettèrent néanmoins de ne pas avoir le temps de visiter la ville. La gare était très grande et il s'en était fallu de peu que les deux Ardennaises ne s'y perdent. Des employés, mal embouchés, ne leur avaient donné que de vagues indications.

Enfin, Calais ! Moment important lorsqu'on se rend à l'étranger : le change des monnaies. Quand Vitalie eut en main les billets et les pièces anglaises, elle eut l'impression vague d'avoir franchi le Rubicon. Si elle n'avait pas à enjamber le Rubicon, elle avait la mer du Nord à traverser, ce qui lui paraissait infiniment plus impressionnant. Vitalie n'avait jamais vu la mer. Pour la première fois de sa vie, l'Ardennaise contemplait cette eau grise et blanche dont les vagues s'épuisaient contre les poutres de l'embarcadère. Deux ans auparavant, Arthur Rimbaud avait découvert la mer dans des circonstances similaires, en partance pour l'Angleterre. Sans doute Mme Rimbaud y avait-elle songé, au moment d'emprunter une échelle pour descendre dans le bateau. Elle et sa fille seront les seules dames du voyage. Autour d'elles, une dizaine d'Anglais et un Hollandais formaient un groupe homogène dont elles se tiendront prudemment éloignées. À deux heures trente du matin, Vitalie montait sur le pont, suivie de sa fille : elles étaient sujettes toutes deux au mal de mer. Mais peu importait. Il y avait l'eau noire à deviner dans la nuit, son murmure de géante dominant les bruits du navire. « La mer, écrivit la sœur d'Arthur Rimbaud, plus on la regarde, plus on y voit de nouvelles choses. » Loisir de famille, puisque le poète, âgé de douze ans, aimait se coucher dans une barque et contempler des heures durant le monde vert et mouvant du fleuve.

Le soleil se leva sur la mer. Les deux Vitalie aperçurent les côtes d'Angleterre. Des forts et des casernes se dressaient sur les falaises crayeuses de Douvres. La femme et la fille du capitaine Rimbaud ne pouvaient manquer de les admirer. À Douvres, après deux heures trente de visite de la ville, elles prenaient le train pour Londres. Les compartiments étaient éclairés, ce qui les surprit vivement. Mais, très vite, elles en comprirent la raison : la jeune Vitalie dénombra six tunnels jusqu'à la capitale, « objet de mes étonnements », écrit-elle dans son journal. En effet, elle ne devait guère apprécier ce voyage à Londres, très vite lassée par les visites des monuments, peu admirative de la City, ne manifestant aucune curiosité pour les Anglais. Au contraire, elle se plaindra très vite de ne pas voir de Français, de ne pas entendre parler sa propre langue, elle se conduira en provinciale, estimant qu'en comparaison de Londres, Charleville était un lieu de délices. Il n'était pas jusqu'aux églises catholiques qu'elle ne réclamât, jugeant le culte protestant trop austère. Toutefois, la ferveur des fidèles l'impressionna au point qu'elle s'exclamera : « Comme ils feraient de bons catholiques ! »

Arthur Rimbaud attendait sa mère et sa sœur à la gare de Charing Cross. Il était ému de les revoir et, plein de bonne volonté, soucieux de les divertir, il emmena aussitôt les voyageuses dans les rues avoisinantes pour qu'elles hument la ville. Le trafic, le mouvement des piétons effrayèrent les deux Ardennaises. Aussi furent-elles soulagées d'atterrir enfin au logement qu'Arthur avait retenu pour elles, au 12 Argyle Square, chambre très convenable, avait déclaré Mme Rimbaud.

La mère et les deux enfants dévorèrent les provisions apportées de Charleville. Ensuite, tous trois sortirent dans Londres pendant deux heures. Enfin, les deux voyageuses rentrèrent exténuées dans leur appartement. Arthur, qui ne logeait pas à la même adresse, les quitta, avec promesse de revenir le plus tôt possible le lendemain. Arthur et Vitalie avaient parlé en se promenant dans les rues londoniennes, de tout, sauf de ce qui justifiait le voyage de la mère. Il suffisait au fils que Vitalie fût là, près de lui, avec son énergie indomptable, son grand corps imposant, son allure irremplaçable, pour qu'il se sente moins perdu. Moins tourmenté.

Ils savaient bien, l'un et l'autre, qu'ils ne se parleraient pas davantage ici qu'à Roche, que jamais ils ne pourraient se confier leurs tourments profonds. On n'avait pas appris à Vitalie l'art de la confidence et elle ne l'avait donc pas transmis à ses enfants. Toutefois, la parole n'était pas nécessaire entre eux. Ce qui apparaissait comme évident, chez Arthur, en ce soir de juillet 1874, c'était sa détresse. Il se débattait comme un homme qui se noie. À Vitalie, il demandait qu'elle le ramène à la surface. Mais que pouvait-elle faire en réalité ? Hormis sa présence, que pouvait-elle offrir à son fils ? Elle en avait bien le soupçon, l'idée qu'il lui restait encore une chose à tenter, mais elle attendait qu'Arthur la lui réclamât ouvertement ; c'était tellement inattendu de la part de cet enfant qui, pourtant, demandait cette preuve d'amour supplémentaire à sa mère.

Ce fut ainsi que, par un triste jour, Vitalie mit sa belle robe de soie grise ainsi que sa mante en chantilly et qu'elle et son fils se rendirent chez un employeur potentiel. Ils avaient marché côte à côte sans desserrer les dents, deux vaincus. Et ils l'étaient bien, défaits, pour que le poète Rimbaud s'humiliât à chercher un emploi honorable et que la mère de ce poète s'exhibât en gage d'honorabilité familiale. Leur souffrance, ce jour-là, dut être à la mesure de leur orgueil, immense. Tant d'efforts restèrent cependant sans résultat.

Le mois de juillet passait lentement. Au début de leur séjour, les deux Vitalie étaient parties à la découverte de Londres, emmenées par Arthur qui ne savait qu'imaginer pour qu'elles se sentent bien. La Tour de Londres, le Parlement, les gardes de la reine (« de beaux hommes », remarque la jeune Vitalie), la Tamise avec ses bateaux sages, les dépouilles du roi d'Abyssinie au British Museum… Arthur leur montrait tout. Le guide idéal. Il avait même assisté en leur compagnie à un office du soir dans un temple. Et, sacrifice suprême, il avait

accompagné sa mère dans les magasins du quartier.
« Il s'y prête, avait remarqué Vitalie, avec une bonté
et une complaisance parfaites. » Pour qu'elle note
cela, il fallait que, malgré tout, l'ennui d'Arthur fût
évident. Il n'était pas homme à s'arrêter devant de
« beaux magasins ». Devait-il vouloir plaire à sa
mère pour qu'il sacrifiât ses goûts à ce point ! Toutefois, pendant le jour, il ne sacrifiait pas son temps
à sa famille : il se rendait à la bibliothèque du British Museum et lisait de longues heures durant. Il
voulait apprendre la langue anglaise et il s'y appliquait avec la ferveur qu'il mettait dans tout ce qu'il
entreprenait.

Aussi laissait-il sa mère et sa sœur seules du
matin au soir. Elles devaient se débrouiller avec les
quelques mots d'anglais qu'Arthur avait enseignés à
la petite Vitalie, riant au début de ses bévues, puis
s'irritant qu'elle ne soit pas plus douée. Les deux
Ardennaises passaient leur temps à ranger leur
chambre, à faire un peu de couture. Puis elles sortaient acheter un poisson ou une viande qu'elles portaient à griller chez un rôtisseur recommandé par
Arthur. Enfin, elles se rendaient dans le parc, proche
de leur logement. Assises sur un banc, elles observaient les promeneurs et se permettaient quelques
remarques peu admiratives sur leur compte. Par
ailleurs, elles avaient noté que le ciel de Londres ressemblait à celui de Charleville : on ne pouvait donc
pas affirmer que tout allait mal !

Chacun attendait que quelque chose se passe.
Qu'Arthur trouve enfin du travail. Que le mois de
juillet si chaud s'achève. Il semblait qu'ils étaient

tous les trois enlisés dans un mauvais rêve. L'énergie des premiers jours avait cédé la place à une fatigue molle. Cet état ressemblait presque à une maladie et il est vrai que chacune des Vitalie souffrit de faiblesses diverses. Mme Rimbaud, rongée par l'inquiétude et la fatigue, tomba malade. Il n'était cependant pas question d'appeler un médecin ou de garder sa chambre, sinon sa fille se serait ennuyée. Ce jour-là, elles tentèrent pendant des heures de se faire comprendre par un agent de change. En vain. Heureusement, Arthur revint de la bibliothèque et résolut leur problème. La patience et l'abnégation de sa mère n'échappaient pas à Arthur. Mme Rimbaud n'arrêtait pas de dire : « Si Isabelle était là… »

Isabelle écrivait des lettres charmantes où elle racontait qu'elle prenait des leçons de dessin et d'allemand. La jeune Vitalie en éprouvait de la jalousie. Comme sa sœur était heureuse, à Saint-Sépulcre ! Tandis qu'elle, elle se sentait prisonnière de l'Angleterre et d'Arthur. Tout dépendait de lui et la petite, qui en avait assez, tourmentait sa mère pour qu'elle arrêtât la date du retour.

Mme Rimbaud, persécutée par sa fille, anxieuse du sort de son fils, passait des nuits agitées par les fièvres. « Pauvre mère, avouait la jeune Vitalie, pleine de remords, elle a déjà tant souffert. » Pourtant, elle ne se montrait pas plus aimable. Elle se mettait même à en vouloir à Arthur : « Des places, il en a. S'il avait voulu, il serait placé et nous serions parties. » Arthur lui-même devenait plus irritable. Il renouait avec des agacements anciens, éprouvés en de nombreuses occasions, face à une famille si différente de ce qu'il était, lui. Les jours où il était «bien tourné» se faisaient si rares que la sœur, quand cela lui arrivait, le notait dans son journal intime. Le jeudi 23 juillet, une scène éclata entre Arthur et sa mère. Cette dernière venait d'évoquer la nécessité de rentrer en France. Arthur avait réagi comme un enfant qu'on menace d'abandonner : il avait montré un tel chagrin, il avait abreuvé sa mère de supplications si véhémentes que Vitalie avait cédé. Elle resterait encore huit jours.

Le temps avait changé. Aux fortes chaleurs avait succédé la pluie. Les journées se passaient dans l'ennui, maladie de famille chez les Rimbaud. Cependant, paradoxalement, ce mois de juillet qui paraissait si vide annonçait l'aventure finale d'Arthur Rimbaud. Le poète avait été bâillonné. Ses rêves, dorénavant c'était dans les voyages en Allemagne qu'il chercherait à les réaliser, ou dans des séjours africains au cours desquels la tentation suprême ne serait plus d'écrire, mais de porter une ceinture d'or.

Puis tout se précipita. Le 29 juillet, tôt le matin, les deux Ardennaises étaient occupées à ranger leurs affaires lorsqu'Arthur vint leur dire qu'il sortait et qu'il ne rentrerait pas à midi. Or, à dix heures, il était déjà de retour. Il avait trouvé du travail. Il partirait le lendemain. L'après-midi de ce mercredi, Mme Rimbaud et Vitalie firent des achats dans Londres : des bottines pour l'adolescente, divers objets de toilette, de beaux châles pour Isabelle et sa sœur, différentes affaires pour Arthur. Mme Rimbaud n'acheta rien pour elle-même. L'idée de se séparer d'Arthur la déchirait jusqu'aux entrailles.

Le vendredi 31 juillet, à quatre heures trente du matin, mère et fils se dirent adieu. Arthur avait les larmes aux yeux. Vitalie éclata en sanglots. Seule la petite Vitalie se sentait soulagée de ce départ, mais, comme elle n'était pas méchante, elle se le reprocha vivement. Tout au long du retour vers la France, passant par Ostende, Bruges, Alost, Bruxelles, Namur, Dinant, Givet, la jeune fille couvrit de notes son journal intime. En face d'elle, sa mère continuait de pleurer. Toutes les deux songeaient à la tristesse d'Arthur.

Vitalie, de retour à Charleville, réintégra son appartement quai de la Madeleine. Elle constata que, décidément, elle ne l'aimait plus. Il y avait trop d'espace pour une femme seule arpentant le premier étage avec une régularité qui l'agaçait elle-même. Dans le fond, elle ne pouvait rien y faire. Une inquiétude sourde l'empêchait de s'endormir, le soir, quand elle se demandait dans quelle ville se trouvait Arthur. Celui-ci ne s'était guère montré explicite, au moment des séparations, et Vitalie ignorait ce qu'il faisait et où.

Quant à ses deux filles, elles terminaient l'année dans leur pensionnat bien-aimé. Vitalie, désemparée, attendait que le temps passe.

En novembre, Mme Rimbaud décida que sa fille Vitalie en savait assez. Elle la garderait désormais à la maison. La jeune fille obéit à sa mère, mais ce ne fut pas de gaieté de cœur. Résignée, elle inscrivit dans son journal : «Elles sont rentrées et j'en suis

sortie pour toujours. C'est fini. Plus d'espérance.»
Que pouvait-elle espérer en effet? Une vie de jeune
fille bien élevée aux côtés de sa mère. En attendant
quoi? qui?

Le soir tombait vite en cette période de l'année.
Il commençait à faire froid. Les soirées étaient
longues. Pour les meubler, la jeune fille faisait la lecture à sa mère. Les deux Vitalie se tenaient dans la
chambre du devant, d'où elles pouvaient regarder la
Meuse et le vieux moulin. La fille, assise à côté de
l'unique lampe, lisait *Les plaideurs* à sa mère. À la
fin du mois, en une nuit, les rues furent couvertes
d'une épaisse couche de neige. Malgré cela, Mme
Rimbaud et sa fille se promenaient dans Charleville
à la recherche d'un nouveau logement. Arthur était
convoqué par tirage au sort au service militaire.
Comment allait-il réagir à cette nouvelle?

Comme Mme Rimbaud ne trouvait pas de logement à sa convenance dans Charleville, elle poussa
ses recherches jusqu'à Mézières. La jeune fille notait
invariablement dans son journal : «J'ai vu plusieurs
logements à Mézières.» «Il neige.» «Nous avons
été à la messe de 5 heures.» «Visite d'un de nos fermiers»... Tout cela ne remplissait pas une vie.
Enfin, le mardi 29 décembre fut la journée des
retrouvailles des fêtes de fin d'année : tous les
enfants Rimbaud rentrèrent au nid. Arthur débarqua
à neuf heures du matin. L'arrivée intempestive d'un
fermier de Vitalie, qui leur imposa sa présence pendant quatre longues heures, retarda les explosions de
joie. Après dîner, Frédéric apparut à son tour, grandi,
mais beaucoup plus mince que l'année dernière. Isa-

belle était revenue du pensionnat. Mme Rimbaud se sentit heureuse comme elle ne l'avait plus été depuis des mois.

Le lendemain soir, ils allèrent acheter des étrennes. La vraie vie de famille ! Ils réveillonnèrent, s'offrirent des cadeaux, ils s'embrassèrent. La jeune Vitalie, en cela si semblable à sa mère, nota qu'une « nouvelle période de malheur ou de bonheur » commençait. « Mais qu'importe. C'est un peu la même chose pour moi. »

Il est curieux de remarquer que cette jeune fille qui allait mourir à la fin de l'année était obsédée par le temps. Régulièrement, elle se plaignait de le voir passer si vite.

Frédéric, qui avait signé un engagement de quatre ans à l'armée, quitta les siens le 10 janvier à quatre heures du matin. Son départ attrista la famille, surtout Vitalie et ses deux filles qui ne se sentaient totalement heureuses que lorsque la tribu était au complet. Malgré cela, la soirée se passa en causerie amicale. Arthur évoqua son désir d'étudier l'allemand. Il demanda à sa mère de lui payer le voyage jusqu'à Stuttgart. Il trouverait une place de professeur là-bas, il lirait Goethe dans la langue. Il montrait un tel désir d'étudier, il en parlait avec une telle fièvre qu'il convainquit Vitalie. Son fils était devenu sérieux. Cet enfant si intelligent revenait aux études. Oui, elle lui paierait volontiers son voyage. Mais quelle idée d'aller chez les Allemands ! Vitalie ne les aimait pas. Elle avait encore en tête l'image des soldats prussiens paradant dans les rues de Charleville, elle entendait encore le bruit des canons, comment oublierait-elle la guerre, elle avait tellement tremblé, la nuit du bombardement de Mézières ! Enfin, si Arthur voulait partir chez eux, elle ne s'opposerait pas à sa décision. Il avait la chance de ne pas devoir accomplir son service militaire, son recours étant accepté. L'engagement de l'aîné, Frédéric, le dispensait de prendre l'uniforme.

Une nouvelle période commençait. Pendant les cinq années qui suivraient, Arthur devait errer à travers l'Europe et pousser même jusqu'à Java. Ses voyages, il allait les interrompre par des retours auprès de sa mère, souvent pour des raisons de santé.

Mme Rimbaud avait enfin trouvé un appartement dont le loyer était mieux en rapport avec ses revenus que celui du quai de la Madeleine. Dans la petite rue Saint-Barthélemy, au numéro 31, elle loua le premier étage d'une maison triste. Pourquoi ne pas choisir une maison qui vous ressemble ? Vitalie était devenue une femme triste. Parce que le malheur tombait sur elle une nouvelle fois.

Sa fille, Vitalie, celle qui portait son prénom – paradoxalement ce prénom portait malheur ! –, était malade. Gravement malade. On ne trouvait nul remède à ses souffrances. Les médecins de Charleville étaient tous des incapables ! Vitalie tenta l'impossible. En juin, elle séjourna à Paris avec Isabelle et la petite Vitalie pour consulter des spécialistes du traitement de la synovite. On ne lui laissa aucun espoir. La tuberculose rongeait la jeune fille sans rémission.

Le 18 décembre 1875, la jeune Vitalie, âgée de dix-sept ans et demi, mourut à la suite de complications tuberculeuses, dans des douleurs horribles. Arthur et Isabelle, qui allaient tous les deux mourir d'une maladie semblable, l'assistèrent jusqu'au bout. La mort de la jeune Vitalie introduisait dans le cœur d'Arthur et de sa mère une blessure qui ne devait jamais se refermer. Ce qui arrivait à la jeune fille était impensable. Que pouvait-on espérer d'une vie où cela était possible ? Arthur, profondément affecté par la mort de sa sœur préférée, souffrit de violents maux de tête. De même que certains Africains en deuil se couvrent les cheveux de cendre, Arthur s'attaqua à sa chevelure, lui aussi, mais pour la raser complètement, de sorte qu'à l'enterrement de Vitalie, il apparut la tête lisse comme un œuf et certains des assistants, myopes, disaient qu'il avait « déjà les cheveux d'un vieillard ». Son ami Delahaye, qui était présent, a dessiné Arthur dans cet état et a envoyé sa caricature à Verlaine avec, en guise de légende, « la Tronche à Machin ». Quant au père, depuis quinze ans indifférent au destin de ses enfants, il ne se manifesta pas. Depuis son départ, il ne s'était jamais enquis de leur sort, et on jugea inutile de l'en informer. Après les obsèques de sa fille, revenue du cimetière, la mère se réfugia dans sa chambre où elle resta prostrée de longues heures. Ce ne fut que tard dans la soirée qu'elle sortit de son repaire, poussée par le devoir, tout bêtement préoccupée de savoir ce qu'Arthur et Isabelle allaient manger. Ils l'attendaient. Ils n'avaient rien osé faire sans son avis. Vitalie éprouva de la rancune envers les deux enfants qui se tenaient devant elle. Elle observait comment ils réagissaient, tristes, malades de tristesse, oui, mais déjà se levait en eux la volonté de vivre.

Arthur s'était lié avec le principal employé du magasin qui occupait le rez-de-chaussée de la maison rue Saint Barthélemy, Louis Létrange, qui lui avait donné des leçons de piano. À présent, Arthur réclamait que sa mère louât un piano pour lui. Un témoin, Charles Lefèvre, fils du propriétaire, auquel Rimbaud donnait des leçons d'allemand, raconta que ce dernier, puisque sa mère refusait de louer un piano, avait découpé la table de la salle à manger en forme de clavier, sur lequel il faisait ses gammes.

Il raconta aussi qu'Arthur, fatigué d'insister sans succès auprès de Vitalie, avait loué un piano au nom de sa mère sans la prévenir. Au moment où les livreurs montèrent l'instrument vers l'appartement de Vitalie, une locataire de l'immeuble protesta : on lui avait promis qu'aucun piano n'entrerait dans la maison !

« C'est pour qui ?

– Pour Mme Rimbaud. »

Attirée par le bruit, Vitalie vint aux nouvelles. On lui expliqua l'affaire. Elle déclara bientôt que personne ne l'empêcherait de jouer du piano jour et nuit, si cela lui plaisait ! Quant aux déménageurs, il furent sèchement remerciés et Mme Rimbaud leur claqua la porte au nez sans leur donner de pourboire.

Les joies de la musique ne retinrent cependant pas longtemps Arthur. Dès le printemps, il repartit à pied, vers le nord. Il revint au mois de décembre. Son aspect avait changé. Endurci par les marches, formé par la vie vagabonde, il était devenu fort et solide. Il paraissait plus vieux que son âge et portait une barbe blonde épaisse. Vitalie l'accueillit comme s'il revenait d'une simple promenade. Elle ne trouvait plus en elle la force de lui reprocher ses départs et ses retours, à sa propre convenance, sans prendre en considération un seul instant les sentiments de sa mère. Pour lui, elle n'était bonne qu'à lui fournir un lit, à le nourrir quand il avait décidé de revenir. Prière de se taire quand il annonçait qu'il partait. Et, surtout, pas de commentaire sur ce qu'il pouvait bien faire entre départ et retour. Oui, elle était amère, Vitalie, devant la conduite actuelle d'Arthur. Rien de bon ne venait. Arthur gaspillait ses talents, son intelligence. Il devenait un vagabond comme le frère cadet de Vitalie, et il ne s'en apercevait même pas. À quoi servaient les sacrifices de Vitalie ? À rien !

Mme Rimbaud, aigrie, devenait plus silencieuse que jamais. Ce qui était contagieux. Les membres de la famille se refermaient tous sur leurs secrets. On n'échangeait pas deux phrases dans une journée.

L'année 1877 sera semblable aux autres. Frédéric était toujours sous les drapeaux. Isabelle, sortie définitivement du pensionnat le 21 mars 1875, servait de compagne, obéissante et silencieuse, à sa mère. Arthur voyageait, Vitalie ne savait où. En automne, Mme Rimbaud se serait offert un nouveau petit déménagement pour une de ses maisons située à Saint-Laurent, à deux kilomètres de Mézières.

En hiver, Arthur revint auprès de sa mère. Il avait été malade pendant ses voyages et son état de santé était si mauvais qu'il décida de rester à la maison près d'une année. Vitalie en avait assez. Vraiment, on prenait son toit pour un hôtel ! Et elle, pour une servante ! Devrait-elle supporter cela longtemps encore ?

En août 1878, Mme Rimbaud s'installa à Roche. Le fermier avait renoncé au bail, ruiné par les mauvaises récoltes et les pertes de bétail. Il n'en sortait plus. Il chercherait à se louer comme ouvrier agricole dans une ferme de la région. Vitalie, en compagnie d'Arthur et d'Isabelle, retapèrent la ferme de Roche jusqu'à ce qu'elle reprenne un air plus coquet. Arthur avait rechigné à l'ouvrage, mais sa mère lui avait fait comprendre qu'elle en avait assez d'entretenir son oisiveté. Même si elle l'avait désiré, ce qui n'était pas le cas, elle n'aurait pas pu. Elle n'était pas assez riche pour se permettre de ne pas travailler. Il s'en fallait toujours d'un rien pour qu'une famille tombât dans la misère.

Elle, Vitalie, portait tout le monde sur ses épaules et certains jours, elle le reconnaissait, elle trouvait que c'était lourd, trop lourd pour une femme seule. Oui, il y avait des jours où elle aurait aimé être soutenue à son tour, où elle aurait aimé dépendre de quelqu'un et non l'inverse. Parfois, Vitalie rêvait d'une vie où elle aurait été une femme sans charge ni devoir, où elle aurait été une femme totalement irresponsable. Les responsabilités la broyaient quelquefois, l'empêchaient de respirer. Si personne n'avait dépendu d'elle, Vitalie avait l'illusion qu'elle aurait pu être heureuse.

Vitalie songera de nouveau au bonheur manqué, le 18 novembre 1878, en apprenant la mort du capitaine Rimbaud, à Dijon. À cette nouvelle, elle se rappela leur rencontre, square de la Gare. Quels espoirs n'avait-elle pas nourris, alors ! Comme elle l'avait aimé, cet homme ! Malgré les souffrances qu'il lui avait infligées, elle ne parvenait pas à le détester tout à fait. Vitalie se rappela aussi comment elle avait cru effacer ses chagrins de femme en se dévouant à ses enfants. Or, tout le monde l'avait trahie. Frédéric, libéré cette année-là de son engagement militaire, avait trouvé une place de charretier à la poste. Il était tombé au rang d'un ouvrier. Sa chère Vitalie était morte. Arthur paressait à la maison. Il n'avait en apparence aucun projet, aucune idée de ce que serait sa vie future. Quant à Isabelle, elle n'offrait ni vertu à admirer, ni défaut à honnir. Vitalie aimait beaucoup sa cadette, mais elle était une mère lucide. Arthur était celui dont elle avait le plus attendu. Par conséquent, il fut celui qui l'avait le plus déçue.

Il fut décidé qu'Isabelle irait à Dijon pour l'enterrement de son père. Le capitaine, après sa séparation officielle d'avec sa femme, avait encore connu des garnisons à Cambrai, à Valenciennes, au camp de Châlons. Le 11 août 1864, il se retira à Dijon, d'où s'était enfui, soixante-dix ans auparavant, son grand-père paternel qui avait abandonné sa femme et ses trois enfants. Le capitaine renouait avec des souvenirs familiaux… On sait que Vitalie et lui, en bons catholiques, ne divorcèrent jamais. Après la mort de son mari, Vitalie touchera de l'armée une pension de veuve.

Un inventaire des biens du capitaine fut établi devant notaire à la demande de Mme Rimbaud : trois fûts de vin rouge de cent quatorze litres chacun, plus des objets personnels, des livres, des manuscrits. Vitalie devait brûler plus tard les lettres et les manuscrits, car on ne retrouva rien. Elle ne voulait laisser aucune trace de celui qui avait fait son malheur [3].

Arthur apprit la mort de son père alors qu'il était en route vers Chypre. On ignore quelles furent ses réactions, sa correspondance ne trahissant rien à ce sujet. Rimbaud, autant qu'on le sache, n'a jamais parlé de son père, sinon dans l'enfance, de rares confidences à son ami Delahaye. En vue d'obtenir un poste à Chypre, Arthur demanda à sa mère qu'elle lui adressât un certificat de bonnes vie et mœurs. Il lui avait préparé un texte qu'elle n'aurait plus qu'à signer : « Je soussignée, épouse Rimbaud, propriétaire à Roche, déclare que mon fils Arthur Rimbaud sort de travailler sur ma propriété, qu'il a quitté Roche de sa propre volonté, le 20 octobre 1878, et qu'il s'est conduit honorablement ici et ailleurs, et qu'il n'est pas actuellement sous le coup de la loi militaire. Signé Épouse Rimbaud [4]. »

Que de contre-vérités en une seule phrase ! Arthur avait travaillé dans les champs ? Pour les deux ou trois coups de main qu'il avait donnés, voici que cela devenait une activité continue ! Arthur était parti de Roche de sa propre volonté ? Qui aurait pu le retenir ? Arthur s'était conduit honorablement ici et ailleurs ? Vitalie, apparemment, possédait une mémoire meilleure que la sienne ! Arthur ne tombait pas sous le coup de la loi militaire ? Certes, mais s'il ne devait pas faire son service, il devait régler le problème des rappels sous les drapeaux, ce qu'il n'avait pas fait. Il n'y avait pas jusqu'à la signature qui ne fût un camouflet pour Vitalie, elle qui signait depuis 1860, non « Ép. Rimbaud », mais « Vve Rimbaud ». Malgré ses réticences, Vitalie se prêta aux exigences d'Arthur. Elle écrivit, elle obtint un cachet de la mairie, elle obéit à son fils qui lui rappelait de ne pas dire qu'il n'était resté que quelques jours à Roche. Tout de même ! Cela il le reconnaissait.

Ce n'est qu'en juin 1879 qu'Arthur, atteint par la typhoïde, rentrera auprès de sa mère. Sitôt guéri, sans doute par gratitude envers le geste de Vitalie, il se rendit utile à la ferme et on le vit engranger les récoltes, préparer les fourrages. À cette époque où chacun travaillait dur, Vitalie remarqua qu'elle ne détestait pas cette vie. N'avaient-ils pas tous renoué avec l'essentiel ? Le travail de la terre, aussi pénible et ingrat qu'il fût, réenracinait dans les réalités essentielles de la vie. Les tourments eux-mêmes, ceux que Vitalie et Arthur porteraient toujours en eux, trouvaient ici une sorte de trêve. Comment expliquer cela ? Vitalie, épuisée le soir venu, ne se sentait plus la gorge déchirée par l'angoisse, les tripes tordues par la peur. Quand elle pensait à sa fille morte, le coup qu'elle recevait à chaque fois en pleine poitrine ne lui brisait plus les os, ne la pliait plus en deux. À présent, la douleur qui restait vive semblait par ailleurs plus supportable. De même quand elle pensait à son mari.

Aussi Vitalie se réjouissait-elle de voir Isabelle se fortifier grâce au travail dans les champs. Quant à Arthur, il remplissait ses tâches agricoles avec une telle bonne volonté que sa mère en était gratifiée. Il ne s'offrait, en semaine, aucun loisir. Le dimanche, il partait avec son ami Delahaye pendant de longues heures. Vitalie se croyait revenue des années en arrière, quand son fils et son ami étudiaient au collège et se baladaient les jours de congé.

Delahaye a raconté combien Rimbaud, en cette période, avait changé physiquement : « Je ne reconnus d'abord que ses yeux – si extraordinairement beaux ! – à l'iris bleu clair entouré d'un anneau plus foncé couleur de pervenche. Les joues autrefois rondes s'étaient creusées, équarries, durcies. La fraîche carnation d'enfant anglais qu'il conserva longtemps avait fait place au teint sombre d'un Kabyle et sur cette peau brune frisottait, nouveauté qui m'égaya, une barbe blond fauve qui s'était fait attendre… Autre signe de pleine virilité physique, sa voix perdant le timbre nerveux, quelque peu enfantin, que j'avais connu jusqu'alors, était devenue grave, profonde, imprégnée d'énergie calme. »

Delahaye, qui fut toujours un ami attentif, soulignait à quel point Arthur était sensible, même s'il dissimulait affections et émotions sous des airs d'ennui et d'indifférence. « Un dimanche matin, raconte Delahaye, j'appris subitement que je ne pourrais disposer de ma journée. J'allai à l'endroit où il m'attendait ; j'étais si contrarié que je fus brusque : « Impossible aujourd'hui !… » Ce pauvre Rimbaud n'avait pour toute distraction, au bout d'une morne semaine, que cette promenade avec l'ami d'enfance. Il devint très rouge, baissa la tête, se passa la main sur la nuque en un geste d'accablement... Je m'écriai, tout ému : « Cela te fait de la peine !... » Il sourit, balbutia quelques mots ironiques à l'adresse de lui-même et sur une faiblesse qu'il n'avait pas contenue, puis aussitôt parla d'autre chose avec sérénité[5]. » Arthur aurait vingt-cinq ans en octobre.

À l'approche de l'hiver, Rimbaud, qui redoutait le climat ardennais, décida de repartir vers des contrées plus chaudes. Il passa chez un tailleur de Charleville pour y commander un nouveau costume. Vitalie, qui n'avait pas été prévenue de l'achat, reçut la facture à payer après le départ de son fils. En attendant, Arthur frissonnait aux vents du nord et, comme un chat, il avait trouvé la meilleure place, la chambre la mieux chauffée de la maison : l'étable, où il passait des heures en compagnies du poney. Le vieux domestique luxembourgeois, le père Michel, qui s'occupait des bêtes et de la jument Comtesse (« Cotaîche »), venait parfois s'asseoir près de lui.

Comme Arthur parlait de repartir pour de nombreuses années, ses amis, Delahaye, Pierquin, Millot, l'invitèrent un soir dans un petit café de la place Ducale à Charleville. Arthur arriva dans son nouveau costume et d'excellente humeur. Tout le monde se divertit de la tête que ferait sa mère quand elle recevrait la facture. À onze heures du soir, Arthur se sépara de ses amis. Ils ne devaient plus jamais le revoir.

Avant la fin de l'année, Arthur quitta les Ardennes. Il partait pour les pays méditerranéens, avait-il dit, sans doute resterait-il absent quelques années. Aussi, quelle ne fut pas la surprise de Vitalie lorsqu'elle vit revenir son fils à peine parti ! À Marseille, Arthur encore mal guéri de sa fièvre typhoïde, avait dû rebrousser chemin et rentrer à Roche.

Sa mère, mi-figue, mi-raisin, lui demanda si son costume lui allait bien, s'il ne trouvait pas la maison trop froide. Quand elle se fut un peu défoulée aux dépens de son fils, elle appela le médecin auprès du pauvre voyageur. D'un côté, elle ne pouvait s'empêcher de se montrer rogue, de l'autre, elle ne pouvait éviter de faire tout ce qu'elle pouvait pour ses enfants. Mais c'est vrai qu'à tour de rôle, chacun d'entre eux lui tapait sur les nerfs. Elle tenait pour l'instant Frédéric à l'œil. Celui-ci, trop bête ma parole !, nageait dans le bonheur grâce à son nouvel emploi. Vitalie ne pouvait se défendre de se sentir humiliée quand il lui apportait un colis sur sa charrette postale. Il lui arriva même de ne pas ouvrir la porte quand le facteur, Frédéric, lui livrait quelque envoi. Elle ne bougeait plus, indiquant à Isabelle de ne pas faire de bruit : Frédéric penserait qu'il n'y avait personne. Il devenait peu à peu le mal-aimé de la famille. Dépourvu d'intelligence comme de méchanceté, il était rejeté par les autres et n'en comprenait pas la raison. Au mois de mars, Arthur dit adieu à sa mère et à sa sœur. Cette fois, il partait pour de bon. Il écrirait dès que possible. Vitalie, résignée, lui fit mille et une recommandations de prudence : qu'il prenne soin de sa santé, qu'il se méfie des autres voyageurs, qu'il n'oublie pas sa famille…

Sa mère restera cependant deux mois sans nouvelles d'Arthur. Ce ne sera qu'à la fin de mai que son fils lui écrira de Chypre : « Excusez-moi de n'avoir pas écrit plus tôt. Vous avez peut-être besoin de savoir où j'étais. » Oui. Pas réellement besoin, mais envie.

Durant deux mois, Vitalie, qui n'avait pas la moindre idée de ce qu'étaient l'Égypte ou l'île de Chypre, avait imaginé les pires catastrophes pour Arthur : mort dans un naufrage, découpé en morceaux par les sauvages, malade et sans forces au fond d'une brousse. Les images où son fils était en danger ne manquaient pas. Vitalie se mettait dans tous ses états, il lui arrivait même de pleurer la mort d'Arthur… Enfin, une lettre écrite le dimanche 23 mai ne la rassura pas, non, mais au moins, il était vivant. Et il avait trouvé du travail. Vitalie apprenait que son fils avait cherché un emploi en Égypte sans succès. Il était donc retourné à Chypre : « Je suis surveillant au palais que l'on bâtit pour le gouverneur général, au sommet du Troados, la plus haute montagne de Chypre (2100 mètres). » En compagnie d'un ingénieur, il dirigeait une cinquantaine d'ouvriers. Vitalie ne savait que penser de cette lettre. Était-ce bien ou mal, ce qui arrivait à son fils ? Elle imaginait difficilement ce que représentait une vie dans « ces pays ». Arthur devait beaucoup voyager à cheval. Il se plaignait du climat, comme d'habitude. À quoi bon aller là-bas s'il devait subir un froid désagréable ? « Il pleut, grêle, vente à vous renverser. » C'est comme chez nous, pensait Vitalie. Évidemment, ce temps détestable ne durait pas, là-bas. Tandis qu'ici, on n'en voyait pas la fin. Tout de même, l'inquiétude de la mère reprenait quand elle lisait : « Je me porte mal, j'ai des battements de cœur qui m'ennuient fort. » Ah, s'il ne veillait pas sur sa santé, il en serait puni ! Vitalie imaginait son fils, la nuit venue, étendu sur un matelas, frissonnant sous une couverture achetée là-bas (elle n'avait sûrement pas la qualité des couvertures ardennaises !).

Arthur, en 1880, entreprenait une existence laborieuse, faite de sacrifices et d'espoirs déçus, une vie où il ne trouverait pas un lieu à sa convenance, car s'il devait s'installer à Aden puis à Harar, il devait toujours se plaindre de l'horreur du lieu où il vivait, d'une vie où il découvrirait par expérience ce qu'il savait déjà, à savoir qu'il devrait sans cesse se « nourrir de chagrins aussi véhéments qu'absurdes ».

Désormais, Arthur Rimbaud, au caractère tellement semblable à celui de sa mère, allait encore accentuer sa ressemblance avec Vitalie. Il allait économiser avec la même ardeur acharnée qu'il mettait toujours dans toutes ses activités. Il allait aussi se quereller sans cesse avec ses employeurs, une vraie tête d'Ardennais !

Dans sa lettre du 23 mai 1880, Rimbaud renouait aussi avec une habitude de l'enfance : le goût des livres. Mais, à présent, il ne commandait plus le dernier recueil de poèmes de Marceline Desbordes-Valmore. Il demandait l'*Album des scieries forestières et agricoles*, en anglais, pour 3 francs, contenant 128 dessins et *Le Livre de poche du charpentier*, collection de 140 épures par Merly, prix 6 francs (à demander chez Lacroix, éditeur rue des Saints-Pères, Paris). Rimbaud apprendrait son métier par correspondance ! Vitalie se débrouilla au mieux. Elle commanda les livres dont son fils avait besoin et les déposa à la poste. Elle lui écrivit aussitôt pour lui annoncer l'arrivée du colis. Par le même courrier, elle demandait à Arthur qui paierait ces livres. « Il faudra que vous payiez ces ouvrages, je vous en prie, répondit son fils de Limassol (Chypre). La poste, ici, ne prend pas d'argent, je ne puis donc vous en envoyer. » Cependant, il ne désirait plus vivre aux dépens de sa mère. Il cherchait comment lui faire parvenir la somme nécessaire.

Depuis qu'il était au loin, Arthur s'attendrissait sur sa famille, sur les moissons, sur le village. Il annonçait aussi un cadeau, un petit envoi du fameux vin de la Commanderie. Et il terminait par une plaisanterie : « Vous avez bien sûr plus chaud que moi. » Pas vraiment, non. Juin restait un mois frais. Vitalie veillait encore à ce qu'Isabelle mît un lainage, la soirée venue. Les deux femmes avaient retrouvé la vie morne et dure des fermières ardennaises. Le soir, elles se tenaient, presque toujours en silence, sur le banc, sous la charmille. Elles regardaient les étoiles dans le ciel. Sans doute Mme Rimbaud, à ces moments-là, se rappelait-elle sa petite Vitalie, qui adorait s'asseoir seule sur ce banc et qui observait la voûte céleste, nez en l'air, pendant des heures. Mme Rimbaud était triste. Sa fille Isabelle, à ses côtés, n'était pas plus joyeuse. Depuis qu'elle avait quitté le pensionnat et les études, elle était mélancolique. C'était donc ça la vie ? Toujours pareil. L'ennui la rongeait mais, comme chacun des Rimbaud, elle se résignait.

Dans le clan Rimbaud, un seul ne s'ennuyait pas : Frédéric. Il accomplissait son travail avec entrain, même si sa mère le boudait à cause de cela. De plus, il était amoureux. Le 22 septembre, il avertit sa mère qu'il allait se marier. Méfiante, Vitalie demanda : « Avec qui ? » Quand le pauvre Frédéric nomma l'heureuse élue, il fut enseveli sous une avalanche de reproches, d'interdictions, de sarcasmes. Pas question d'épouser cette fille !

Vitalie et Frédéric se firent la guerre. Forte de ses droits de mère, Mme Rimbaud s'opposa fermement à ce mariage, parce que la jeune fille appartenait à une des familles les plus pauvres de Roche et que personne ici n'appréciait « ces gens ». Frédéric, cette fois, fut obligé de céder. Quant à la famille méprisée par Vitalie, elle finit par quitter le pays, non pas à cause de Mme Rimbaud qui l'aurait pourchassée de sa hargne – dans les villages, les rapports entre familles n'étaient pas toujours agréables, on ne déménageait pas pour autant –, mais parce que la pauvreté obligeait les malheureux à renoncer au bail et à chercher à se louer eux-mêmes comme ouvriers agricoles. Lorsqu'ils furent partis, Vitalie aurait dit qu'elle désirait racheter leur maison pour raser la tanière de ces bêtes sauvages. Il se peut qu'elle ait effectivement proféré ces paroles, mais il se peut aussi que des langues plus méchantes que la sienne aient placé ces propos dans la bouche de Vitalie, histoire de mettre de l'huile sur le feu. Une dispute entre une mère et un fils divertissait toujours les autres familles.

Frédéric, blessé par l'attitude de sa mère, n'insista pas pour être reçu par elle. Si Vitalie lui fermait sa maison, il se passerait d'elle. Après tout, la vie à la ferme de Roche n'était pas très enviable. Ce huis clos féminin l'effrayait. Isabelle, malgré ses vingt ans, ne semblait pas connaître le moment le plus heureux de sa vie ! La mine boudeuse, souriant sur commande, elle ennuyait Frédéric, friand de femmes épanouies, de vraies femmes. Le brave était simple. Il ignorait les tourments existentiels. Au nom de quoi le lui reprocherait-on ?

En compensation, Arthur compliquait tout à plaisir. Dans sa lettre d'Aden du 17 août 1880, il racontait à sa mère et à sa sœur qu'il avait quitté Chypre, suite à des disputes avec le payeur général et son ingénieur. Elle était belle, cette lettre : « Djeddah, Souakim, Massaouah, Hodeidah. » Vitalie admirait cette suite poétique, anxieuse à l'évocation de ces villes où son fils pouvait courir mille dangers. Mais non, il était un homme à présent, conscient de ce qu'il entreprenait. Le 25 août, Arthur décrivait pour les siens le lieu où il se sentait prisonnier : « Aden est un roc affreux, sans un seul brin d'herbe ni une goutte d'eau bonne : on boit l'eau de mer distillée. » Vitalie fit la grimace rien qu'à l'idée de ce breuvage. « Pauvre Arthur », pensait la mère. Elle-même, occupée à moissonner dans le bel été en compagnie d'Isabelle, ne sentait pas qu'elle avait cinquante-cinq ans et que les travaux de la ferme étaient épuisants pour une femme de son âge. Pourtant, son corps la trahit en automne. Vitalie dut s'aliter une dizaine de jours. Isabelle appela le médecin qui diagnostiqua une grippe intestinale. Vitalie ne commenta pas le verdict médical, mais elle savait que sa maladie s'appelait angoisse, fatigue, peur, un bagage qu'elle transportait journellement sans rien dire à personne. Une lettre d'Arthur, du 22 septembre, ne remonta pas le moral de la mère. Il s'y plaignait de ses employeurs, du travail, du lieu, avec une formule qui vexa l'Ardennaise : « Aden, qui est, tout le monde le reconnaît, le lieu le plus ennuyeux du monde, après toutefois celui que vous habitez. »

À Vitalie qui lui avait raconté ses démêlés avec Frédéric, il donna tout à fait raison. En fait, à ce moment-là, Arthur n'éprouvait plus de sentiment pour son frère. Seule sa mère retenait son affection : il nouait, à partir de cette année quatre-vingts, un dialogue avec elle qui, dans sa sobriété, comptera parmi les confidences les plus profondes qu'il ait jamais faites. Hormis Verlaine au temps de leur liaison. À elle, il dira, pendant dix ans, ses rêves et ses déceptions, ses émotions et ses colères, ses inquiétudes et son amertume. Avec qui d'autre Arthur aurait-il pu, régulièrement, faire le compte de ses économies ? Alors que ni le commerçant qu'il était devenu, ni la paysanne qu'elle était restée ne se confiaient volontiers sur ce chapitre. Si Arthur et sa mère n'avaient pas été séparés, ils ne se seraient jamais parlé comme ils l'ont fait par lettres. Aussi Frédéric fit les frais de la bonne entente entre Vitalie et Arthur. « Je crois qu'il ne faut pas encourager Frédéric à venir s'établir à Roche, et on ne peut compter qu'il y resterait. Quant à l'idée de se marier, quand on n'a pas le sou ni la perspective ni le pouvoir d'en gagner, n'est-ce pas une idée misérable ? » écrit Rimbaud. On croirait entendre la mère. Mais, continue le féroce, « chacun son idée, ce qu'il pense ne me regarde pas, ne me touche en rien, et je lui souhaite tout le bonheur possible sur terre et particulièrement dans le canton d'Attigny (Ardennes) ». Arthur renvoie son frère au paradis ardennais avec une ironie digne des meilleurs moments de son adolescence !

Enfin, le 2 novembre, il annonçait qu'il avait été engagé par une agence dans le Harar. Il suggérait à sa mère et à sa sœur de consulter une carte pour qu'elles se rendent compte où il se trouvait : « Au sud-est de l'Abyssinie. » Il leur parlait du commerce de cette région, du climat très sain et frais. Il donnait en détail des informations sur ses appointements, 150 roupies par mois, plus la nourriture, plus les frais de voyage et 2 % sur les bénéfices. Vitalie, en paysanne méfiante, se demandait quel vice cachaient des conditions aussi alléchantes.

Arthur déclarait : « Il va sans dire qu'on ne peut aller là qu'armé et qu'il y a danger d'y laisser sa peau dans les mains des Gallas. » Quel effet cette phrase dut-elle avoir sur Vitalie ! Elle, dans son village, se méfiait des chemineaux, mais c'était bien autre chose que la prudence dont Arthur devait faire preuve là-bas. À croire que lui et elle ne vivaient plus sur la même planète.

Arthur atténua l'effet de sa phrase : « Le danger, ajoutait-il, n'était pas très sérieux non plus. » La preuve : il passait commande d'une série de livres et demandait qu'on s'occupe du colis le plus vite possible. Pour plus de sûreté, et par amabilité pour sa mère, il lui rédigea une sorte de brouillon de lettre qu'elle n'aurait plus qu'à recopier. Il terminait cette dernière missive d'Aden en lui souhaitant un hiver pas trop dur. «Donnez-moi de vos nouvelles en détail. Pour moi, j'espère faire quelques économies», ajoutait-il. Ce qu'il avait de mieux à dire à ce sujet !

Rimbaud, l'homme-aux-semelles-de-vent, partait pour le Harar sous la protection de Mercure, le dieu aux pieds ailés.

6
1881-1891

L'heure de sa fuite, hélas!
Sera l'heure du trépas
(*Une saison en enfer*)

Pendant que Vitalie recherchait le sol ferme, l'immobilité rassurante, la régularité des travaux, son fils s'enfonçait plus avant vers l'Orient.

Le 13 décembre 1880, il écrivait à ses «chers amis» qu'il avait traversé le désert Somali pour arriver à Harar. Il leur donnait un petit cours de géographie économique avant de s'inquiéter, comme il allait le faire pendant dix ans, d'apprendre si sa mère avait bien reçu l'argent qu'il avait envoyé et si, par ailleurs, elle avait bien expédié ce qu'il avait commandé. Il demandait aussi à Vitalie et à Isabelle de lui écrire le plus fréquemment possible. Ce qu'elles feront. Arthur leur expliquait en détail les gens du pays mais, sachant qu'une photographie serait plus parlante pour les deux Ardennaises, il leur annonçait des vues du pays et des gens et l'envoi de quelques curiosités. Vitalie et Isabelle, restées à Roche, s'extasiaient sur tout ce qu'Arthur leur apprenait. D'avance, elles se montraient ébahies par ce qu'il leur enverrait. Le mystère qu'il avait représenté pour Isabelle et pour sa mère s'approfondissait davantage. De loin, il semblait paré de toutes les vertus, il devenait l'homme qui faisait rêver sa mère. L'exotisme, au lieu d'inquiéter celle-ci, l'attirait, secrètement fascinée qu'elle était de retrouver une terre qui ne lui était pas totalement étrangère, dont elle avait déjà admiré les beautés, même si elle n'en avait plus parlé depuis long-temps, depuis l'année où le capitaine Rimbaud, qui avait été le premier à lui offrir ces images, l'avait abandonnée. Alors, Vitalie avait renoncé à rêver à l'Arabie, une fois pour toutes, croyait-elle, mais voilà que les descriptions du fils portaient aux yeux de la mère des tableaux colorés et flous, de sorte que Vitalie croyait avoir vécu là-bas, pensait recon-naître une terre déjà visitée.

En deçà des rêves, il y avait les corvées. Arthur, dans presque chacune de ses lettres, demandait quelque chose : des graines de betterave sucrière, le Bottin, des livres de vulgarisation. Dans sa lettre du 15 janvier, il commandait le *Guide du voyageur ou Manuel théorique et pratique de l'explorateur*[1]. Petits conseils pour ne pas s'égarer dans la brousse et pour résister aussi bien aux attaques des lions qu'aux ravages des moustiques, sans parler de l'art d'approcher l'indigène hostile !

Cette habitude qu'avait Rimbaud de se faire envoyer des colis par sa famille est une des manies les plus courantes de l'Européen éloigné de son pays. Il vérifie de la sorte que les liens entre lui et les siens ne sont pas rompus. Aussi, dès que le cour-rier se fait rare, on se plaint, on réclame, on récri-mine. Ce que fera Rimbaud : « Je vous ai écrit deux fois en décembre 1880, et n'ai naturellement pas encore reçu de réponses de vous. »

Bien sûr, sa mère et sa sœur n'avaient pas pu lui écrire puisqu'elles n'avaient pas sa nouvelle adresse. Mais qu'elles écrivent vite, à présent, à celui qui a déjà envoyé deux lettres en un mois, malgré son travail, ses difficultés, etc. D'ailleurs, à sa mère qui lui avait dit, dans une lettre datée de novembre, qu'elle pensait beaucoup à lui, Rimbaud avouait qu'il en était heureux. De même qu'il se réjouissait d'apprendre que leurs affaires allaient « assez bien ». Arthur et sa mère furent-il jamais plus solidaires qu'en ces années où un continent les séparait ? Qu'avait pu écrire Vitalie dans sa lettre du 8 décembre pour que son fils cherchât à la rassurer : « Il ne faut pas croire que ce pays-ci soit entièrement sauvage » ? Après quoi il précisait : « Le tout est identique à ce qui existe en Europe ; seulement, c'est un tas de chiens et de bandits. »

À chacune des lettres de son fils, Vitalie sentait son cœur chavirer. Arthur ne cherchait pas à lui cacher quoi que ce soit, voire à la ménager. Comme elle, Rimbaud appelait un chat un chat et il ne désirait en aucune façon lui dorer la pilule : « Si vous présupposez que je vis en prince, moi je suis sûr que je vis d'une façon fort bête et embêtante. » Voilà qui est dit. De plus, il avouait qu'il avait « pincé une maladie peu dangereuse par elle-même[2] ». Vitalie, pour qui la santé comptait avant tout, s'inquiéta immédiatement, d'autant que son fils omettait le nom de cette maladie. En fait, il avait contracté la syphilis et en portait les marques visibles dans la bouche. Afin de ne pas communiquer son mal, il prenait les plus grandes précautions au moment des repas. Son moral était au plus bas. Il se montrait mécontent de tout et de tout le monde. Il s'exaspérait contre les siens qui n'avaient pas, et pour cause, retrouvé le dictionnaire arabe dans la maison. Arthur, qui ignorait que sa mère avait brûlé un jour tout ce qui lui rappelait son mari, insistait. Si sa mère et sa sœur ne savaient où chercher, qu'elles en chargent Frédéric ! Ce dictionnaire se trouvait dans les papiers arabes avec un cahier intitulé « Plaisanteries, jeux de mots, etc., en arabe ». Sans doute les deux frères, encore adolescents, avaient-ils découvert ces documents au cours d'une incursion dans le grenier et s'en étaient-ils régalés à l'insu de Vitalie. Mais elle, la mère, qui ne goûtait pas les mêmes plaisanteries que le capitaine, un jour où la souffrance d'avoir perdu cet homme avait été trop forte, était montée à son tour dans le grenier pour s'emparer du dictionnaire arabe et des autres papiers. Elle les avait brûlés, le cœur consumé de rancœur, dans la grande cheminée où un jour, son fils, dans le même état, avait jeté des exemplaires d'*Une saison en enfer*. En réclamant ces documents, Arthur ignorait quels souvenirs il réveillait en Vitalie.

Il annonçait aussi un cadeau : « Je vais vous faire envoyer une vingtaine de kilos de café moka à mon compte, si ça ne coûte pas trop de douane. » Promettre du café à des Ardennais, c'est savoir comment les séduire ! Ce produit importé, donc cher, avait pourtant été adopté par les paysans comme boisson principale. Quand on entrait dans une ferme, on vous proposait une tasse de café, et toujours on voyait la cafetière sur le coin du feu.

Rimbaud, dans ses lettres aux siens, qui pourtant lui écrivaient régulièrement, réclamait des nouvelles sans arrêt. Il était mécontent de sa vie actuelle, il s'apprêtait à tenter l'aventure ailleurs, si bien qu'il ressentait, plus que jamais, le besoin de s'accrocher à sa mère et à sa sœur qu'il appelait invariablement ses « chers amis ». Eux étaient stables, au moins. Peut-être, à ses yeux, était-ce leur première et unique qualité. « Que l'éloignement ne soit pas une raison de me priver de vos nouvelles. » Il se montrait menaçant.

Bien qu'éloigné, Rimbaud restait le plus tyrannique des enfants de Vitalie. Celui qui donnait le plus de travail à sa mère. Que de lettres n'avait-elle pas écrites pour acheter des livres et des instruments d'optique, d'astronomie, de météorologie, etc., selon les ordres d'Arthur ! Que de colis à préparer ! De courses jusqu'à la gare ! Le délai entre le moment où l'on avait expédié un colis et celui où Arthur écrivait qu'il l'avait reçu était exaspérant. La mère recevait, entre-temps, des lettres où Arthur lui demandait si elle avait bien fait écho à sa demande. Parfois, il annonçait qu'il partait pour des mois. Sans doute, les marchandises envoyées par Vitalie arriveraient en son absence et risqueraient d'être volées. À qui pouvait-on se fier de nos jours ? Surtout là-bas. De l'indigène ou de l'aventurier, Vitalie ne savait lequel lui paraissait le plus suspect.

Vraiment, elle ne pouvait se fier qu'à Dieu et devenir aussi fataliste que son fils. Mais la vie était pleine d'ironie : Arthur, qui s'ennuyait à Harar, annonçait qu'une troupe de missionnaires français venaient d'arriver. Ces braves s'apprêtaient à porter la bonne parole dans des pays jusqu'ici inaccessibles aux Blancs et Arthur se demandait s'il ne les suivrait pas. La mère, inquiète, s'amusait pourtant d'imaginer son fils en compagnie de missionnaires ! À part ça, le savoir dans des contrés inexplorées ne réjouissait pas Vitalie. Reverrait-elle son fils vivant ? Lui qui voulait « trafiquer dans l'inconnu » ? Vitalie lisait qu'il s'apprêtait à partir vers un grand lac, en pays d'ivoire, pays hostile, précisait-il. Dans sa lettre du 4 mai 1881, Arthur écrit une sorte de testament : « Dans le cas où cela tournerait mal, et que j'y reste, je vous préviens que j'ai une somme de 7 x 150 roupies m'appartenant, déposée à l'agence d'Aden, et que vous réclamerez, si cela vous semble en valoir la peine. »

Comment une mère recevait-elle cela ? N'avait-elle pas souffert déjà deux fois la perte d'un enfant ? Et voilà qu'un troisième enfant prévoyait sa propre mort ? Arthur inquiétait peut-être volontairement sa mère, mais il n'exagérait cependant pas les dangers encourus. La vie d'un Européen à la fin du XIXe siècle en Afrique n'était guère rassurante. Il est certains pays où la vie semble plus menacée qu'ailleurs : l'Abyssinie est l'un de ces pays où, non seulement les remous de l'histoire, les luttes intestines, mais aussi les famines chroniques, les épidémies endémiques ont emporté les individus comme grains de sable dans la tempête. C'était cruellement vrai à la fin du XIXe siècle, c'est encore cruellement vrai à la fin du XXe siècle. Le 25 mai, Arthur écrit à sa mère une des lettres les plus tendres et les plus désespérées qu'il lui ait envoyées. Vitalie avait été malade et elle-même, dans sa lettre du 5 mai, l'avait rapporté à son fils. Il est curieux de voir que mère et fils échangeaient surtout des considérations sur leur état physique : « La santé et la vie ne sont-elles pas plus précieuses que toutes les autres saletés au monde ? » « Chère maman, écrivait Arthur, je reçois ta lettre du 5 mai. Je suis heureux de savoir que ta santé s'est remise et que tu peux rester en repos. À ton âge, il serait malheureux d'être obligée de travailler. » Vitalie avait cinquante-six ans depuis deux mois. Elle avait réussi à garder des fermiers qui travaillaient ses terres. Elle avait même trouvé une petite bonne dans le village pour les gros travaux du ménage. Elle pouvait donc vivre plus calmement, en compagnie de la sage Isabelle.

Quant à Frédéric, il restait son fils et elle ne le désavantagerait en rien, mais elle finissait toujours par se quereller avec lui quand il venait lui rendre une visite. Il agaçait sa mère pour mille et une raisons, dont aucune n'était accablante, mais toutes suffisantes. Vitalie ne le supportait pas, voilà. Il possédait une intelligence tellement faible que Vitalie s'en inquiétait parfois, se demandant s'il était normal. Mais il était vrai aussi que Frédéric était un fils serviable. Chaque fois qu'il le fallait, il venait aider à la ferme. Vivre sans homme était parfois difficile : on a toujours besoin de quelqu'un de fort à la campagne.

Mais c'était Arthur qui emportait tout l'amour de Vitalie. Et voilà que, dans cette fameuse lettre du 25 mai, il osait lui avouer qu'il ne tenait plus à la vie. Quelles souffrances cet enfant (car, pour la mère, le fils âgé de vingt-sept ans restait « son enfant ») devait-il endurer pour formuler cet aveu ? « … Heureusement que cette vie est la seule et que cela est évident, puisqu'on ne peut s'imaginer une autre vie avec un ennui plus grand que celle-ci. » Vitalie était bien d'accord sur ce sujet. Ce n'était pas elle qui lui aurait dit le contraire. Quiconque vit, vit à douleur. Avait-elle connu autre chose ? Et son pauvre Arthur ? Avait-il vécu autrement ? Comme ils se comprenaient alors, le fils et la mère !

Vitalie prenait la plume et répondait sur-le-champ à son fils. Elle se désespérait à l'idée d'être lue un mois plus tard. Arthur lui avait pourtant expliqué que ce délai était normal : « C'est le désert à franchir deux fois qui double la distance totale. » Mais ce qui est normal n'est pas nécessairement agréable. Elle se sentait toujours en décalage par rapport à ce qu'elle avait dit dans ses lettres précédentes. Ainsi Vitalie regrettait-elle les petits reproches qu'elle avait adressés à Arthur (tu nous oublies, tes lettres sont trop brèves) quand elle lut dans la réponse de son fils du 22 juillet : « Je ne vous oublie pas du tout, comment le pourrais-je ? Et si mes lettres sont trop brèves, c'est que toujours en expédition, j'ai toujours été pressé aux heures de départ des courriers. Mais je pense à vous, et je ne pense qu'à vous. » Devant cette déclaration d'amour, Vitalie éprouvait des remords d'avoir ennuyé Arthur : il était malheureux, il détestait un travail qui ne lui rapportait que de la fièvre.

Arthur avouait par ailleurs son inquiétude face à ses obligations militaires. N'était-il pas en contravention ? Il avait été dispensé du service grâce à l'engagement de son frère, mais il devait aussi être rappelé en réserve. Apparemment, sa mère ne réussissait pas à obtenir un renseignement sérieux à ce sujet, car Arthur se plaignait : « Je ne saurai donc jamais où j'en suis. » Effectivement. Il ne devait jamais être rassuré. Jusqu'à son dernier jour, Arthur Rimbaud se croira en infraction, craindra « la loi militaire ». Pour un fils de capitaine, quelle obsession symbolique ! Dans sa lettre du 2 septembre 1881, il en reparlera : « Renseignez-moi au juste là-dessus. » De même, il se plaignait du climat « grincheux et humide », du travail « absurde et abrutissant », de l'agence et de sa direction. Il avait reçu un envoi de livres et des chemises de sa mère, mais pas ses deux tenues en drap commandées à Lyon l'année passée en novembre, pas de médicaments réclamés six mois plus tôt à Aden... bref, « tout cela est en route, au diable ».

Ce fut à cette date que Rimbaud parla à sa mère de son désir de placer ses économies en France. Il avait en effet pris l'habitude de cacher ses pièces d'or dans une ceinture qu'il portait constamment sur lui. Il envoya par mandats postaux une somme équivalant à 2.478 roupies-or, qui devinrent, suite à une erreur de change 2.250 francs. Arthur se jugera grugé par l'agence, il sera furieux.

Sa mère, en paysanne avisée, n'acheta ni actions ni monnaies étrangères, mais bien ce qu'on ne pouvait voler, ce qui ne perdait jamais de sa valeur : des terrains. Il fut conclu l'achat, en 1882, à un M. de Lapisse de Paris, d'une parcelle de 37 ares 70 centiares, dont la mutation fut faite au nom de «Jean-Nicolas-Arthur Rimbaud, professeur au Hazar (*sic*) (Arabie)». Est-ce par hasard que la ville où résidait Rimbaud changea d'orthographe? Ou était-ce Vitalie qui prononça mal ce nom étranger, bien que ce fût peu crédible puisqu'elle avait les lettres de son fils pour l'informer correctement? À moins que ce ne soit le notaire qui fût responsable de ce lapsus si poétique? Quoi qu'il en soit, on ne pourrait en tenir rigueur ni à l'une ni à l'autre, car ils n'étaient pas les seuls à l'époque à douter du nom de la ville où se trouvait Rimbaud. «Hérat, lance Verlaine, Hérat en Afghanistan ou encore Harat[3].» Le frère aîné d'Arthur, Frédéric, inventa mieux encore: «Horor», écrivait-il dans une lettre.

Pour ceux qui restent sur place, les villes investies par ceux qui voyagent se trouvent «à peine sur la carte». Toutes les villes étrangères se confondent, celles d'Afrique comme celles d'Amérique. Arthur reçut avec stupéfaction la nouvelle qu'il avait désormais du bien au soleil. «Mais que diable voulez-vous que je fasse de propriétés foncières!» Puis il s'en fit une raison. Cela n'était pas plus dérisoire que la vie qu'il menait. Il proposa généreusement à sa famille de puiser dans ses fonds: «Si vous avez besoin, prenez ce qui est à moi: c'est à vous. Pour moi, je n'ai personne à qui songer, sauf à ma propre personne qui ne demande rien.»

Au mois de décembre 1881, Vitalie reçut la visite de deux gendarmes. Un de ses fermiers lui cherchait-il querelle? Ils demandèrent à parler à Jean-Nicolas-Arthur Rimbaud. Impossible! Il vit en

Afrique. Dans ce cas, il fallait le prouver, car Jean-Nicolas-Arthur Rimbaud était convoqué pour effectuer une période d'instruction militaire de vingt-huit jours à partir du 16 janvier 1882. Vitalie écrivit aussitôt la nouvelle à son fils. Il devrait lui envoyer un certificat de son directeur d'agence, écrire au commandant de la place de Mézières pour solliciter un sursis. Enfin, elle lui avouait qu'elle ne parvenait pas à mettre la main sur son livret militaire. L'avait-il pris avec lui ? Arthur l'avait égaré. Toutes ces paperasses à réunir pour être en règle l'agaçaient. En cette fin d'année, ses rapports avec ses employeurs étaient au plus mal. Les frères Bardey pensaient qu'Arthur Rimbaud était un employé consciencieux, mais qu'il avait un caractère impossible. Il se mettait vite en colère. Il se montrait impatient en tout. Sinon, il était vrai que l'homme avait bon cœur et jouissait d'une réputation de générosité. Ne croirait-on pas lire le portrait fidèle de la mère ? Vitalie était colérique et généreuse. Telle mère, tel fils ! Au cours de ce même mois de décembre, Verlaine, qui s'était installé dans une ferme à Juniville, à deux kilomètres de Roche, préparait une édition des poèmes de Rimbaud. Il écrivit à plusieurs de leurs anciens amis qui devaient en détenir, lui-même s'étant dépouillé de tout. À l'occasion, il demanda à Delahaye s'il savait où se trouvait Rimbaud. Delahaye adressa une lettre à son ancien compagnon, le croyant à Roche. Vitalie ouvrit cette lettre, puis répondit à Delahaye, que « le pauvre Arthur » était en Arabie. Delahaye, en réponse, lui demanda l'adresse exacte de celui que Verlaine et lui appelaient « l'homme-aux-semelles-de-vent ». En attendant, Vitalie expédia, avec sa lettre du 27 décembre 1881, la missive de Delahaye pour son fils. Arthur y répondit d'Aden, le 18 janvier 1882. Il commença par parler argent, cherchant à préciser ce qu'il avait envoyé, ce qu'il possédait encore, se méfiant du change. En tout cas, une fois mais pas deux : « À l'avenir, je choisirai un autre moyen pour mes envois d'argent, car la façon d'agir de ces gens est très désagréable. » Ensuite, il tentait de régler son affaire militaire avec des papiers du consul, mais en revanche, il fallait lui envoyer un double du livret perdu, car le consul le demandait. Enfin, il joignait à sa lettre aux siens une lettre pour Delahaye. Là, pas de sentimentalité excessive. Il se réjouissait d'avoir reçu des nouvelles de son ancien ami parce que celui-ci habitait Paris où l'on trouvait tout ce dont Arthur avait besoin. Il adressa donc à Delahaye une liste d'instruments à acheter pour lui. Delahaye n'aurait qu'à demander à Vitalie l'argent qu'Arthur avait en dépôt chez elle. « Emballe soigneusement », ordonnait Arthur à Delahaye. Et qu'il lui envoie le tout « le plus promptement possible ». Arthur désirait : 1° un théodolite de voyage (de petite dimension, heureusement !), 2° un bon sextant, 3° une boussole de reconnaissance Cravet à niveau, 4° une collection minéralogique de 300 échantillons, 5° un baromètre anéroïde de poche, 6° un cordeau d'arpenteur en chanvre, 7° un étui de mathématiques contenant : une règle, une équerre, un rapporteur, compas de réduction, décimètre, tire-ligne, etc., 8° du papier à dessin. En plus de ces instruments,

Arthur demandait à Delahaye de lui acheter une dizaine de livres, parmi lesquels : *Le ciel*, par Guillemin, *les Instructions pour les voyageurs préparateurs*, *l'Annuaire du Bureau des Longitudes pour 1882*. Avant de lui adresser ses « salutations cordiales », Rimbaud ordonnait encore : « Hâte-toi. »

Quand Vitalie reçut la lettre du 18 janvier de son fils, elle lut également celle qu'elle devait faire suivre à Delahaye. Quoi, Arthur était devenu fou, ma parole ! Tous ces instruments et tous ces livres qu'il commandait... Il ne s'arrêterait donc jamais ? Il faudrait vider les magasins de Paris ? Et dans quel but ? Arthur avait beau affirmer que c'était une très bonne affaire, qu'il allait rapporter des vues de régions inconnues, Vitalie était persuadée que son fils cultivait des chimères. Lorsqu'elle lut : « Fais la facture du tout, joins-y tes frais et paie-toi sur mes fonds déposés chez Mme Rimbaud à Roche », elle se paya, elle, une belle colère. Mais il allait se ruiner, avec ces achats ! Vitalie décida de ne pas faire suivre la lettre. Elle empêcherait Arthur de commettre des sottises. Quant à Delahaye, il penserait qu'Arthur ne lui avait pas répondu ou que la lettre s'était perdue. Vitalie, sans le moindre remords, cacha la lettre de son fils pour Delahaye dans ses papiers personnels, où l'on devait la découvrir plus tard.

Cette lettre avait mis Vitalie de mauvaise humeur. Elle le fut davantage en recevant celle d'Arthur, expédiée d'Aden, le 22 janvier 1882. Il recommençait à parler de sa somme changée à un mauvais taux : « Ceci est une filouterie pure et simple », et il en accusait ses anciens patrons qu'il traitait de ladres et de fripons. Surtout, il recommençait à évoquer ses commandes. Et cela ne se passait pas bien : « Vous m'avez fait un premier envoi de livres qui m'est débarqué en mai 1881. Ils avaient eu l'idée d'emballer des bouteilles d'encre dans la caisse, et, les bouteilles s'étant cassées, tous les livres ont été baignés d'encre. » Quel gâchis ! Quel gaspillage ! Vitalie en était malade. Arthur renonçait à une de ses commandes : « Décidément, supprime complètement la collection minéralogique. » Ah vraiment, comme c'était commode ! Et si, par hasard, on lui avait déjà acheté sa camelote ? On l'aurait sur les bras, maintenant qu'il n'en voulait plus. L'irritation de Vitalie fut à son comble quand, par un télégrame du 24 janvier, Arthur annula l'ensemble de ses commandes. Pourtant, cela pouvait s'expliquer : Arthur avait compris que la somme envoyée à sa mère avait servi à l'achat de terrains et qu'il ne restait plus rien. Il annonçait, dans sa lettre du 12 février, qu'il allait expédier une nouvelle somme. Quant au placement de son argent en terrains, finalement, il s'en disait content.

Vitalie s'inquiétait du sort d'Arthur. Non seulement cet enfant s'épuisait à travailler dans des pays barbares, mais encore on le roulait chaque fois qu'on le pouvait. Elle lui écrivit de se méfier des fripons, de veiller à ses intérêts. Ce à quoi Arthur, sans illusions, répondit : « Un capitaliste de mon espèce n'a rien à craindre de ses spéculations, ni de celles des autres. » Vitalie avait envie de revoir son fils. Peut-être était-il fatigué. Qu'il revienne. Cette maison l'attendait avec ferveur. L'invitation de sa mère toucha Rimbaud qui l'en remercia et qui l'invita à son tour à Aden : « Ça, c'est entendu, d'un côté comme de l'autre. » Il ne risquait pas de la voir arriver. Pourquoi aurait-elle voyagé vers un pays pour lequel son fils avouait « une horreur invincible » ? Ici, en Ardenne, Vitalie goûtait le bonheur de vivre sur ses terres. Elle aimait profondément Roche. Malgré les souffrances de l'enfance, elle ne renierait jamais son village. Elle et ses enfants en tiraient leur nourriture. C'est à Roche qu'elle et les siens connaissaient une sorte de paix. En ce moment, la vie qu'elle menait n'était plus lardée par les coups de sabre du malheur. La vie à Roche était au fond calme et forte. Vitalie aurait dû se sentir rassurée, mais elle ne l'était pas, bien entendu. Trop de souvenirs amers faisaient chavirer ses joies quand celles-ci jaillissaient. Trop d'inconnues concernant le destin de chacun de ses enfants empêchaient Vitalie de s'abandonner à la quiétude. Arthur écrivait rarement : « Si je n'écris pas plus, c'est que je suis très fatigué et que, d'ailleurs, chez moi, comme chez vous, il n'y a rien de nouveau. » Et s'il se plaignait, il ne fallait pas s'en inquiéter : « C'est une espèce de façon de chanter. » En revanche, il demandait à sa mère de lui acheter une carte d'Abyssinie et du Harar et de la lui envoyer le plus vite possible. Vitalie obéit à son fils et, dans sa lettre du 10 septembre 1882, Arthur remercia pour la carte. Mais pour quelle raison ajoutait-il : « Parlez correctement dans vos lettres » ? Vitalie ou un de ses enfants se seraient-ils laissés aller ? Auraient écrit en patois ?

Arthur justifiait cette recommandation extravagante : « On cherche à scruter ma correspondance. » Tout de même. Une phrase de ce genre ne pouvait que blesser la mère et l'inquiéter. On espionnait donc son fils ? Vitalie tenta de convaincre Arthur de rentrer en France. Mais Arthur refusait. Tant qu'il ne possédait pas une fortune, il trafiquerait dans ces pays lointains. « L'important et le plus pressé, pour moi, c'est d'être indépendant, n'importe où. »

En attendant, c'était à la mère que revenaient les tracas. Elle ne comptait plus le nombre de courses qu'elle ou Isabelle avaient faites jusqu'à la librairie d'Attigny. Le nombre de colis qu'elles avaient ficelés. Le nombre d'excursions jusqu'à la gare de Voncq. Vitalie en eut assez. Si Arthur reconnaissait que l'important pour lui était d'être indépendant, qu'il le soit vraiment. Vitalie aussi désirait être indépendante. Ne plus assumer les corvées des autres. Elle, elle n'avait jamais rien demandé à personne. Elle s'était toujours débrouillée seule dans la vie. Personne ne s'était jamais occupé de ses commandes à elle. Ses enfants trouvaient naturel qu'elle se dévouât de cette façon. Ils n'imaginaient pas une seconde qu'il en fût autrement. Vitalie éprouva une sorte d'écœurement. Elle en avertit ses enfants qui, bien sûr, se demandèrent ce qui lui prenait, n'en crurent pas leurs oreilles et lui firent la leçon. Arthur, dans sa lettre du 8 décembre 1882, lui adresse carrément un sermon : « Ce qui est surtout attristant, c'est que tu termines ta lettre en déclarant que vous ne vous mêlerez plus de mes affaires. Ce n'est pas une bonne manière d'aider un homme à des mille lieues de chez lui, voyageant parmi des peuplades sauvages et n'ayant pas un seul correspondant dans son pays ! J'aime à espérer que vous modifierez cette intention peu charitable. Si je ne puis même plus m'adresser à ma famille pour mes commissions, où diable m'adresserai-je ? »

Son autoportrait en voyageur solitaire dut culpabiliser Vitalie. Arthur ne devait pas douter de l'effet produit par son sermon car il reparlait, sitôt après, commande, et terminait même sa lettre par un « pressez-vous donc » des plus comminatoires.

Vitalie rentra donc dans le rang. Si bien qu'à la nouvelle année, Rimbaud et elle s'adressaient des souhaits de bonne santé et de prospérité. Arthur, qui continuait à passer commande sur commande, se dit pourtant leur « dévoué ». Il remerciait sa mère et sa sœur pour les livres achetés. Malheureusement, comme elles l'avaient remarqué elles-mêmes, « ceux qui manquent sont les plus nécessaires » : elles avaient recherché un *Traité de photographie*, alors qu'il fallait acheter un *Traité de topographie* !

Enfin, le 14 mars 1883, Arthur écrivit qu'il quittait Aden pour retourner à Harar. « J'ai reçu tous les bagages qui vous ont tant troublés. » Qu'à présent elles se rassurent : il en avait fini avec les frais, les commandes. Mais les livres étaient utiles au plus haut point dans un pays « où l'on devient bête comme un âne si on ne repasse pas un peu ses études ». Et Rimbaud continua, malgré ses promesses, à commander ces livres qui lui permettaient de rêver et de passer sans trop d'ennui les nuits si longues à Aden.

Dans sa lettre du 20 mars, il désirait qu'on lui achetât, entre autres, le *Manuel pratique des poseurs de chemin de fer*. Il annonçait également qu'il avait été augmenté et qu'il comptait posséder, à la fin de l'année, une économie de 5.000 francs. Ses relations avec sa famille étaient devenues très bonnes. Chacune des deux parties répondait aux vœux de l'autre. Arthur écrivait régulièrement, il envoyait même des photographies de lui, « pour rappeler ma figure » ; Vitalie et Isabelle expédiaient ce que le voyageur lointain réclamait. On se faisait des confidences, on échangeait des avis, on commentait des événements.

C'est ainsi qu'Arthur émit des considérations sur le mariage. Vitalie lui avait écrit que quelqu'un avait demandé la main d'Isabelle et que celle-ci avait refusé. Ce petit événement eût été sans importance s'il n'avait été l'occasion d'un mensonge, d'Isabelle ou de son amie Marguerite-Yerta Méléra. Cette dernière raconta qu'Isabelle fut demandée en mariage par un terrien du pays très riche, mais sans distinction ni intelligence. La mère soutint ce prétendant. Lasse et désolée de lutter contre la volonté maternelle, Isabelle aurait peut-être fini par céder sans l'opportune arrivée de son frère. C'était en 1891 et, violemment, il l'a détournée d'un pareil mariage. Non, elle si « intéressante, si noble, si fine, ne pouvait s'unir à un homme grossier [4] ». En réalité, cette demande en mariage eut lieu en 1883 et voici comment réagit Rimbaud : « Isabelle a bien tort de ne pas se marier si quelqu'un de sérieux et d'instruit se présente, quelqu'un avec un avenir. » Arthur parlait comme un père ! Il continuait sa lettre du 6 mai dans ce sens : « La vie est comme cela, et la solitude est une mauvaise chose ici-bas. Pour moi, je regrette de ne pas être marié et avoir une famille. » Quel aveu ! Qu'il se soit arrangé, inconsciemment, pour ne jamais y parvenir, est un autre problème. Ce ne fut pas pour se conformer à l'image que sa mère attendait de lui que, sur son lit de mort, il s'est écrié : « Adieu mariage ! » Arthur rêvait aussi d'amasser une fortune. Qu'il ait – relativement – échoué est un autre problème. Il brûlait réellement de posséder de l'or. Enfin, Arthur désirait ardemment avoir une situation, non par désir d'honorabilité, mais pour gagner cet or qui l'obsédait. Que « mariage, richesse, situation » aient été des fantasmes n'implique en rien que ces fantasmes furent cultivés à cause de la mère. Ils étaient bien à Rimbaud, et à lui seul. Qu'ils aient rencontré une écoute bienveillante de la part de Vitalie ne l'en rend pas pour autant responsable.

Arthur n'aurait jamais parlé d'avoir un fils s'il n'en avait pas réellement rêvé. Il existait, son désir d'élever un enfant « à mon idée », précisait-il, il se voyait l'armer de « l'instruction la plus complète qu'on puisse atteindre à cette époque ». Arthur Rimbaud a songé à ce fils instruit, pour une raison évidente ; ce fils si savant, c'était lui, un Arthur Rimbaud qui n'aurait ni interrompu ses études ni gâché ses chances. Un Arthur Rimbaud qui aurait eu un père pour veiller sur son éducation. Quand Arthur Rimbaud rêvait d'avoir un fils, il cherchait, dans ce mirage, une compensation.

En janvier 1884, ses employeurs se trouvèrent obligés de liquider l'agence. Si bien que Vitalie ne reçut de nouvelles de son fils qu'après quatre mois de silence. Il se trouvait alors à Aden, après six semaines de voyage dans les déserts, et n'avait plus d'emploi à cause des événements. Il avait 12.000 à 13.000 francs qu'il portait toujours sur lui, dans une ceinture qui lui sciait les côtes. Dans sa lettre du 5 mai 1884, Arthur se plaignait : « Ma vie ici est donc un réel cauchemar… J'ai même toujours vu qu'il est impossible de vivre plus péniblement que moi. » Il allait atteindre trente ans, « la moitié de ma vie ! », ironisait celui à qui il ne restait plus que sept ans. Il disait à sa mère et à sa sœur qu'il aimait à se représenter leur existence tranquille. Pour rien au monde Arthur n'aurait désiré la partager, mais il était vrai qu'au milieu de ses tourments l'image de Roche pouvait le rassurer. Il existait dans le monde un lieu où, s'il le désirait, il pourrait toujours se réfugier. « La vie est là, simple et tranquille… » écrivait Paul Verlaine, contemplant les toits de la ville belge où il était prisonnier. Arthur Rimbaud, de même, pouvait se reposer sur un tableau familial et croire que là, tout était calme… alors que l'existence, bien évidemment, n'était jamais simple, n'était jamais tranquille pour personne. Arthur ne désirait pas rentrer auprès des siens, mais le fait de pouvoir y rêver suffisait à lui donner des forces. Par ailleurs, il avouait à sa famille qu'il resterait sans doute pour toujours dans ce pays africain car en France, il serait désormais un étranger. Et puis le problème du service militaire n'était pas résolu. « Est-ce que j'ai encore un service militaire à faire après l'âge de trente ans ? Et, si je rentre en France, est-ce que j'ai toujours à faire le service que je n'ai pas fait ? » En 1884, personne ne pouvait le renseigner correctement à ce sujet. Vitalie avait été trouver les gendarmes, avait écrit à Paris, avait demandé l'aide d'un avocat, elle n'obtenait pas deux fois la même réponse.

Vitalie recevait toujours les nouvelles d'Arthur avec des sentiments mélangés. D'un côté, elle était heureuse de pouvoir le lire, d'apprendre ce qu'il devenait. D'un autre, elle voyait bien que son fils menait une vie éreintante. Vitalie savait qu'en Ardenne on vieillissait vite mais, d'après Arthur, c'était encore pire là-bas : « Une année là vieillit les gens comme quatre ans ailleurs », « Je me fais très vieux, très vite. » Et sur les photos qu'il avait envoyées, Vitalie cherchait à retrouver le visage de son enfant dans celui de l'homme aux joues creuses, aux pommettes saillantes, qui fixait l'objectif. Il disait que ses cheveux, à présent, étaient gris. La photographie ne permettait pas de le vérifier, mais ce qu'on apercevait, c'était l'absence de joie d'Arthur. Les autres personnages fixés sur pellicule par Rimbaud souriaient, comme Sotiro qui faisait penser à Tartarin de Tarascon, tandis qu'Arthur, lui, offrait un visage cadenassé. De même, sur les photographies des années 1860-1870, le jeune Rimbaud, contrairement aux autres, ne prenait pas la pose et ne partageait ses secrets avec personne.

De ses secrets, il allait cependant être question, et de façon imprévue. Frédéric, peu en grâce auprès de sa mère et de sa sœur, avait résolu, pour la seconde fois, de se marier. La jeune fille, Rose-Marie Justin, du village de Sainte-Marie, ne possédait rien et Mme Rimbaud refusa à Frédéric l'autorisation de l'épouser.

Cette fois, le fils ne se laissa plus mener comme on le voulait : il intenta un procès à sa mère, qui dura deux ans. Enfin, il épousa Rose-Marie Justin. En 1886, une petite fille, Émilie, devait leur naître. Un garçon, Léon, suivra en 1887. Enfin une fille Nelly, en 1889. Le conflit qui opposa Frédéric à Vitalie fut féroce. La mère bannit son fils de la maison. Frédéric, qui souffrait d'être rejeté, dut évoquer Arthur, dire que lui aussi avait quitté la maison à cause d'elle. Vitalie répliqua sèchement qu'Arthur lui-même avait déjà donné tort à son frère dans cette affaire, qu'il l'avait jadis critiqué de vouloir se marier alors qu'il n'avait pas le sou !

Frédéric, blessé d'apprendre que son frère l'avait trahi, éleva le ton. Arthur osait lui faire la morale ! Alors qu'il avait vécu avec Verlaine, qu'il s'était fait entretenir par son amant ! Vitalie, furieuse que son aîné lui jetât à la tête une vérité enterrée depuis longtemps, rapporta tout à Arthur. Celui-ci répondit le 7 octobre ce qu'il pensait de Frédéric : « C'est un parfait idiot, nous l'avons toujours su, et nous admirions toujours la dureté de sa caboche. »

Arthur craignait que les propos venimeux de son frère ne lui portent préjudice, à lui et à sa famille. Alors qu'il menait une vie exemplaire : « Je puis vous envoyer le témoignage de satisfaction exceptionnel que la Compagnie Magéran liquidée m'a accordé pour quatre années de service de 1880 à 1884. » Voilà pour le présent. Quant au passé, amnésie totale : « Si j'ai eu des moments malheureux auparavant, je n'ai jamais cherché à vivre aux dépens des gens ni au moyen du mal. » Il était loin le temps où Rimbaud, triomphant et désespéré, écrivait, en 1871 à son professeur : « Je me fais cyniquement entretenir ; je déterre d'anciens imbéciles de collège : tout ce que je puis inventer de bête, de sale, de mauvais, en action et en parole, je le leur livre : on me paie en bocks et en filles. *Stat mater dolorosa, dum pendet filius.* » « *Mater dolorosa* », Vitalie le sera, en effet, jusqu'au bout de son existence.

En 1885, la correspondance d'Arthur se raréfia. Vitalie et Isabelle lui écrivaient tous les quinze jours. Lui répondait, en principe, une fois par mois, mais comme les affaires allaient très mal, il se préoccupait de trouver un autre emploi. Aux siens qui ne cessaient de l'inviter à Roche, il répondait qu'il lui était impossible de venir et qu'il était incapable de rester longtemps au même endroit : « Ne comptez pas que mon humeur deviendrait moins vagabonde, au contraire, si j'avais le moyen de voyager sans être forcé de séjourner pour travailler et gagner l'existence, on ne me verrait pas deux mois à la même place. »

En attendant, il économisait ce qu'il pouvait et il avouait posséder 13.000 francs qui deviendraient environ 17.000 francs à la fin de l'année. Ces sommes paraissaient énormes à Vitalie, qui avait dû élever ses quatre enfants avec 8.000 francs de revenus. Mais il les méritait amplement, ses biens, car il vivait sans cesse en plein danger. Dans sa lettre du

14 avril, il croit qu'il sera bombardé prochainement. La guerre était partout : les Anglais luttaient contre les Russes en Afghanistan ; au Soudan, l'expédition de Khartoum avait battu en retraite ; à Aden, en prévision de la guerre, on refaisait le système de fortifications. Arthur, racontant cela, redevenait l'enfant qu'il était jadis, lors des bombardements de Mézières par les Prussiens. Il s'exclamait : « Ça me ferait plaisir de voir réduire cet endroit en poudre », « mais pas quand j'y suis ! ». Aden, comme Charleville, était un « sale lieu ».

Trop occupé à fulminer contre « les peaux qui ruissellent, les estomacs qui s'aigrissent, les cervelles qui se troublent, les affaires qui sont infectes et les nouvelles qui sont mauvaises », Arthur n'écrivait plus à sa mère.

Le 10 octobre, de Roche, elle écrivit à son fils. Elle commença par le soupçonner d'égoïsme, par le provoquer : « Ce qui nous concerne t'intéresse si peu. » Sous-entendu : « Dis-nous vite le contraire. » Puis l'inquiétude de la mère reprenait le dessus. Elle ne savait où imaginer son fils en train de voyager, dans quel pays. Sa lettre du 10 octobre ressemblait à la bouteille que le naufragé lance à la mer : comme il est difficile d'écrire une lettre dans l'incertitude où l'on se trouve qu'elle soit lue un jour. Tout est frappé de dérision, même les questions les plus angoissées, même les questions les plus pragmatiques, sans parler des ennuis endurés à Roche, ces gendarmes qui viendraient encore chercher Arthur. La lettre du 10 octobre était une lettre d'amour. Comment pourrait-on s'y tromper ?

Mme Rimbaud à son fils
Roche, 10 octobre 1885

Arthur, mon fils,

Ton silence est long, et pourquoi ce silence ? Heureux ceux qui n'ont pas d'enfants, ou bienheureux ceux qui ne les aiment pas : ils sont indifférents à tout ce qui peut leur arriver. Je ne devrais peut-être pas m'inquiéter ; l'année dernière, à pareille époque, tu as déjà passé six mois sans nous écrire et sans répondre à aucune de mes lettres, quelque pressantes qu'elles fussent ; mais cette fois-ci, voilà bien huit longs mois que nous n'avons eu de tes nouvelles. Il est inutile de te parler de nous, puisque tu nous oublies ainsi : que t'est-il donc arrivé ? N'as-tu plus ta liberté d'action ? Ou bien es-tu malade au point de ne pouvoir tenir la plume ? Ou bien n'es-tu plus à Aden ? Serais-tu passé dans l'empire chinois ? En vérité, nous perdons la raison à force de te chercher ; et j'en reviens à dire : heureux, oh ! bienheureux ceux qui n'ont point d'enfants, ou qui ne les aiment pas ! Ceux-là, du moins, n'ont pas de déception à redouter, puisque leur cœur est fermé à tout ce qui les entoure. À quoi bon m'étendre davantage ? Qui sait si tu liras cette lettre ? Peut-être ne te parviendra-t-elle jamais, puisque je ne sais où tu es, ni ce que tu fais. Bientôt, tu dois être appelé pour faire tes treize jours comme soldat ; les gendarmes viendront encore une fois ici pour te chercher. Que puis-je dire ? Si du moins tu m'avais envoyé ton pouvoir, comme tu me l'as déjà donné, je l'aurais fait voir aux autorités militaires ; mais voici déjà trois

*fois que je te le demande sans rien obtenir. Tout
donc à la volonté de Dieu! Quant à moi, j'ai fait ce
que j'ai pu.*

*À toi,
Vve Rimbaud.*

Arthur, à cette époque, mettait sur pied une caravane afin d'aller vendre quelques milliers de fusils
d'Europe à Ménélik, roi du Choa. Il avait investi une
partie de sa fortune dans l'affaire, et déjà il se voyait
enrichi. Cette fois, il travaillait pour son propre
compte, s'étant disputé avec les Bardey, «ces
ignobles pignoufs». S'il ne sous-estimait pas les
dangers que comportait une telle initiative – les
déserts à traverser, les Dankali, musulmans fana-
tiques, qui attaquaient toutes les caravanes –, Arthur
surestimait les profits qu'il en tirerait. Une série de
contretemps, de malheurs même, frappèrent son
expédition dès le départ: ses associés, Soleillet puis
Lebatut, moururent successivement. Arthur se
retrouva seul pour mener à bon port ses précieuses
marchandises.

Arrivé enfin à Entotto, résidence du roi Ménélik,
il apprit que le roi était parti guerroyer contre son
rival, Joannès. Il dut attendre. Et lorsque le roi
revint, il n'avait nullement besoin de ces fusils
anciens d'Europe, il en possédait d'autres plus
modernes. Après maintes palabres, Rimbaud réussit
à vendre sa marchandise, mais on était loin des
bénéfices escomptés. Enfin, pour clôturer définitivement les rêves de richesse d'Arthur, les héritiers
de Lebatut tombèrent sur le pauvre Rimbaud

comme des mouches sur du sucre. Loyal, il tenta d'honorer autant que possible ses créances, mais il fut grugé par des gens qui avaient deviné sa naïveté. De sorte qu'après deux années de privations les plus abominables, des fatigues innombrables, Arthur pouvait enfin écrire aux siens, du Caire où il se reposait, mais ce qu'il leur annonçait n'avait rien de réjouissant.

Le 23 août 1887, Arthur informait sa mère : « Je me trouve tourmenté ces jours-ci par un rhumatisme dans les reins, qui me fait damner ; j'en ai un autre dans la cuisse gauche qui me paralyse de temps à autre, une douleur articulaire dans le genou gauche, un rhumatisme (déjà ancien) dans l'épaule droite ; j'ai les cheveux totalement gris… j'ai peur de perdre le peu que j'ai. Figurez-vous que je porte continuellement ma ceinture 16 mille et quelques cents francs d'or ; ça pèse une huitaine de kilos et ça me flanque la dysenterie. »

Ces mauvaises nouvelles tourmentèrent Vitalie. Elle redoutait la maladie autant que ses ancêtres fermiers, et pour des raisons identiques. Arthur, elle ne pouvait évidemment pas le surveiller comme Isabelle, et elle en souffrait. Elle lui donnait par écrit mille conseils et s'énervait de deviner qu'ils resteraient lettre morte. Aussi, elle insista auprès de son fils pour qu'il rentrât en France. Elle désirait qu'il vienne se reposer auprès d'elle. Elle en avait assez de se demander où il était, ce qu'il faisait, comment il vivait. Il devait se nourrir en dépit du bon sens. Les hommes ne savent pas se débrouiller seuls dans ce domaine. Livrés à eux-mêmes, ils bricolent. Ils sous-estiment l'importance d'une nourriture saine pour se garder en bonne santé. Qu'Arthur revienne ! Mais Arthur, lucide, lui répondait : « Quoi faire, en France ? Il est bien certain que je ne puis plus vivre sédentairement ; et, surtout, j'ai grand peur du froid, – puis, enfin, je n'ai ni revenus suffisants, ni emploi, ni soutiens, ni connaissances, ni profession, ni ressources d'aucune sorte. » Il n'était pas question qu'il devienne, comme son frère Frédéric, conducteur à Attigny !

Vitalie ne pouvait que lui donner raison, mais l'absence de son fils préféré la tourmentait. Elle aurait aimé garder cela pour elle, mais elle n'y réussissait pas. Elle ne parlait plus que de maladie et de mort. Si son fils craignait de passer pour un nouveau Jérémie, avec ses lamentations perpétuelles, elle, Vitalie, craignait de passer pour une nouvelle Cassandre, avec ses prémonitions funèbres. L'avenir allait rapidement lui donner raison.

Le 15 mai 1888, Arthur informait les siens qu'il était retourné à Harar et qu'il s'y installait pour longtemps. Il leur demandait quels étaient les plus grands fabricants de draps de Sedan, envisageant de prendre de leurs étoffes en consignation. À son tour, Arthur reprochait aux siens de ne pas lui écrire souvent : « Vous avez tort de m'oublier ainsi. » Pourtant, dans sa lettre du 4 août, il leur expliquait, à eux qui s'inquiétaient de ne rien recevoir de lui, qu'ils ne devaient pas s'étonner du retard des correspondances, les déserts, les services irréguliers de la poste en étaient responsables. « Pour écrire en Europe et recevoir réponse, cela prend au moins trois mois. »

Mais Arthur, comme sa mère et sa sœur, avait beau le savoir, chacun à tour de rôle se plaignait d'être oublié par l'autre. Parce que, malgré les distances, l'amour était vivant. Peut-être était-il à ce point attentif grâce aux distances ? Cette forme d'amour en vaut bien une autre. « Ma chère maman, conseillait Arthur à Vitalie, comme elle le faisait pour lui, repose-toi, soigne-toi. Il suffit des fatigues passées. Épargne au moins ta santé et reste en repos. » « Je désirerais seulement vous savoir heureux et en bonne santé », disait Rimbaud à sa mère et à sa sœur. Ou était-ce elles qui lui avaient écrit cela ? Peu importe. En attendant de se revoir un jour, chacun travaillait dur pour vivre. Vitalie sur ses terres, Arthur avec ses commerces. On a assez ri de son peu de sens des réalités, lui qui voulait vendre, à des indigènes musulmans et analphabètes, des chapelets et des blocs-notes. Il n'était pourtant pas le seul rêveur dans son genre car, histoire de la paille et de la poutre, Arthur riait à son tour d'un commerçant, M. Brémond, qui avait ouvert un bazar où on trouvait « des brosses à cheveux, des huîtres sculptées, des espadrilles, de la julienne pour potages, des pantoufles, des macaronis, des chaînes de nickel, des portefeuilles, des boléros, de l'eau de Cologne, du peppermint et une foule de produits aussi pratiques, aussi bien adaptés, à la consommation indigène ! ».

Mais les choses se précipitaient. Au moment où une famine était annoncée en Abyssinie, une caravane allant de Zeilah au Harar avait été attaquée le 23 décembre 1889 et des Européens avaient été tués. Cet événement fut relaté dans les journaux français.

Vitalie écrivit sur-le-champ une lettre à César Tian avec qui Arthur faisait des affaires pour savoir si son fils se trouvait parmi les victimes. César Tian lui répondit d'Aden le 8 janvier 1890 que, d'après les dernières nouvelles reçues du Harar et datées du 20 décembre. Rimbaud allait très bien. Il tentait de calmer la terreur de Vitalie en lui affirmant que des cas malheureux de ce genre étaient rares. Les Anglais se préparaient à châtier la tribu qui s'était rendue coupable de cet attentat. « Je vous répète de n'avoir pas à vous inquiéter à propos de cette affaire. Je serais le premier à me retirer du Harar si ces faits n'étaient pas une exception. » Cet argument n'apaisa en rien Vitalie. Elle avait sans arrêt des images atroces en tête : son fils blessé par une lance, ou recevant une flèche dans le dos. Cette inquiétude qui rongeait Vitalie, à chaque seconde, devait trouver un terme. Elle reçut alors une lettre étrange dans laquelle son fils lui demandait si, selon elle, il pourrait venir se marier à Roche au printemps suivant, en 1891. Il était bien question de cela ! Pourtant, Arthur désirait obtenir une réponse à cette question « aussitôt que possible ». Vitalie en resta bouche bée ! Elle ne pouvait croire que son fils revienne bientôt. Elle n'osait croire qu'il se marierait. Surtout, elle hésitait à comprendre ce qu'il lui demandait au juste : qu'elle se renseigne au village et dans les environs sur les jeunes filles à marier, qu'elle se trouve elle-même sa future bru ! Suite à cette lettre qui lui redonnait de l'espoir, Vitalie se mit à observer les jeunes filles et les femmes non mariées, les jeunes veuves en se demandant : « Celle-là ? » ou « Celle-ci ? ». Vitalie, bonne marcheuse, poussait jusqu'aux villages des environs. Elle se postait sur la place pour épier les candidates au mariage. Son air sévère et inquisiteur effrayait les gens. On se demandait, à Roche, quelle mouche avait piqué la fille au père Cuif !

Hélas, dans une lettre du 20 février 1891, Arthur racontait qu'il allait mal. Quinze nuits qu'il n'avait pas dormi à cause de douleurs à la jambe droite. Des varices, compliquées de rhumatismes, disait-il. Il demandait à sa mère de lui acheter un bas. « Avec cela, ajoutait-il, j'ai une douleur rhumatismale dans ce maudit genou droit qui me torture, me prenant seulement la nuit ». Il attribuait son mal à de trop grands efforts à cheval et à des marches forcées. Sans oublier « la mauvaise nourriture, le logement malsain, le vêtement trop léger, les soucis de toutes sortes, l'ennui ». Dans cette lettre, il demandait encore si on était fixé sur sa situation militaire. Le 27 mars, Vitalie lui répondit :

Mme Rimbaud à son fils
Roche, le 27 mars 1891

Arthur, mon fils,

Je t'envoie, en même temps que cette lettre, un petit paquet composé d'un pot de pommade pour graisser les varices et deux bas élastiques qui ont été faits à Paris. Voilà pourquoi je suis en retard de quelques jours ; le docteur voulait que l'un des bas soit lacé ; mais il nous aurait fallu attendre beaucoup plus longtemps. Je te les envoie donc comme j'ai pu les avoir.

Je joins à cette présente lettre l'ordonnance et les prescriptions du docteur. Lis-les bien attentivement et fais bien exactement ce qu'il te dit, il te faut surtout du repos et du repos non pas assis mais couché parce que comme il dit, et comme il le voit d'après ta lettre, ton mal est arrivé à un point inquiétant pour l'avenir.

Si tes bas sont trop courts, tu pourras ouvrir le dessous du pied et monter le bas aussi haut que tu voudras. Le docteur Poupeau avait un beau-frère, monsieur Caseneuve, qui a longtemps habité Aden comme inspecteur de la marine ; si tu entends dire quelque chose d'avantageux au sujet de ce monsieur, tu feras bien de me le dire, cela fera plaisir au docteur. Monsieur Caseneuve est mort l'année dernière, aux environs de Madagascar, en laissant une grande fortune, il est mort d'un accès de fièvre.

Isabelle va mieux, mais pas encore bien. Nous sommes toujours en hiver, il fait très froid, les blés sont complètement perdus, il n'en reste point, aussi désolation générale, ce qu'on deviendra, personne ne le sait.

Au revoir Arthur, et surtout soigne-toi bien et écris-moi aussitôt le reçu de mon envoi.

Vve Rimbaud.

La tristesse de Vitalie touchait à son comble. Ses deux enfants malades, les blés perdus, que pouvait-elle encore espérer ? Comment s'opposer à ce qu'elle prenait pour la volonté de Dieu ? Elle se rappela l'histoire de Job et de ses épreuves. À elle, Dieu avait déjà envoyé plus de malheurs qu'à Job. Quel prix fallait-il donc payer au ciel et aux hommes pour avoir la paix ?

D'Aden, le 30 avril 1891, Arthur annonçait à sa mère qu'il avait liquidé presque toutes ses affaires et qu'il rentrait en Europe. Il avait loué seize porteurs noirs et, sur une civière recouverte d'une toile, en douze jours, il avait parcouru trois cents kilomètres de désert. « Inutile de vous dire quelles horribles souffrances j'ai subies en route. Je n'ai jamais pu faire un pas hors de ma civière. Mon genou gonflait à vue d'œil et la douleur augmentait continuellement. » Sous la pluie incessante et malgré le vent furieux, Arthur avait été trimbalé dans sa civière qui manquait de chavirer à chaque caillou. Arrivé à l'hôpital européen, Arthur avait été examiné par le médecin qui diagnostiqua une synovite arrivée à un point très dangereux. Il avait parlé de couper la jambe, puis avait décidé d'attendre quelques jours pour voir si le gonflement diminuerait. « Et je suis étendu, écrivait Arthur, la jambe bandée, liée, reliée, enchaînée, de façon à ne pouvoir la mouvoir. Je suis devenu un squelette : je fais peur. Mon dos est tout écorché du lit ; je ne dors pas une minute. »

Le calvaire d'Arthur Rimbaud avait commencé. Le voyage de Harar à Aden avait représenté des tourments sans bornes. Ceux endurés pendant la traversée, sur le bateau l'*Amazone*, des Messageries maritimes, furent pire encore. « Treize jours de douleurs », écrit Rimbaud le jeudi 21 mai 1891. Trop faible pour continuer la route, grelottant de fièvre, il avait été admis à l'hôpital de la Conception à Marseille. Là, il avouait à sa « chère maman » et à sa

« chère sœur » la gravité de son mal. Il leur demandait avec une pudeur déchirante : « Ne pouvez-vous m'aider en rien ? » Le lendemain, son genou prit des dimensions telles que le médecin-chef décida l'amputation. Il fallait enlever la tumeur qui avait fait enfler la jambe comme une énorme citrouille. Alors, Arthur adressa à sa mère un télégramme, déposé à 2 h 50 de l'après-midi du jeudi 22 mai : « Aujourd'hui, toi ou Isabelle, venez à Marseille par train express. Lundi matin, on ampute ma jambe. Danger mort. Affaires sérieuses régler. Arthur. Hôpital Conception. Répondez. Rimbaud. »

Depuis que Vitalie avait envoyé des bas et des pommades à son fils, elle n'avait plus reçu de nouvelles de lui, car les lettres qu'Arthur avait écrites d'Aden le 30 avril et celle de Marseille écrite la veille de son télégramme, Vitalie, bien évidemment, ne les avait pas encore reçues. Ce fut donc par le télégramme du 22 mai 1891 que Vitalie apprit comment allait son fils. Le choc fut terrible. Mais Vitalie ne resta pas longtemps écrasée par la mauvaise nouvelle. Sa première terreur dépassée, elle eut tôt décidé de partir à Marseille aider son fils. Cette femme solide et courageuse retrouvait l'énergie dont elle avait toujours fait preuve dans les pires moments de son existence. Et, sans aucun doute possible, ceci était bien un des pires moments qu'une mère pût endurer. Elle se fit conduire, moins d'une heure après avoir reçu l'appel d'Arthur, à la gare d'Attigny où elle déposait, à 6 h 35 du soir, sa réponse à son fils : « Je pars. Arriverai demain soir. Courage et patience. Vve Rimbaud. » De retour à

Roche, elle prépara ses bagages, tout en adressant mille et une recommandations à Isabelle qui resterait seule maîtresse de la ferme. La pauvre fille n'était elle-même pas en très bonne santé, ce qui tourmentait sa mère, mais, pour l'instant, il fallait que Vitalie aille au chevet d'Arthur.

Le voyage de Roche jusqu'à Marseille était long et monotone. Vitalie se fit conduire en carriole à la gare de Voncq. En bonne paysanne, émue à l'idée de rater son train, elle arriva à Voncq beaucoup trop tôt et elle dut patienter plus de trois quarts d'heure avant son départ. Entre Voncq et Amagne, où elle devait descendre pour changer de train pour Paris, elle n'enleva ni son manteau ni ses gants, et elle garda une main sur sa malle de cuir pendant tout le trajet. Dans le train pour Paris, elle se comporta de même, anxieuse qu'on ne lui vole ses bagages, inquiète à l'idée de rater l'arrivée dans la capitale. Mille frayeurs la rongeaient qui chassaient momentanément la seule et grande frayeur en elle, celle de revoir son fils proche de la mort. À Paris, Vitalie dut changer pour prendre un convoi en direction de Lyon. Elle y arriva dans la nuit. Exténuée, elle monta enfin dans le train qui la conduirait à Marseille. Sitôt arrivée, elle prit une carriole qui l'amena de la gare Saint-Charles à l'hôpital de la Conception. On était le 23 mai, un samedi.

C'était en 1879 que Vitalie avait vu son fils pour la dernière fois lorsque, malade, il s'était réfugié auprès d'elle, avant de s'éloigner vers l'Orient. Plus de onze années s'étaient écoulées depuis. Pour la mère comme pour le fils, le choc fut brutal. Vitalie et Arthur se retrouvaient dans la stupeur. Ils se reconnaissaient et ne se reconnaissaient pas. Vitalie dut corriger en elle l'image qu'elle avait gardée de son fils et qui ne correspondait plus à celle de l'homme de trente-six ans qu'elle voyait. Arthur, de son côté, dut ajuster en lui l'image qu'il avait conservée de sa mère et qui différait légèrement de celle de la femme âgée de soixante-six ans qui se penchait sur lui. Mais, au bout de quelques minutes, ils crurent ne s'être jamais quittés. Ils pleurèrent dans les bras l'un de l'autre.

Vitalie, cependant, n'était pas venue pour pleurer, mais pour donner du courage à son fils. Elle lui parla longuement. Elle lui dit sa confiance en Dieu. La foi de la mère donna de la force à Arthur. Sa mère était une montagne inébranlable, le refuge solide qu'inconsciemment, il avait toujours retrouvé. À la fois si proches et si éloignés, tellement semblables et tellement différents, Arthur et Vitalie avaient toujours vécu dans la solidarité leurs relations complexes. La mère, qui s'était montrée vaillante dans l'adversité, apprit à son fils à faire de même. Elle savait d'ailleurs qu'Arthur était courageux. La vie qu'il avait menée à Aden et à Harar le prouvait. À présent, la vie exigeait qu'il se montrât plus courageux encore. Il le pouvait. Il était son fils. Comme elle, il ferait face. Et il vaincrait. Ensuite, il constaterait que l'espoir pouvait renaître. C'était ça, la vie. Peu à peu, elle apaisa le désespoir dans lequel Arthur sombrait. Peu à peu, elle l'amena à se résigner à l'opération. Sans arrêt, Arthur s'emparait des mains de Vitalie et serrait, serrait… Vitalie aurait tout donné pour être à sa place, pour qu'il fût en bonne santé. Elle-même lui saisissait le bras avec force : « Sens, je suis là, je suis forte pour toi. » La nuit, sans demander à Arthur de l'imiter, Vitalie priait Dieu de lui donner du courage jusqu'au bout. L'opération prévue pour le lundi matin, 25 mai, n'eut lieu que le mercredi 27. Arthur fut descendu à la salle d'opération au rez-de-chaussée. L'amputation de sa jambe droite fut réalisée par le chirurgien E. Pluyette, et son assistant, l'interne Beltrami. Un externe bénévole, Louis Terras, aurait assisté à l'opération. Et il se peut que le docteur Henri Nicolas ait été également présent. L'opération se passa bien. Arthur, de retour dans sa chambre, fut veillé par sa mère. Quand elle prenait quelque repos, c'était Maurice Riès, l'associé de César Tian venu exprès pour Rimbaud à Marseille, qui lui tenait compagnie. Les médecins se montraient satisfaits de l'évolution et Arthur lui-même croyait surmonter l'épreuve mieux que prévu. Aussitôt, il se prit à rêver. Le 30 mai, il écrit au Ras Makonem pour l'avertir qu'on lui avait coupé la jambe, mais que dans une vingtaine de jours, il serait guéri et que, dans quelques mois, il retournerait au Harar pour y poursuivre son commerce.

Vitalie se réjouissait de voir son fils dans une forme physique qu'on admirait à l'hôpital. Les médecins pensaient que la santé d'Arthur continuerait à s'améliorer progressivement. Bien sûr, il fallait attendre que les chairs soient bien cicatrisées avant d'envisager une prothèse. Tout était une question de temps. C'est alors, au moment où Vitalie et

Arthur étaient le plus proches l'un de l'autre, au moment où l'espoir donnait des forces à chacun, au moment où l'amour entre la mère et le fils semblait au plus haut, qu'une cassure irréparable se produisit dans le couple Arthur Rimbaud-Vitalie Cuif. Dans les premiers jours de juin, Vitalie, voyant qu'Arthur supportait bien le choc de l'opération et préoccupée par l'état de santé d'Isabelle, parla de rentrer à Roche. Arthur accueillit la nouvelle avec des larmes. Il supplia sa mère de ne pas l'abandonner. D'attendre qu'il aille mieux. Émue par l'angoisse secrète qu'il avouait de la sorte, Vitalie décida de rester encore une semaine. Ce délai ne convenait pas à son fils qui continuait de la supplier. Il ne comprenait pas que sa mère le quitte alors qu'il se trouvait au fond du désespoir. Vitalie tenta de le raisonner : « Tu vas mieux. Si je reste, ce serait pour plus d'un mois et ça, je ne le peux pas, tu le sais bien, il y a de l'ouvrage qui m'attend à la ferme, et puis Isabelle est malade ; sois raisonnable, comprends-moi. » Mais Arthur refusait. Pourquoi d'ailleurs comprendre l'incompréhensible ? Il était un homme mort, estropié pour la vie. Quand il pourrait marcher, ce serait avec des béquilles ! Arthur pleurait jour et nuit. Vitalie, impuissante à le calmer mais poussée par son devoir envers Isabelle, lui déclara qu'elle devait partir. Il était vraiment impossible qu'elle reste encore. Elle avait fait pour le mieux. Le mardi 9 juin 1891, à deux heures de l'après-midi, elle se sépara de son fils de la pire des façons. Elle voulut l'embrasser, le serrer dans ses bras, mais Arthur, indigné par son départ, la repoussa.

Comment Vitalie a-t-elle pu ? Comment la mère a-t-elle pu résister aux supplications du fils ?

Ici, il faut une explication. Vitalie retrouvait après onze ans un fils avec qui elle avait perdu l'habitude de vivre. Une force la poussait, non tant à quitter ce fils qu'à retourner à la ferme. Parce que son travail l'y appelait. Pliée à la stricte discipline des travaux agricoles, elle ne pouvait s'y soustraire un seul jour puisqu'ils la nourrissaient, elle et ses enfants. Vitalie avait été conditionnée à respecter les saisons et les corvées qui s'y rattachaient. Depuis soixante-six ans, elle avait subi le joug des responsabilités. Elle ne pouvait s'en affranchir, elle en était littéralement incapable, même ce 9 juin 1891 quand Arthur le lui demanda. Le tableau de Breughel, *La chute d'Icare*, recèle l'attitude de Vitalie. Au centre, là où le regard tombe en premier lieu, un paysan laboure son champ. Plus loin, il faut chercher un mollet, un pied et quelques plumes sur la mer : c'est Icare qui termine son aventure de rêveur ailé. À gauche de la toile, on devine une tête de mort dans un buisson. Ce qui frappe dans le tableau de Breughel, c'est la sérénité. Le calme. La scène est équanime en dépit de la tragédie. Un proverbe flamand illustre la chute d'Icare : « Une charrue ne s'arrête pas pour un homme qui meurt. » La vieille femme était prisonnière d'une vie de sacrifice et de discipline. Mais on ne peut s'empêcher de penser que la rupture Vitalie-Arthur était une épreuve de plus dans leur vie qui en comptait tellement. On ne peut s'empêcher de penser que la mère et le fils ont été piégés. Que le mal qu'ils se sont infligé ce 9 juin 1891 venait d'un autre

225

mal, qui leur avait été inoculé à leur insu, bien avant que cette horrible histoire ne les broie.

Le retour à Roche de Vitalie se fit dans l'amertume. Vitalie, déjà discrète, se referma plus encore. À quoi bon faire pour le mieux si personne ne vous comprenait ? Elle savait qu'Arthur se mourait. Elle continuerait à remplir son devoir envers ses enfants, mais elle se mura, ce mois de juin 1891, plus encore dans la solitude. À Isabelle qui lui demandait des nouvelles, elle raconta les tourments d'Arthur. Isabelle en fut bouleversée. Ce grand frère qu'elle ne connaissait quasi pas, mais qui, pendant toutes ses années en Afrique, l'avait fascinée par ses lettres, avait besoin de tendresse.

Isabelle, âgée alors de trente et un ans, menait une vie sans joie dans la ferme de Roche. Orgueilleuse, elle avait refusé d'épouser des prétendants qu'elle jugeait inférieurs. C'était jadis une jeune fille passionnée qui rêvait d'étudier et de voyager, mais elle avait dû se soumettre aux contraintes liées à son sexe et à l'époque. Sortie du pensionnat, elle n'avait eu comme horizon qu'une vie laborieuse, aux côtés de sa mère. Celle-ci, noyée de chagrin, n'était pas une femme qui enseignait la joie de vivre. Aussi Isabelle était-elle souvent mélancolique. La tristesse d'Arthur que Vitalie ne cacha pas à sa fille remplit Isabelle de compassion. Elle se sentit investie d'une mission et elle écrivit à Arthur une lettre dans laquelle sa propre tristesse s'épanchait, où elle évoquait les souffrances de l'existence et la mort qui ponctuait le tout. Arthur, qui passait sur son lit d'hôpital par des moments d'extrême détresse, lui répondit cependant une lettre qui montrait bien à quel point il ressemblait à sa mère : « Prends patience, conseillait-il, prends courage. » Patience et courage : la leçon avait été retenue. Lui, le pauvre infirme, qui se désespérait de n'être plus qu'un tronçon immobile, exhorta sa sœur à réagir, lui donna de l'espoir : « Toutes les maladies se guérissent avec du temps et des soins. » Dans cette même lettre, il expliquait à sa sœur que le départ de sa mère l'avait blessé, car il n'avait pas compris à quel point la maladie d'Isabelle était grave. Elle avait, depuis quelque temps, une jambe qui gonflait régulièrement. Arthur regrettait de s'être disputé avec sa mère : « Demande-lui excuse et souhaite-lui bonjour de ma part. » Arthur Rimbaud était un tendre, comme le confiera plus tard Vitalie à un voisin.

Or, pendant qu'il écrivait de la sorte à Isabelle, des événements graves se déroulaient à Roche. Une fois de plus, des gendarmes étaient venus à la ferme pour enquêter sur Arthur. Ils se montraient menaçants. Ils parlèrent d'insoumission, de conseil de guerre. Vitalie et Isabelle étaient terrifiées. Elles avaient caché aux gendarmes qu'Arthur se trouvait en France, de peur qu'ils n'aillent l'arrêter à l'hôpital de Marseille. Les deux femmes étaient dépassées par les événements. Ne sachant que faire, elles demandèrent les conseils d'un avocat qui fut chargé de consulter le dossier d'Arthur Rimbaud à l'Intendance générale de Châlons-sur-Marne. On ne trouva rien. Vitalie, sans aucun doute, aurait dû dire la vérité aux gendarmes : Arthur était en France et il avait été amputé. Les certificats médicaux auraient suffi pour obtenir qu'il fût définitivement réformé. D'un autre côté, si Vitalie et Isabelle avaient caché la vérité aux gendarmes, elles ne la cachèrent pas au pauvre opéré qui réagit vivement : « Quelle nouvelle horreur me racontez-vous ? »… « La prison après ce que je viens de souffrir, il vaudrait mieux la mort ! »… « Si vous vous informez à mon sujet, ne dites jamais savoir où je suis. Je crains même qu'on ne prenne mon adresse à la poste. N'allez pas me trahir. » Dès lors, pas question qu'Arthur retourne à Roche pour se reposer auprès des siens. Dès qu'il serait possible, il retournerait auprès de ses amis à Harar, où il vivrait comme il pourrait. En attendant, le malheureux s'exerçait à marcher avec des béquilles, mais si la blessure s'était cicatrisée, il souffrait de névralgies dans le moignon et cela l'empêchait de garder son équilibre : « Je fais quelques pas et je m'arrête, crainte de tomber et de m'estropier de nouveau ! » Tourmenté par sa situation militaire, taraudé par la douleur, Arthur sombra dans l'obsession : il se voyait espionné par tout le monde et prenait des précautions naïves pour ne pas être découvert par les gendarmes : « Ne mettez pas Arthur, écrivez Rimbaud tout seul », ordonnait-il à sa mère et à sa sœur. Cette dernière, en réponse, lui expliquait que, depuis la nouvelle loi de 1889, on était très rigoureux sur les délits militaires. Le problème, c'est que personne ne pouvait dire si oui ou non Arthur était en faute. Toujours aussi délicate, en guise d'encouragement, elle racontait à son frère qu'elle voyait par la fenêtre passer un homme qui avait eu lui aussi la jambe amputée, sans doute pendant la guerre de 1870. Cet homme, ajoutait-elle, est « toujours leste et gai », « il est le danseur le plus infatigable aux fêtes du village ». « Tu auras beau te désoler, moralisait la sœurette, ton chagrin ne remédiera à rien, au contraire, tu peux en contracter une autre maladie inguérissable. »

Si après cela, Arthur n'avait pas un moral de fer... Que devait-il ressentir en lisant ces phrases maladroites ? Sans aucun doute, cet homme que l'on disait impatient, irritable, qui portait sur son visage « un terrible masque d'homme horriblement sévère », cachait des trésors de délicatesse et d'indulgence. Sa sœur Isabelle lui apportait, avec ses moyens à elle, fussent-ils faibles, une affection réelle et cela seul importait. Il en avait tellement besoin. Resté seul à l'hôpital, il employait ses journées à béquiller. À la longue, il s'énervait : « Rassis, vous avez les mains énervées et l'aisselle sciée, et la figure d'un idiot. » En plus, l'autre jambe commençait à le préoccuper. Il n'en dormait plus. Cette insomnie l'inquiétait horriblement parce que son mal à la jambe droite avait débuté à Harar par quinze jours d'insomnie. Arthur pressentait une maladie généralisée des os. Il conservait cependant son esprit caustique : « Je paie six francs de pension par jour à présent et je m'ennuie pour soixante francs à l'heure. »

Finalement, Arthur céda aux pressions de sa famille. Le 23 juillet, il quitta l'hôpital de la Conception et se rendit, malgré les difficultés du voyage, à la ferme de Roche. Il renouait avec le lieu où il avait écrit *Une saison en enfer* et ce qu'il avait

prophétisé jadis dans ce poème se réalisait cruellement : « Les femmes soignent ces féroces infirmes
retour des pays chauds. ». Après tant d'années d'absence, il revenait enfin à la maison maternelle[5], où
mère et sœur s'apprêtaient à le choyer. La mère fut
rapidement mise à l'écart. Vitalie et Arthur se revi-
rent comme un homme et une femme incapables de
surmonter leur querelle. Aussi Isabelle eut vite fait
de capter son frère. Cette femme dans la trentaine
devint pour un seul homme la mère, l'amante et la
sœur. Elle ne permit plus, de son propre aveu,
qu'une autre personne qu'elle s'approchât d'Arthur.
Vitalie en souffrait, mais elle ne fit aucune
remarque. Elle ne comprenait pas les raisons qui
poussaient le nouveau couple Arthur-Isabelle à
l'écarter, sinon à la fuir. Par orgueil, elle les laissa
faire et plus que jamais, elle parut une femme
dépourvue de sentiments.

Désormais, les trois Rimbaud, inflexibles, joue-
raient jusqu'au bout, dans un infernal huis clos, le
rôle qu'ils s'étaient assigné en ce mois de juillet
1891. Vitalie s'épuisait dans les tâches de la ferme.
Arthur découvrit une sœur qu'il avait appris à aimer
par lettres. Il éprouva un sentiment de reconnaissance infinie pour son dévouement. Peu à peu, il
devint son enfant. Isabelle consacrait son temps à
soigner Arthur, à le faire manger, à guider ses pas
lors des promenades. Elle s'occupait de sa chambre,
y mettait de l'ordre, la garnissait de fleurs. Arthur
avait emporté des objets d'Afrique. Il déroula les
nattes sur le sol, il accrocha au mur des tissus colorés du Harar, il déposa sur la table des bijoux, des

souvenirs de là-bas. Lorsqu'il était au Harar, il avait pesté contre cette région. Il n'y appréciait rien, même pas les Européens qu'il appelait « des licheurs de petits verres ». Alors, il se reposait l'esprit en rêvant à sa mère et à sa sœur dans la ferme de Roche. À présent qu'il était à Roche, il songeait à l'Afrique avec nostalgie. Il connaissait ce que connaissaient ceux qui ont vécu pendant des années dans un autre pays que le leur : on est à la fois d'ici et de là-bas. C'est-à-dire qu'on appartient à deux lieux à la fois. On n'est plus jamais tout à fait de quelque part. À Roche, Arthur pensait sans arrêt à Harar. Il évoquait, non pas sa vie intime, mais la façon de vivre là-bas, et se rappelait comment un Européen pouvait s'y sentir en terre connue. Cependant, la plupart du temps, il restait prostré, sans dire un mot, absent à ce qui l'entourait, assis des heures entières dans la cour, sous les noisetiers. Un fermier de Roche, le père Bertrand, venait parfois lui tenir compagnie, l'aider à débander sa jambe. Arthur jurait comme un païen et se moquait de lui qui allait à la messe.

En dépit du repos, l'état de Rimbaud ne s'améliorait pas. Il faisait froid, il pleuvait : Arthur s'indignait contre un climat aussi malsain, qui ne pouvait que lui causer du tort. L'insomnie persistait. Quand au moignon, il enflait visiblement et l'aisselle ainsi que le bras droit le faisaient souffrir. Même la jambe gauche paraissait se congestionner. Vitalie demanda au docteur Henri Beaudier, d'Attigny, d'examiner son pauvre fils. Il diagnostiqua un cas de tuberculose osseuse. Le docteur Beaudier confia qu'à plusieurs reprises, pendant qu'il s'entretenait dans la cuisine avec Arthur, sa mère avait passé la tête par une porte entrebâillée. Immédiatement, les traits de Rimbaud s'étaient contractés : « Je me souviens, dit le médecin, qu'une fois il la rabroua vertement en la priant de foutre le camp. »

Le docteur Beaudier pensait qu'une nouvelle intervention était nécessaire. Il fut lui-même rabroué par Arthur qui lui répondit qu'il s'en foutait [6]. L'homme-aux-semelles-de-vent ne pouvait accepter qu'on lui coupât les jambes. Pour calmer ses souffrances, Isabelle lui préparait des infusions de pavots, mais celles-ci plongeaient Arthur dans un état fébrile.

À ce moment, Arthur commença à comprendre qu'il était perdu. Il pleurait devant Isabelle qui ne pouvait elle-même retenir ses larmes. Il décida de retourner à Marseille, vers le soleil, vers le port d'où il prendrait le bateau pour l'Afrique. En Ardenne, au mois d'août, il y eut une tempête qui annonçait un automne glacial. Ce fut le coup de grâce pour Arthur. Le 23 août, il retournait, soutenu par Isabelle, vers l'hôpital de la Conception. « Reste, lui avait dit sa mère, nous te soignerons. » Mais il n'y avait rien qui pût le convaincre de rester. Celui qui était toujours en partance devait partir une fois encore, définitivement.

Le voyage du retour fut une torture continuelle. Les changements de train, les attentes dans les gares, les trépidations des wagons, ce qui pour un voyageur en bonne santé représente un lot d'inconvénients fut pour Arthur une source d'horribles souffrances. En dépit des coussins qui supportaient sa jambe, Arthur sentit peu à peu le mal atteindre son dos, ses reins, ses épaules. À l'arrivée à Marseille, Arthur était brûlant de fièvre et à demi inconscient. Il était quasi paralysé lorsqu'on le déposa dans son lit à l'hôpital. Pour éviter d'être poursuivi par les autorités militaires, il s'était inscrit sous le nom de Jean Rimbaud ! La mère était restée seule à la ferme. Elle se réfugia dans le travail. Elle s'acharnait aux corvées les plus dures jusqu'à rentrer le soir recrue de fatigue, hébétée. Et lorsqu'elle reçut une lettre de Marseille, elle en remit la lecture pour la soirée. Elle partit faner les prés de Fonteville avec les domestiques.

Isabelle, le mardi 22 septembre, répondit au petit mot laconique que Vitalie lui avait adressé. La façon dont sa fille s'était emparée d'Arthur malade relevait de la cruauté ou de l'inconscience. Et c'était aussi par inconscience qu'elle prenait peu de précautions pour avertir la mère. Isabelle eut des phrases blessantes du genre : « Quoique cela te paraisse assez indifférent, je dois te dire qu'Arthur est bien malade. » Oh non, cela ne lui était pas indifférent, à Vitalie, d'apprendre ce qu'elle redoutait ! Mais c'était comme si on lui avait mis une pierre sur la langue. Elle était écrasée par ce qui arrivait. Une fois encore, le destin frappait sans pitié sa famille. Vitalie garda le silence. Elle ne réagit pas à la lettre d'Isabelle dans laquelle celle-ci lui annonçait qu'Arthur s'en allait petit à petit. Qu'il ne fallait garder aucun espoir. Le docteur Trastoul avait dit à Isabelle : « Puisque vous êtes restée ici depuis un mois et qu'il désire que vous restiez encore, ne le quittez pas ; en l'état où il est, ce serait cruel de lui refuser votre présence. » En effet, Arthur, s'il avait recouvré presque tout à fait la raison, s'il mangeait un peu plus au début, n'avait pas retrouvé l'usage du bras droit. Ses douleurs le tourmentaient continuellement. Il était très maigre, il avait les yeux cerclés de noir. Malgré les médecins qui lui avaient parlé guérison, il pleurait sans cesse, doutant de ce qu'ils disaient. Il prenait Isabelle dans ses bras en sanglotant et en lui criant de ne pas l'abandonner. L'enfant qui avait été abandonné par son père, l'homme qui ne serait jamais assez aimé, eut en ses derniers jours la tendresse de sa sœur pour l'aider à franchir le cap ultime.

Quant à la mère, elle se trouvait au loin. Il est difficile de comprendre ce qui s'est passé dans sa tête à ce moment. Les raisons de son mutisme. Impossible de croire à une conduite dictée par du ressentiment. On ne peut, en un mois de silence, effacer tout ce qui précède et qui n'est que dévouement, sacrifice, amour. Sans doute Vitalie, semblable à la souris de laboratoire qui, recevant des stimuli de tous côtés, finit par ne plus réagir à aucun, resta comme pétrifiée. Dans sa lettre du 3 octobre, Isabelle, anxieuse, réclamait des nouvelles de sa mère. Arthur continuait de s'affaiblir. Les médecins allaient tenter un traitement à l'électricité. On allait le torturer en vain. Vitalie répondit à Isabelle : leurs lettres avaient dû se croiser. Elle avait prétexté des ennuis avec les domestiques et des problèmes avec les animaux pour expliquer son silence. Isabelle, dans sa lettre du 5 octobre, parlait à son tour des veaux, des vaches et des cochons avant de donner un tableau de la situation atroce de son frère : « Il souffre partout dans toutes les parties du corps : on pense qu'il va se paralyser petit à petit jusqu'au cœur. » Quant à elle-même, elle était ravie d'être à Marseille où il fallait venir « pour se voir et se sentir respectée et même honorée » comme elle le méritait, où il faisait toujours radieusement beau, où il y avait des avalanches de fruits de toute espèce.

Le dimanche 25 octobre 1891, selon Isabelle, Arthur aurait renoué avec la religion de son enfance. Un aumônier aurait proposé à Arthur de le confesser. Celui-ci aurait accepté. « Quand le prêtre est sorti, écrit Isabelle à sa mère, il m'a dit en me regardant d'un air troublé, d'un air étrange : "Votre frère à la foi, mon enfant, que nous disiez-vous donc ? Il a la foi et je n'ai même jamais vu de foi de cette qualité !" Moi, je baisais la terre en pleurant et en riant. » La réaction d'Isabelle paraît délirante. On se croirait au théâtre. À Marseille, il a dû se passer quelque chose de singulier, en effet, ce dimanche-là. Mais il est difficile de savoir quoi. S'agit-il d'une exagération de la part d'Isabelle ? Elle désirait tellement que son frère fît une bonne mort. Et il est certain que la mère le désirait aussi... Des commentateurs ont affirmé qu'Isabelle avait non pas exagéré mais menti. Qu'il ne s'était rien passé ce dimanche-là. Cette thèse est peu défendable car Isabelle, à cette date, n'avait aucune raison de mentir. À cette date, Isabelle ignorait tout d'une gloire poétique qui n'éclaterait qu'après la mort de son frère. Il est plus probable qu'Arthur aura pris l'espoir là où il se trouvait, dans la foi de sa sœur, comme il puisait de la patience dans la formule « Allah Kerim ! » que la volonté de Dieu se fasse. À Charleville, sur la tombe du poète, on peut lire : « Priez pour lui. » Quelqu'un a taillade le « priez », a cherché à l'effacer. Comme si cela avait la moindre importance...

La veille de sa mort, le 9 novembre 1891, Arthur connut une rémission. Aussitôt l'éternel voyageur désira repartir. Il dicta à sa sœur une lettre pour le directeur des Messageries maritimes : « Dites-moi à quelle heure je dois être transporté à bord... »

Le lendemain, le 10 novembre 1891, à dix heures du matin, Rimbaud terminait sa vie douloureuse. Il avait trente-sept ans depuis vingt jours. Ce ne fut pas seulement sa mère que le poète quitta « mal », mais aussi la vie, qui n'était ni vraie, ni ailleurs.

Un télégramme avertit Vitalie de la mort de son fils. Le 12 novembre, le corps d'Arthur Rimbaud quitta l'hôpital. Deux jours plus tard, le visa d'arrivée fut signé par le commissaire de police de Charleville. Ce jour-là, Vitalie et Isabelle se rendirent auprès de l'abbé Gillet, archiprêtre de la ville, et elles lui commandèrent un service de première classe. Pour dix heures. L'abbé disposait d'une heure pour organiser la cérémonie. Il fit remarquer que c'était peu. Il voulait faire les choses au mieux. Il désirait prévenir d'anciens amis d'Arthur Rimbaud. Il fallait qu'il en ait le temps. Vitalie lui répondit : « N'insistez pas. C'est inutile. » À dix heures, l'abbé Gillet et l'organiste Letrange arrivèrent à l'église un peu essoufflés. D'après les frais d'obsèques, on avait réuni cinq chantres, huit enfants de chœur, vingt orphelines portant des cierges. À dix heures et demie, on joua les *Dies Irae* dans l'église Notre-Dame. Seules Mme Rimbaud et Isabelle assistèrent à l'office ; même Frédéric ne fut pas invité. Puis Rimbaud fut emmené dans un corbillard de luxe, salué par les enfants et les orphelines, lui qui fut le poète enfant et orphelin de père. Au bord de la fosse, le prêtre donna une ultime bénédiction. Vitalie et Isabelle jetèrent un peu de terre sur le cercueil. Isabelle, en cet instant, dut se rappeler la phrase d'Arthur : « J'irai sous la terre et toi, tu marcheras dans le soleil. » Elle versa des larmes abondantes sur son frère adoré. Vitalie, terrassée, s'éloigna sans dire un mot. Elles revinrent côte à côte du cimetière de Charleville sans se parler. Leur vie, une vie que ni l'une ni l'autre n'avait désirée, continuait.

7

1891-1907

Mon enfant, je déterre les morts et j'arrive
(Sur un mur, à Bruxelles)

Vitalie, rentrée à Roche, aurait aimé que le silence dans sa ferme et au village fût encore plus grand qu'avant la mort d'Arthur. Elle supportait mal les propos échangés entre voisins ou avec le facteur. Si le silence n'avait pas existé, Vitalie Cuif l'aurait inventé. Peut-être installait-il autour d'elle une protection, un vide qui lui donnait l'illusion d'être inaccessible. Donc, invulnérable. Loin des bruits de la foule, Vitalie tentait de vivre avec sa douleur. La tentation était grande, à son âge, de déclarer forfait. L'envie de s'endormir pour toujours, paradoxalement, la tenait éveillée, chaque nuit. D'ordinaire, elle se couchait tard, plus tard que les autres fermiers qui allaient « se coucher avec les poules » pour être en forme au lever du soleil. Elle s'assoupissait sur-le-champ, mais deux ou trois heures après, elle se réveillait brutalement, le cœur battant la chamade. Les pensées qui lui venaient alors, au plus noir de la nuit, étaient des plus désespérées. Mais il y avait Isabelle, « ma fille, pensait Vitalie, ma seule enfant ». La mère, qui avait vu mourir deux de ses filles et un fils, oubliait qu'Isabelle n'était pas la seule à survivre. Frédéric, devenu camionneur, semblait sorti de sa mémoire. Aussi, ce fut pour sa fille que Vitalie poursuivit sa route.

Si la mère aspirait au silence et avait réintégré la ferme avec une sorte d'avidité, la fille, de son côté, était revenue à Roche avec un sentiment de défaite. Pendant quatre mois, elle avait connu une passion dont elle ignorait la nature profonde, mais qui l'avait portée à des sommets insoupçonnés. En quatre mois de dévouement à son frère moribond, Isabelle avait parcouru toutes les étapes d'un amour, depuis l'éblouissement de la rencontre jusqu'aux affres de la rupture. À présent, elle se retrouvait, livrée à elle-même, vulnérable devant la mesquinerie de la vie quotidienne. Cependant, l'ennui qui la guettait devait être de courte durée. Quelle ne fut pas la surprise d'Isabelle de lire, dans son journal, *Le Courrier des Ardennes* des 29-30 novembre, un article consacré à son frère! L'auteur, qui signait L.P., parlait d'un Arthur Rimbaud, non pas négociant, ni professeur, ni ingénieur, mais... poète! Et poète du genre qui jetait ses poésies au vent, qui refusait de publier: quoi de plus admirable, n'est-ce pas? On connaissait de lui «une plaquette imprimée à Bruxelles en 1869, peut-être à son insu» (*sic*) et dont L.P. avouait avoir oublié le titre. L'auteur reconnaissait à Rimbaud un certain don, il parlait de «pièces éblouissantes de clarté, parfaites de forme», mais enfin, Rimbaud n'était qu'un parmi d'autres de ces Parnassiens bon stylistes. À côté de cela, il arrivait au poète de travailler de «façon toute nébuleuse». Il affectionna, écrivit L.P., le «vague de la pensée». Dire cela d'Arthur Rimbaud, ce serait incriminer Einstein de manquer de rigueur! Pourtant, L.P., Louis Pierquin, avait été ou prétendait avoir été un ami d'Arthur Rimbaud. «Que Dieu s'occupe de mes amis, moi je m'occupe de mes ennemis!» Curieux ami, en effet, que ce Louis Pierquin, dont tous les témoignages seront malveillants, soit pour Arthur, soit pour sa mère, soit pour son frère et sa sœur. Ernest Delahaye, l'ami du collège, l'ami à qui Rimbaud écrira du Harar, se moquera parfois d'Arthur dans ses lettres à Verlaine, mais, dans le fond, l'homme était simple et dépourvu de méchanceté et, quand la gloire s'empara de Rimbaud, il devint le témoin le plus sollicité par les exégètes et les biographes. Lui-même signait pourtant un article peu flatteur pour Rimbaud dans Le *Petit Ardennais* du 15 décembre, journal de gauche, plus familièrement appelé «Le Pétard» par ses lecteurs. Quant à Georges Izambard, ancien professeur, il parla toujours avec honnêteté de Rimbaud, mais il ne le fréquenta que quelques mois. En fait, de tous ceux qui approchèrent Rimbaud en dehors de sa famille, Verlaine fut le seul ami, le seul à le connaître vraiment. Verlaine ne reniera jamais Rimbaud. Malgré les tourments qu'ils s'étaient infligés jadis, et peut-être à cause d'eux, Verlaine et Rimbaud restèrent marqués l'un par l'autre. «Resonge à ce que tu étais avant de me connaître», avait écrit, en 1873, Arthur à Verlaine pour qu'il lui revienne. Et c'était vrai qu'Arthur avait transformé son ami, qu'il avait non seulement secoué sa vie mesquine, mais aussi apporté un souffle nouveau à son écriture. De son côté, Verlaine fit connaître le poète Rimbaud dont il avait été le premier à saluer le génie. Il ne faudrait pas perdre de vue que, dans ses années de créativité, Rimbaud fut mal accueilli à Paris par les hommes de lettres. Sa conduite de petit voyou qui jette sa gourme («il se conduisit comme un sanglier [1]»), sa liaison avec Verlaine, ne suffisent pas à expliquer l'ostracisme dont il a souffert à Paris. Si on avait réellement reconnu son génie alors, on lui aurait tout passé. Mais voilà, quand le jeune Ardennais débarque chez Banville et lui lit *Le bateau ivre*, le maître corrige : «Commencez ce poème par "je suis un bateau qui, etc.", ce serait tellement mieux!» Arthur, en sortant de chez lui, aurait murmuré : «Vieux con!» Verlaine, lui, admirait Rimbaud sans désirer affadir ses vers. La fidélité de Verlaine est d'autant plus admirable que l'histoire littéraire française n'offre pas tant d'exemples de la générosité d'un écrivain à l'égard d'un autre : Cocteau pour Radiguet...

L'édition des poèmes de Rimbaud avec une préface de Verlaine, la réputation flatteuse du poète, plus ambiguë de l'homme, tout cela sera révélé à Isabelle, fin novembre, début décembre. Elle tomba des nues! Mais, après un moment d'incrédulité, elle ranima ses souvenirs d'enfance. Elle se rappela certains retours dramatiques de son frère à la maison maternelle. Elle revit l'été où tout le monde travaillait aux champs, sauf Arthur, enfermé dans le grenier de la ferme et qui écrivait. Isabelle sentit que son destin basculait. Fini la vie solitaire et abêtissante à la ferme!

La sœur d'Arthur Rimbaud s'était trouvé une raison de vivre. Réhabiliter son frère, promouvoir une partie de sa poésie (celle qui ne pouvait heurter les bonnes âmes), veiller aux intérêts moraux et financiers attachés à la renommée de Rimbaud. Isabelle possédait un sens aigu des réalités. Elle s'estima « seule au monde dépositaire » des pensées et des sentiments d'Arthur. « J'étais persuadée de mon droit unique sur les œuvres d'Arthur, écrit-elle à Louis Pierquin, et je serais désolée de ne pouvoir en empêcher la publication. » Et voilà ! La mère et le frère aîné étaient évacués sans autre forme de procès. Quelques mois de dévouement réel lui conférèrent tous les droits. Isabelle s'empara de son frère mort comme elle le fit du voyageur moribond, elle en devint la veuve. Elle en fut la veuve abusive dès les premières heures. « Je m'opposerai... ma volonté expresse est que rien ne soit publié... je ferais saisir... si dans un temps plus ou moins éloigné je me décidais à laisser réimprimer quelque chose, ce serait revu et modifié... on peut juger très faussement ce noble caractère sur la lecture de quelques élucubrations poétiques écloses à un âge où le jugement d'un jeune homme ne devait être formé... » Isabelle adressa une lettre au *Petit Ardennais* dans laquelle elle répondait à l'auteur de l'article sur son frère, en le traitant de « profanateur de morts ». Elle commença à raconter l'histoire d'Arthur Rimbaud à sa manière, où mensonges volontaires et involontaires accompagnaient des vérités floues. Isabelle, après tout, n'était guère plus au courant que les autres de la vie réelle d'Arthur Rimbaud. Pourtant, elle avouera : « En fait de biographie, je n'admets qu'un thème : c'est le mien » ! Autoritaire, la petite sœur. Une vraie Rimbaud ! Isabelle était en correspondance avec Louis Pierquin qui avait signé l'article du *Courrier des Ardennes* et qu'elle amena à partager ses vues. En apparence, Louis Pierquin se résignait aux mutilations qu'Isabelle infligeait à l'œuvre de son frère, à «mon honnête Arthur», comme elle disait. Il lui avait envoyé une édition des *Poètes maudits* de Verlaine. Isabelle, avec une audace sans limites, tranchait en matière littéraire, elle qui avouait pourtant être «complètement ignorante des choses littéraires». Elle osait se considérer à présent comme la seule propriétaire des œuvres d'Arthur Rimbaud, mais elle ne se rappelait même pas que son frère avait publié de son propre gré *Une saison en enfer* en 1873, à Bruxelles. Elle écrit, en effet, à Louis Pierquin : «Je lis dans *l'Univers illustré*, qu'en outre du *Reliquaire*, on aurait publié les *Illuminations* et *Une saison en enfer*?»

Il était manifeste qu'Isabelle se transformait. Sa correspondance avec des hommes de lettres, avec des éditeurs, avec le consul de France à Aden, lui ouvrait des horizons nouveaux, élargissait sa vie, alors qu'elle avait cru qu'avec la mort de son frère elle retournait en cage. Une de ses amies la décrit à dix ans comme un fille réservée, mais qui cachait une âme avide de se dévouer. «Mince dans un tablier bleu, écrit Marguerite-Yerta Méléra, ses cheveux foncés en rouleaux sur son front lumineux et le long cou gracile, ses traits fins annonçant la beauté qui sera la sienne plus tard.» L'avis est discutable. L'amie continue : «L'ardente sensibilité d'Isabelle Rimbaud ne se traduisait guère par des mots. Tout, chez elle, étant contenu[2].» Peut-être, mais quand elle ouvrait les vannes, c'était un torrent qui s'écoulait ! Isabelle, après la mort de son frère, se forgea une autre personnalité. La femme découvrit l'ivresse du pouvoir. Or, ce fut le pouvoir d'un être ignorant : il n'y a rien de pire au monde. Isabelle croyait, de bonne foi, agir dans l'intérêt d'Arthur Rimbaud. Et quelle n'était pas son ivresse d'être celle dont tout dépendait, celle à qui, poliment, on s'adressait pour obtenir une autorisation (qui ne venait pas) ou un renseignement inédit. Même Frédéric, le vilain canard de la famille, reçut des lettres dans lesquelles on lui demandait des renseignements. Mais le pauvre innocent découragea rapidement ses quémandeurs : « Vous m'offrez de vous faire faire le service de votre journal, *La Petite République*. Je ne comprends pas votre proposition, donnez-moi une explication afin que je puisse répondre. » Malgré cela, l'imprudent frère d'Arthur avait écrit : « Comme plus proche parent du défunt, j'autorise la publication de tout ce qui peut avoir trait à lui et sans aucun contrôle. »

Pendant que frère et sœur autorisaient et interdisaient à tort et à travers, Vitalie se taisait. Bien sûr, on avait essayé au début de l'approcher, de la faire parler, mais on avait trouvé porte de bois. Vitalie gardait pour elle seule ce qu'elle savait de son fils, ce qu'elle avait vécu avec lui. Elle observait que sa fille, certains jours, se mettait dans tous ses états, tellement sa lutte pour imposer une certaine image de son frère l'occupait. Elle, la mère, ne trouvait aucun remède à sa douleur, sinon sa confiance en Dieu. Elle n'aimait pas ces gens qui écrivaient à sa fille, elle s'énervait de voir le facteur passer chaque jour. Vitalie ne comprenait pas ni les indignations ni les enthousiasmes de sa fille. Un autre élément important devait jouer dans le besoin de puissance d'Isabelle : l'or. Rapidement passé sous silence, mais qui constituait l'héritage, cependant, et dont la mère et Isabelle furent les premières bénéficiaires. On a tellement parlé de 750 thalers que Rimbaud avait légués à son domestique Djami Wadaï qu'on a oublié le reste : la ceinture d'or, les placements, les sommes provenant de la liquidation des affaires. On a calculé que la traite remise à Rimbaud par César Tian représentait un poids total d'or fin de 10,86171 kilos qui pouvait se convertir en plus ou moins un million de francs actuels[3]. Cette fortune arrivait donc à point nommé : Isabelle, fille de fermière aisée certes, devint veuve et riche héritière, rentière et intellectuelle... ou presque ! Cela lui tourna la tête pendant que la mère gardait les pieds sur terre, pareille à ce qu'elle avait toujours été. Elle s'occupait de ses exploitations agricoles, aidée par les fermiers qu'elle hébergeait. Mais les contrariétés qu'on intériorise causent des ravages. Vitalie dut s'aliter pendant trois semaines au début de l'année 1892. Sa fille la soigna avec amour. Du coup, elle négligea son courrier pour mieux se consacrer à sa mère. Elle était redevenue la petite Isabelle, dévouée et sage, celle que Vitalie appréciait tant. Dommage que le travail à la ferme exigeât qu'elle se rétablisse rapidement, sinon Vitalie aurait bien gardé le lit plus longtemps, afin de conserver encore un peu l'Isabelle qu'elle aimait.

Dès que Vitalie fut guérie, l'autre Isabelle, celle qui écrivait une hagiographie de Rimbaud pour les temps futurs, reprit ses activités de plume. Son principal correspondant, en 1892 et 1893, était Louis Pierquin, devenu son conseiller littéraire. C'est à lui qu'elle demanda « la marche à suivre pour empêcher la vente et la réédition de ses œuvres ». Isabelle écrivit aussi à César Tian pour réclamer le reliquat d'un compte. Elle réussit à vexer l'homme en demandant au consul de France à Aden de s'intéresser à l'affaire. César Tian crut son honnêteté mise en doute, il répondit sèchement. De même, Isabelle l'avait chargé de transmettre à Djami le don de 3.000 francs de la part d'Arthur. Les distances ne facilitaient pas le règlement de l'affaire, d'autant plus qu'on apprit la mort de Djami, sans doute au cours d'une famine qui s'annonçait déjà au moment du départ de Rimbaud pour l'Europe. On avait donc recherché les héritiers de Djami Wadaï pour leur remettre la somme. Une attestation, revêtue du sceau du gouverneur du Harar, officialisait la donation. Isabelle remercia Mgr Taurin-Cahagne qui était chargé de l'affaire mais, soupçonneuse, mécontente, elle ne put s'empêcher d'ajouter : « Je vois, d'après le document précité, que Djami n'a pas profité de la générosité de son maître, puisque ce sont ces héritiers qui ont recueilli la donation. J'ai été péniblement surprise en apprenant la mort de ce pauvre Djami que mon frère m'avait dépeint comme lui étant très attaché et très fidèle. De plus, il n'avait, je crois, qu'une vingtaine d'années. Je me demande quels peuvent bien être ses héritiers. Je suis persuadée d'ailleurs qui, si mon frère avait pu prévoir la mort de son domestique, il se serait abstenu de donner quelque chose à sa famille. » Il aura fallu près de trois ans pour régler le legs de Rimbaud à Djami. Isabelle désirait respecter la promesse qu'elle avait faite à son frère sur son lit de mort et elle déploya les vertus nécessaires pour y parvenir : patience et obstination. Enfin, la chose fut réglée, mais dans le mécontentement et la suspicion.

La mauvaise humeur d'Isabelle en l'année 1895 eut d'autres occasions de se manifester. Devant les pressions de plus en plus fortes, elle avait fini par autoriser Verlaine à préfacer les *Poésies complètes* de son frère, chez Vanier. Elle en avait reçu deux exemplaires et, immédiatement, elle écrivit à Louis Pierquin pour critiquer la préface de Verlaine « insuffisante sur certains points » et ses « deux petits croquis qui ne ressemblent à personne et qui ne rappellent rien ; c'est tout à fait fantaisiste ».

Le destin allait cependant donner à Isabelle Rimbaud une aide de qualité, digne d'elle, en la personne de Pierre Dufour, qui se faisait gracieusement appeler Paterne Berrichon. À partir du mois de juillet 1896, jusqu'en mars 1897, Isabelle Rimbaud et Paterne Berrichon vont échanger quantité de lettres qui n'auront qu'un seul centre d'intérêt : Arthur Rimbaud. Berrichon évoquait en Arthur le verbe, le dieu. Isabelle corrigeait : il croyait en Dieu, l'homme fut totalement différent de l'adolescent. Berrichon, qui n'était pas un sot intégral, résista aux affirmations d'Isabelle : « Dans une vie comme la sienne, écrivait-il à la sœur, tout doit se tenir. » Dans ce cas, répliquait Isabelle, « pourquoi aurait-il voulu anéantir jusqu'au souvenir de ses poésies, dont il avait une telle horreur que la moindre allusion à leur sujet provoquait chez lui des transports de colère et de chagrin ? ». Hé oui, c'était difficile à expliquer, en effet. En attendant, Berrichon envoya à Isabelle, sur demande de celle-ci, sa propre prose, un *Verlaine héroïque* qu'admira Isabelle : « Comme vous écrivez bien, quelle manière charmante que la vôtre ! » Si votre plumage équivaut à votre ramage, vous êtes le Phénix... Admiration nuancée : « Dommage que vous vous passionniez pour des choses... » Ah ces artistes, toujours en train de jouer avec le Diable ! Isabelle ira même reprocher à Berrichon son amitié avec Delahaye, « auteur de la petite horreur qui a la prétention d'être le portrait de Rimbaud ». Pourtant, elle se défend d'être « d'acrimonieuse humeur » et, quatre jours après, elle s'en excusera dans une lettre où elle donne de nouvelles précisions sur Arthur et où, notamment, elle dresse un portrait de sa mère qui trahira davantage la fille que la mère elle-même. Isabelle dut sentir, malgré tout, qu'elle commettait une forfaiture, car elle précisa : « Ces détails-là sont pour vous seul. » Le sombre portrait qu'elle dressait n'avait qu'un seul but : justifier qu'au vu des circonstances, elle soit « la seule au monde » à pouvoir s'occuper des intérêts d'Arthur. Comment cette fille évoque-t-elle sa mère ? « Mme Rimbaud vit et se porte bien. Ce n'est pas seulement la littérature de (*sic*) Arthur qu'elle déteste ; c'est toute l'œuvre de lettres et de science qu'on tenterait de mettre sous les yeux d'un enfant de quinze ans doué de médiocre intelligence. Bien que placés en évidence pendant des années, je doute qu'elle ait lu les livres d'Arthur et c'est tant mieux si elle les ignore parce que, vu leur style et leur esprit, elle les aurait en exécration exceptionnelle ; elle se désintéresse des questions y relatives, les ignore même selon son désir exprimé jadis ; et si je ne me trompe, ne s'en occuperait par hasard et revirement subit que pour, en un moment de décisive énergie, anéantir tout œuvre et commentaires. » Beau procès d'intention qu'Isabelle fait à sa mère. Ce ne sont qu'élucubrations avancées pour justifier sa mainmise jalouse sur le poète et son œuvre. Mais calomniez, calomniez, il en restera toujours quelque chose. Ce qui était dit au conditionnel sera pris pour « présent comptant ». Isabelle, qui se décrit comme très obstinée, aura réussi son coup : évincer sa mère. Celle-ci, d'ailleurs, ne désirait pas occuper le devant de la scène. Ainsi, lorsque de jeunes admirateurs du poète débarquèrent à Roche pour recueillir les confidences de la mère et de la sœur, ils n'obtiendront rien de Vitalie. Pas un mot. Pas une confidence. Isabelle, par contre, allait continuer son œuvre, déployer sa propre fiction au sujet de son frère. Elle évoquera pour les visiteurs crédules « son imposant train de maison, luxe forcé pour tout Blanc qui se respecte ». Elle signalera que, proche de la fin, Arthur exprimait ses sentiments en des termes tellement angéliques, tellement immatériels « que je ne crois pas que personne, même parmi les saints, ait jamais eu une fin plus édifiante ». Où était le véritable Arthur Rimbaud dans tout cela ?

La seule à ne pas le trahir était sa mère, qui, pendant les péroraisons d'Isabelle devant les visiteurs, n'arrêtait pas de lui faire des yeux terribles et de lui tirer le bas de la jupe.

Le temps passa et, peu à peu, Isabelle Rimbaud et son correspondant privilégié, Paterne Berrichon, se sentirent très proches l'un de l'autre. Une certaine familiarité s'installa dans leurs rapports épistolaires. Isabelle demandait conseil à l'homme de lettres. Le 10 septembre 1896, elle songea que Verlaine avait accusé son ex-femme de conserver des écrits d'Arthur. « Ne pensez-vous pas, écrivait Isabelle à Paterne, qu'aujourd'hui Mme Verlaine, qui doit avoir abdiqué craintes et rancunes puisque son mari est mort, consentirait, si on lui demandait gentiment, à rendre ce qu'elle a, si toutefois elle possède quelque chose ? » La réponse de Berrichon dut la pousser à se mettre en rapport avec Mathilde Mauté puisque les lettres que ces dames échangèrent alors relatent que les écrits d'Arthur, adressés à Verlaine au temps de leur liaison et mal enfouis dans des tiroirs, furent découverts par Mathilde et servirent comme pièces à conviction dans le divorce Mauté/Verlaine. Ensuite, ces « horreurs » furent brûlées : qu'Isabelle s'en réjouisse, car ces écrits auraient couvert de honte la famille. À sotte, sotte et demie. Isabelle, plus fine que Mathilde, ne put que s'incliner avec des formules de politesse devant l'acte insupportable de sa correspondante, mais on devine qu'elle n'en était qu'à demi satisfaite. Il ne faudrait pas, en effet, simplifier la personnalité d'Isabelle Rimbaud. Sœur abusive de toute évidence, elle fut *néanmoins* sœur dévouée. Elle était, par moments, une femme qui ne manquait ni d'instinct ni de plume. Ainsi, dans sa lettre du 21 septembre 1896, elle informait Paterne Berrichon de ses intuitions : « Je crois, au contraire, qu'en surface seulement il s'était "opéré vivant de la poésie" ; que la poésie faisait partie de sa nature, que c'est par un prodige de volonté et pour des raisons supérieures qu'il se contraignait à demeurer indifférent à la littérature, mais – comment m'expliquer ? – il pensait toujours dans le style des *Illuminations* (...) Je ne me suis aperçue de la vérité que très tard, quand il n'a plus eu la force de se contraindre. » « Je crois, écrivit Isabelle, que la poésie faisait partie de la nature même d'Arthur Rimbaud ; que, jusqu'à sa mort et à tous les moments de sa vie, le sens poétique ne l'a pas abandonné un instant. » Qu'ensuite Isabelle ait expliqué le renoncement de Rimbaud à la littérature par crainte de perdre son âme représente un curieux effet du phénomène d'identification : la sœur attribuait au frère ce qu'elle-même aurait craint dans l'entreprise poétique.

En octobre 1896, les rapports entre Isabelle et Berrichon devaient provisoirement se détériorer. Berrichon accusait Isabelle de faire preuve de violence envers des journalistes qui désiraient parler de son frère. Isabelle, vexée, s'en défend, accentue même son intolérance et son obstination : « Pour ce qui vous concerne, puis-je approuver de citer des faits que je n'admettrai jamais ? » Mais, aussitôt la pauvre Isabelle s'humilie : « Moi, je ne suis qu'une ignorante vivant dans une retraite complète. » Tandis que son correspondant lui apparaît comme un écrivain sérieux qu'elle admire : « Si je n'avais eu confiance en vous ; si je n'avais cru que malgré tout il sortira de votre plume une œuvre de valeur ; si je n'avais senti surtout ce qu'il y a de vraiment grand de votre part de défendre des morts que l'on accuse, est-ce que j'aurais continué de vous écrire après votre premier article ? » Allons, Berrichon, on s'en remet à vous, et on n'est pas loin de vous aimer. Paterne Berrichon sentit qu'il fallait battre le fer tant qu'il était chaud. Il proposa de rendre visite à sa correspondante. Qu'en pensait-elle ? Il profiterait de l'occasion pour donner une conférence à Charleville. Où se croyait-il donc ? Isabelle repoussa son offre avec beaucoup d'habileté. Sa mère, disait-elle, en était la cause. « Mme Rimbaud n'est pas toujours d'humeur affable. » Quant aux gens de Charleville, « ils sont grincheux comme leur climat, froids et traîtres comme le brouillard de la Meuse, égoïstes surtout. L'Ardennais, ajouta la sœur de Rimbaud, est, par tempérament, ennemi de la poésie ». Dès lors, engager des frais matériels à seule fin de rencontrer la gracieuse Isabelle parut une aberration. Ce fut elle qui se déroba, mais elle rappela à Paterne Berrichon qu'il leur restait le courrier, heureusement.

Berrichon lui demanda à qui Rimbaud adressait ses lettres. Isabelle lui répondit que la correspondance d'Arthur était adressée à Mme Rimbaud qui ne voulait pas la communiquer. Elle en était jalouse. « Cependant, l'intention d'Arthur était bien que ses lettres soient autant pour moi que pour maman ! » Et elle, qui critiquait sa mère de na pas montrer sa correspondance, avouait la même exclusivité : « Par-ci par-là, il y avait une lettre (illustrée quelquefois) pour moi seule : c'est mon trésor personnel, je ne le partage point. » Devant ce fort Chabrol, Berrichon décida d'employer les grands moyens : il déclara sa flamme à Isabelle. Ils ne s'étaient jamais rencontrés ? La belle affaire ! Les nombreuses lettres échangées avaient contribué à une connaissance profonde et réciproque. Bref, il était amoureux. Il désirait épouser la sœur d'Arthur Rimbaud. Cette dernière ne dut pas le décourager. Au contraire puisqu'un jour Vitalie reçut, de la part de Berrichon, une très officielle demande en mariage pour Isabelle.

Vitalie se déclara stupéfaite. Comment cela était-il possible ? Qui était ce maringouin, candidat au mariage ? Désirer épouser une femme qu'il n'avait jamais vue, n'était-ce pas ridicule ? Cet homme, après tout, était peut-être un coureur de dot, un escroc ? Dès le début, Vitalie se méfia de Paterne Berrichon. Un peu simplement, on a mis cette méfiance sur le compte de sa prétendue horreur de la littérature. Mais Berrichon, précisément, était le contraire d'un écrivain authentique. Peintre, sculpteur, poète, prosateur, publiciste, il n'excellait dans aucune de ces disciplines. Il n'était pas assez sot pour l'ignorer. La gloire, il se la forgerait donc en s'installant dans la famille d'Arthur Rimbaud. Vitalie était trop fine pour ne pas deviner les mobiles du personnage. Quant à sa fille, éblouie par l'homme de lettres parisien, elle gobait tout ce qu'il disait sans s'apercevoir qu'elle n'était qu'un prétexte pour Berrichon, un tremplin. Berrichon était petit, mais il portait barbe longue et crinière. « Toujours pontifiant, il éclaboussait tous ses confrères de la gloire de Rimbaud qu'il s'annexait purement et simplement. Il s'estimait l'héritier légitime de l'œuvre qu'il eut le mérite d'exalter, et, en conséquence, il épousa la sœur du poète (...)[4]» Tout cela, Vitalie devait le pressentir, mais elle ne pouvait s'opposer à la volonté d'Isabelle qui désirait ce mariage. Résignée, la mère resta néanmoins vigilante et ce fut à ce titre qu'elle entreprit une petite enquête sur son futur gendre. Cette pratique, qui apparaîtrait choquante de nos jours, était dans les mœurs de l'époque et aucun des correspondants à qui Mme Rimbaud s'adressa ne s'en offusqua. Elle demanda en premier à Ernest Delahaye de lui fournir des renseignements sur M. Pierre Dufour, dit Paterne Berrichon. Elle s'inquiétait de l'attitude de son futur gendre face au travail. Travaillait-il par nécessité ou par goût? La crainte de voir l'homme s'adonner à la paresse la hantait. De même que ses penchants avoués pour les plaisirs. «En un mot, écrivait-elle, n'est-ce pas un libertin, un débauché?» «On prétend qu'il ne vit pas seul chez lui... vous me comprenez.» Évidemment, pareilles questions porteraient à sourire aujourd'hui! À la fin du XIXe siècle, elles ne faisaient rire personne. D'autant que Vitalie avait pris la peine d'expliquer à Delahaye: «Je n'ai plus que ma fille: elle a toujours été vertueuse et sage, et je tremble pour son avenir.» En outre, sa propre expérience du mariage avait marqué Vitalie: elle ne désirait pas que sa fille connaisse les mêmes déceptions. Et si Vitalie s'adressait à Delahaye, c'est parce qu'il y avait, entre lui et elle, Arthur que tous deux avaient aimé. Ernest Delahaye lui répondit en rappelant l'aimable accueil qu'elle lui avait réservé à Roche, en septembre 1879, quand il avait vu son cher Rimbaud pour la dernière fois. Oui, il connaissait Paterne Berrichon. Il en brossa un portrait aimable, celui d'un homme qui aspirait à la vie paisible d'un foyer. Il rassura Mme Rimbaud sur une maîtresse éventuelle dans le circuit, la liaison était rompue depuis plusieurs mois. Ensuite, Vitalie écrivit au 89, rue de Rome, à Stéphane Malarmé : « Je suis inconnue de vous, déclarait-elle dans sa lettre du 23 mars 1897, moi je vous connais par le bien que j'ai entendu dire de vous, et par la lecture de plusieurs de vos livres – que j'admire. On m'a assuré aussi que vous témoignez de la bienveillance à la mémoire de mon fils, A. Rimbaud, défunt. » Que pensait le maître de Paterne Berrichon ? Vitalie précisait que les renseignements demandés concernaient « honneur, morale, probité, conduite, antécédents ». Elle s'inquiétait aussi d'apprendre s'il avait du talent comme écrivain. Enfin, avec sa franchise habituelle, elle demandait à Stéphane Mallarmé : « Vous semble-t-il de caractère à rendre une femme heureuse ? » Belle inquiétude ! Vitalie posait les questions qu'elle avait sur le cœur sans s'inquiéter de l'embarras dans lequel elle pouvait plonger son interlocuteur. Mallarmé comprit Vitalie. Il lui répondit, en souvenir de son « admirable fils », qu'il espérait lui être utile dans sa « si légitime recherche d'informations ». Il dressa de Paterne Berrichon un portrait généreux, détaillant ce qu'il appelait ses « commencements troublés » qui lui avaient valu des condamnations infligées par la loi. Ce fut d'ailleurs au nom des «commencements troublés» d'Arthur Rimbaud que Mallarmé demanda l'indulgence de Vitalie. L'homme avait du talent aussi, jugeait-il. Vitalie, rassurée, commença d'écrire à Paterne Berrichon, lui posant mille et une question auxquelles le malheureux s'efforça de répondre en détail. La mère demanda pour quelle raison il aimait Isabelle alors qu'il ne l'avait jamais vue. Berrichon répondit qu'il aimait Isabelle puisqu'il aimait son âme. Le physique «nécessairement beau» ne comptait pas. Évidemment! Que dire à cela? Néanmoins, Vitalie, en attendant que sa décision fût arrêtée, interdisait toute correspondance entre Isabelle et Paterne. Ce dernier se plaignit du procédé: il voulait interroger encore sa future fiancée sur Rimbaud. En outre, il se déclarait, le maladroit, «impatient d'être plus filial». C'était un peu fort! Vitalie n'aimait pas son empressement à vouloir être ce fils, à remplacer Arthur en quelque sorte. Comment osait-il? Et, pour commencer, cet amour qu'il prétendait éprouver pour Isabelle, est-ce qu'il était certain de le ressentir toujours? Vitalie savait que ces choses-là ne duraient guère. Avec le temps, ils deviennent tous pareils, répétait Vitalie à Isabelle. De son côté, Paterne Berrichon jurait qu'amour rimait avec toujours. Dans «la boue morale de ce Paris périlleux aux âmes comme aux corps abandonnés», il s'était mis à aimer la pure Isabelle. Preuve qu'il l'aimerait éternellement. De plus, il avouait qu'il avait été ému par le récit que Vitalie lui avait fait de la «fin tragique et divine d'Arthur». Malgré l'insistance et l'habileté de Berrichon, Vitalie ne cédait pas un

257

pouce de terrain. Elle mit presque un mois avant de répondre à sa lettre du 17 mars 1897. Elle lui interdisait toujours d'écrire à Isabelle. Il fallait qu'elle sache si oui ou non cette histoire était sérieuse. Inutile de se presser de la sorte. N'était-ce pas bizarre, ce désir de se marier au plus vite ? Berrichon lui reprochait de différer le mariage. Il sentait bien que la mère s'inquiétait des moyens financiers de l'homme de lettres. Alors, sans rire, Berrichon annonçait que son roman, publié en feuilleton au *Gaulois*, allait lui rapporter 2.000 francs. Et autant en librairie. Ce qui lui faisait 4.000 francs au total. Il avait par ailleurs quatre romans en chantier. En supposant que chacun d'eux rapporterait 500 francs, cela leur ferait donc 2.000 francs. Total, rien que pour l'année, il avait quasi 7.000 francs d'assurés. Ah, l'heureux écrivain ! Vitalie ne fut pas éblouie par ces comptes d'apothicaire. Elle voyait bien que l'homme tirait des plans sur la comète. Elle continuait donc ses enquêtes, heureuse de trouver là un dérivatif à ses tourments immédiats. Elle s'amusait à faire peur à Berrichon : « Je vous punirai sévèrement, lui écrivait-elle, si vous me mentez ! » Berrichon ne s'en effrayait que pour la forme. Il voyait bien qu'il commençait à gagner du terrain. Des rencontres entre Isabelle et Berrichon eurent lieu à Charleville, où Mme Rimbaud et sa fille avaient pu revenir, leurs problèmes d'exploitation réglés. À présent, installée au 2 de la place Carnot, Vitalie observait les manœuvres de Berrichon et les émois d'Isabelle. Celle-ci vivait la seconde grande aventure de sa vie. Arthur d'abord. Puis, au nom de son amour pour son frère, Paterne. Isabelle et Paterne s'aimèrent probablement, soudés par leur passion commune pour Rimbaud. Berrichon annonça *urbi et orbi* son mariage avec Isabelle. Les sommités littéraires de l'époque y assisteraient, avait-il déclaré à tout Paris. Déjà, il se voyait marié à la sœur d'Arthur Rimbaud, devant Stéphane Mallarmé, Paul Claudel... Finalement, en fait de représentants des lettres françaises, il n'y eut que Louis Pierquin et Ernest Delahaye, les amis d'enfance d'Arthur. Vitalie avait désiré restreindre le nombre des invités. Si elle avait écouté Isabelle et Paterne, elle aurait dû accueillir une centaine de personnes. Il n'en était pas question. Quand on a connu trois deuils de mère, quand on a été en deuil de son mari, on n'a pas nécessairement le cœur à se réjouir du départ de sa dernière fille. Que de craintes, qu'elle pensait à jamais enfouies dans son cœur, resurgissaient à l'occasion de la cérémonie nuptiale ! Vitalie aurait voulu protéger sa fille des moindres déceptions et elle craignait que ce mariage ne lui en apporte d'immenses. À voir la joie d'Isabelle, ses espoirs, Vitalie se rappelait sa propre joie, ses propres espoirs, jadis, lors de son mariage avec le capitaine Frédéric Rimbaud en 1853. Pourquoi donc une femme éprouvait-elle le besoin de confier son bonheur à un seul homme ? Pouvait-on jamais connaître autre chose que des désillusions ? Vitalie observait Isabelle, agenouillée au-devant du chœur en compagnie de cet homme venu de Paris, et elle luttait contre les larmes. Toutes les mères en versent lors du mariage de leur fille, mais sait-on réellement pourquoi elles pleurent, d'où leur vient leur émotion ? Sans doute espèrent-elles que leur fille sera plus heureuse qu'elles, sans trop y croire. Pour Isabelle, ce sera pourtant le cas. Elle sera plus heureuse que sa mère. Isabelle allait connaître une vie de femme, avec des difficultés, non des tourments.

Isabelle Rimbaud, devenue Mme Pierre Dufour, partit vivre à Paris avec son mari. La séparation d'Isabelle et Vitalie se passa dans l'émotion, mais si la fille avait les larmes aux yeux, la mère offrait un regard sec, trop de douleurs avaient fini par la rendre aride. Autrefois, quand un enfant se mariait, cela signifiait qu'on devenait plus nombreux dans la famille, qu'il y avait plus de monde à table le soir. À présent, quand on se mariait, on n'amenait pas un membre de plus au clan, on le privait d'un des siens. La vieille Ardennaise se retrouvait seule. Elle n'avait plus un père, des frères, un mari, des enfants pour peser sur ses épaules. Il n'y avait plus personne. Cette fois, le silence régnait et dans la solitude la plus grande. Vitalie avait soixante-douze ans depuis deux mois. Elle découvrait le sens de toute vie.

Elle commença à songer à la mort. Pour une femme de son milieu, la chose se préparait avec soin. Pas question d'être enterrée n'importe où et à côté de n'importe qui. On citait encore, au village de Roche, le cas de ce fermier que la famille négligente avait enterré à côté d'une famille ennemie. Comme on les avait critiqués ! Pour cela, Vitalie était rassurée : elle s'était préoccupée depuis des années du caveau familial et il ne restait guère que de menus aménagements à établir.

En attendant, la vie continuait. Malgré son âge, Vitalie restait une femme énergique et elle continuait de travailler sur ses terres. Elle se tenait toujours très droite et, avec sa maigreur qui la faisait passer pour sèche, elle impressionnait encore les habitants de Roche par son allure fière et réservée. De plus, elle comptait parmi les paysans aisés : cela impose le respect... parfois l'envie. Elle passait son temps entre son village natal et Charleville. Elle invitait sa fille et son gendre à la campagne, devinant que la maison familiale de Roche offrait plus de plaisirs aux Parisiens que leur modeste appartement d'Auteuil. Sinon, entre les visites de ceux qu'elle appelait « ses enfants », Vitalie écrivait à sa fille. Sévigné campagnarde, elle racontait pour le plaisir d'Isabelle, les petits incidents de sa vie à Charleville, les aimables potins de Roche. Dans une de ses lettres de décembre 1898, la vieille mère écrivit à Isabelle pour la féliciter d'être une bonne fille, d'avoir choisi la route difficile de la justice. Elle lui offrait les dix francs qu'elle avait réussi à économiser en quinze jours. Elle lui parlait ménage. Et, par-dessus tout, en bonne Ardennaise, elle s'inquiétait de la nourriture : « Votre beurre est-il bien conservé ? Vos pommes se sont-elles gâtées ? » Préoccupations qui avouaient de façon pudique le souci de la mère pour la santé de sa fille. Dans une autre lettre, Vitalie racontait à Isabelle l'histoire d'une famille ardennaise de Rethel et, à travers les péripéties de cette famille, défilaient Louis XIII, Bonaparte, les épidémies, l'histoire de France. Vitalie, restée monarchiste, ironisait sur « notre belle république ». Elle narrait avec verve sa rencontre à Charleville avec une ancienne connaissance de Roche. Celle-ci, Mlle de Latour, ne l'avait pas reconnue, mais apprenant que Mme Rimbaud venait de ce village, elle lui avait demandé « ce que Vitalie Cuif était devenue ». Vitalie s'était beaucoup amusée de voir la stupéfaction de Mlle de Latour quand elle s'était fait reconnaître. La vieille demoiselle avait failli en tomber faible d'étonnement. Ensuite, le premier émoi dépassé, elles avaient l'une et l'autre bavardé d'abondance. À évoquer sa vie de jeune fille, Vitalie Cuif avait été très heureuse, mais, comme elle l'écrivait à sa fille, « seulement pendant deux ou trois heures ». Elle se remémorait ses promenades en compagnie de son père au canal qu'elle avait vu entreprendre et se poursuivre au-delà de Vouziers. Elle avait alors sept ou huit ans et ce qui l'avait frappée, c'est qu'elle ne comprenait pas un mot de ce que disaient les ouvriers. Ils étaient tous étrangers. Vitalie terminait ses lettres comme une chatte qui marche et qui, brusquement, s'étend : « Maintenant, bonsoir, il est temps que je me couche. » Et elle signait toujours « V. Rimbaud ». Dans une lettre du 31 décembre 1898, elle décrivit la toilette des dames de l'ancien temps. Et les conventions de l'époque : « ... jamais on ne serait resté sans bonnet, cela eût été très indécent, et quand par hasard on était surpris en train de se peigner, on rougissait très fort, et si c'était par un homme, on se sauvait et on ne reparaissait pas... »

Puis, tout à coup, une lettre à Isabelle annonça une nouvelle stupéfiante : Arthur était apparu à Vitalie ! Le 8 juin 1899, Vitalie s'était rendue à la messe comme chaque dimanche. Elle se tenait à genoux, en prières, lorsqu'elle avait senti quelqu'un s'approcher, à qui elle n'avait prêté aucune attention. Mais elle avait vu poser, sous ses yeux, contre le pilier, une béquille semblable à celle qu'Arthur utilisait. Vitalie avait tourné la tête et était restée anéantie : elle avait devant elle son fils : « Même taille, même âge, même figure, peau blanche grisâtre, point de barbe, mais de petites moustaches. » De plus, il manquait une jambe à celui qui lui apparaissait. L'infirme avait regardé Vitalie « avec une sympathie extraordinaire ». Elle avait éclaté en sanglots dans l'église, et les pleurs qu'elle versait devant l'apparition de son fils étaient « des larmes de douleur, bien sûr ». Mais il y avait en plus quelque chose que Vitalie ressentait, qu'elle ne parvenait guère à expliquer, et qui ressemblait à du bonheur. Était-ce donc son fils qui venait la chercher ? Vitalie se déclarait prête à le rejoindre, mais si cette apparition annonçait que sa mort était proche, elle n'aurait qu'un regret, celui de laisser Isabelle : « Je vous plains, ma fille, pour quand je ne serai plus. » C'est le propre des mères de se croire indispensables à leurs enfants. Vitalie aidait le couple comme elle le pouvait. Financièrement d'abord. Ensuite, il arrivait que cette vieille Ardennaise eût plus de jugeote que les jeunes Parisiens, comme elle les appelait, notamment face au problème du service militaire. Par quel entêtement de la fatalité Vitalie devait-elle être poursuivie par des inquiétudes dans ce domaine ? Jusqu'au bout, elle avait dû plaider pour son fils à ce sujet. À présent, les mêmes corvées se reproduisaient à propos de son gendre. Elle secouait Isabelle pour que la situation fût réglée : « Votre mari n'a pas quarante-cinq ans ; donc il doit faire cette année-ci son service militaire dans la réserve ; il faut vous informer de cela ; c'est une chose sérieuse. Je ne veux pas qu'il vienne à Roche tant qu'il n'aura pas fait son service : il risquerait de se faire prendre encore une fois par les gendarmes. Pour le coup, je ne survivrais pas : il est certain que je me tuerais ! J'ai assez souffert avec les deux enfants que Dieu m'a laissés. Informez-vous donc ; voyez soit les sergents de la ville, soit des officiers ; enfin mettez-vous en règle, qu'il n'y ait pas de mauvaise surprise ! »

Pour ce qui était des surprises désagréables, elle en avait son compte ! Son fils, Frédéric, lui avait rendu visite et cela ne s'était pas bien passé entre eux. La mère jugeait qu'il avait encore fait des progrès « en mensonge, en hypocrisie et en tromperie » Vraiment, cet enfant n'était pas un cadeau. Quel mal pourrait-il faire à Isabelle quand la mère ne serait plus là pour servir de tampon ? Vitalie s'en inquiétait et mettait Isabelle en garde. À tort ou à raison, elle ressentait son fils aîné comme un ennemi. Parce que, pour Mme Rimbaud, il importait, au cours d'une vie, d'accomplir son devoir, d'être sérieux, de se sentir responsable de ses actes. Le moins qu'on puisse dire, c'est qu'avec une telle mentalité, Vitalie n'apparaît pas comme le type même de la femme libérée ! Toutes les entraves qu'une femme peut connaître dans sa vie, Vitalie Cuif les avait endurées.

Aussi l'apparition d'Arthur, certaines faiblesses du corps amenèrent-elles Vitalie à se préoccuper de sa dernière demeure. Il fallait que celle-ci apparût en ordre, prête à accueillir la vieille Ardennaise le jour venu. Et pour l'instant, les dispositions au cimetière de Charleville ne plaisaient pas entièrement à Vitalie. Elle commanda à un contremaître et à ses ouvriers un caveau avec une place réservée pour chacun des membres de sa famille. Quand les entrepreneurs avaient commencé les travaux, Vitalie, qui passait ses journées au cimetière pour les surveiller, n'avait pas cessé, selon son habitude, de leur faire des observations, si bien que ces hommes, agacés, lui dirent : « Eh bien ! Vous avez l'air de vous y connaître ; commandez vous-même les ouvriers et dirigez les travaux comme vous voulez qu'ils soient faits. » Aussitôt dit, aussitôt fait. Vitalie, chaque jour, se rendait au bord de la fosse et dirigeait les ouvriers. Ceux-ci devaient filer droit et leur air goguenard n'intimidait aucunement la mère d'Arthur Rimbaud. Quand un ouvrage n'était pas à son goût, elle ordonnait qu'on le démolît et qu'on le refît. Elle n'arrêtait pas de leur laver les oreilles en évoquant le travail des ouvriers de jadis. Elle leur rappelait sans arrêt qu'elle voulait « quelque chose de très solide et de très bien fait ». Les entrepreneurs en avaient tellement assez de sa tyrannie qu'ils travaillèrent au plus vite pour en être débarrassés. En fait, ce fut un travail pénible pour tous. Pour les ouvriers que l'énergie et les exigences de Vitalie cravachaient. Pour Mme Rimbaud qui avait pratiqué elle-même l'exhumation des siens. Elle le rapporta à Isabelle le 20 mai 1900. Au cimetière, à cinq heures du soir, elle avait retiré du cercueil les os et les chairs quasi réduites en cendres de sa fille Vitalie, morte à dix-sept ans[5]. « Aucun os n'était cassé, écrivit Vitalie à Isabelle, mais ils étaient tous détachés les uns des autres, la chair étant pourrie. Cependant, il y avait encore des côtes qui tenaient ensemble par deux ou trois et avaient tout à fait conservé la forme de la poitrine. Le crâne était tout à fait intact, encore recouvert de la peau gâtée, et beaucoup de tout petits cheveux très fins, si fins qu'on les voyait à peine. » Vitalie recueillit les restes de sa fille dans un grand drap très blanc qu'elle avait apporté à cet usage. Ensuite, elle les déposa dans un cercueil en chêne. Quatre jours plus tard, la mère douloureuse exhuma le cercueil de son fils adoré. Dans ses activités funèbres, elle connaissait de pauvres satisfactions : celle de voir le cercueil d'Arthur absolument intact. Au bout de neuf ans, la plaque sur laquelle était indiqué son nom paraissait neuve. Vitalie continuait à croire aux miracles avec Arthur. Elle en appelait même aux témoins : « Les ouvriers qui travaillaient et beaucoup de personnes, dit-elle à Isabelle, qui viennent voir ce caveau, étaient stupéfaits de voir cette conservation extraordinaire. » Le lendemain, avant neuf heures du matin, elle procédait à l'exhumation des restes de son père. Une fois encore, Vitalie raconta tout à sa fille, dans les moindres détails. Pourquoi aurait-elle caché à Isabelle l'état des cadavres ? Vitalie abordait la mort avec le même robuste bon sens que la vie. Les choses étaient ce qu'elles étaient, seuls les hypocrites s'en détournaient. Aussi, elle décrivit ce qui restait de son père : « Les os très bien conservés, tête complète, la bouche, les oreilles, le nez, les yeux. Rien de cassé. » Elle mit les corps entamés de sa fille et de son père dans le même cercueil. Les restes de la petite ne prenaient guère de place, moins que ceux du père qui avait été un homme très grand et très fort. Enfin, ajoutait Vitalie pour Isabelle, « mon dernier local va bientôt être prêt ». En effet, dans tous ces aménagements, Vitalie s'était réservé une place de choix au milieu de ses chers disparus. « J'ai fait la volonté de Dieu », écrivait-elle à sa fille le 1er juin 1900. La vieille Ardennaise avait surtout fait sa volonté à elle. Elle avait donné des consignes précises pour que son cercueil fût déposé entre son père et sa fille à sa droite, et Arthur à sa gauche. Elle avait expliqué longuement aux fossoyeurs, leur faisant répéter là où ils devraient la mettre, sur deux petits murs en brique construits à cet effet.

Et c'est à cette date que se situe un des événements les plus extraordinaires de la vie de Vitalie Cuif. Avant qu'on ne scellât la porte, Vitalie désira visiter le caveau une dernière fois, pour voir si rien n'y manquait. Sur ses ordres, des ouvriers la prirent par les épaules, d'autres par les pieds. Ils la firent glisser tout doucement à travers une ouverture jusqu'au fond du caveau. Là, seule, quasi dans le noir, Vitalie avait attaché au mur une croix et une branche de buis bénit. Ensuite, elle cria aux ouvriers qu'ils pouvaient la remonter. La sortie fut plus difficile à effectuer. Les ouvriers empoignèrent les mains de Vitalie et tentèrent de la soulever. D'autres attrapèrent les bras à ce moment et, tirant avec peine, ils extirpèrent cette femme longue et maigre qui leur imposait ses quatre volontés. Vitalie Cuif, malgré ses obsessions, peut-être à cause de son originalité austère, imposait le respect à ces hommes habitués à la mort. Elle traitait la mort avec le même réalisme qu'eux et cela ne leur déplaisait pas. La descente de Vitalie au tombeau en étonna plus d'un. Pourtant, cet acte est admirable. Plutôt que de pleurnicher sur la mort, Vitalie avait entrepris un dialogue avec elle. Bien sûr, l'une devait forcément vaincre l'autre un jour, mais Vitalie attendait debout, comme elle était restée une femme debout face aux coups de la destinée. Cette femme était incapable d'avoir des rapports autres que forts avec qui que ce soit, avec quoi que ce soit. Comme Rimbaud. Sa force contribua peut-être à son malheur, mais elle trempa à coup sûr l'acier dont elle était faite.

Un autre événement allait permettre à Vitalie de prouver qu'elle n'était pas médiocre. Depuis la mort d'Arthur, des amis de Charleville, Ernest Delahaye en tête, désiraient ériger un monument à la gloire du poète. Cette idée fit son chemin. De sorte que, le 21 juillet 1901, pendant qu'un violent orage éclatait au-dessus de la ville, messieurs en gibus et dames en robe de soie, au milieu de fleurs et de prêtres, écoutèrent les discours qui se succédaient sur Arthur Rimbaud. Ton solennel, bonne conscience, évocation niaise : rien ne manquait de ce qui caractérise en général ce genre de cérémonie. Une seule personnalité était absente : Mme Rimbaud. Elle seule, restée dans son appartement, méprisait ce qui trahissait son fils davantage qu'il ne le consacrait. Arthur Rimbaud, iconoclaste-né, n'aurait pas manqué de ricaner à propos de cette cérémonie et sur le buste dont Paterne Berrichon avait fait la maquette et qui le transformait en frère jumeau de Tintin! Une fois encore, seule la mère resta fidèle à Arthur, mais qui pouvait comprendre son attitude, parmi les êtres qui l'entouraient? Eux qui étaient bien à l'image de ce que Rimbaud vomissait. Aussi, lorsqu'un peu plus tard, Ernest Delahaye rencontra Mme Rimbaud, il lui avoua son étonnement. La vieille paysanne lui avait répondu: «Vous savez bien, vous, monsieur Delahaye, que ma place n'était pas là!» Non, Delahaye n'avait pas compris. Par ailleurs, Vitalie accepta de recevoir un journaliste auquel elle déclara que «son fils était doué d'une énergie incroyable, éprouvant le besoin de tout connaître». À un autre qui désirait consacrer un livre à Rimbaud, elle confia: «C'était un tendre.» Le buste allait d'ailleurs connaître une étrange destinée. Dès le début de la guerre 1914-1918, les Allemands devaient enlever la statue. Un soldat se fit photographier en 1916, juché sur le socle nu. Le buste dut servir à la fabrication d'obus et «Rimbaud, écrivirent les surréalistes à Ernest Delahaye et consorts, en 1927, à l'occasion d'une inauguration d'un nouveau buste, se fût attendu avec délices à ce que l'un d'eux bouleversât de fond en comble votre place de la Gare et réduisit à néant le musée dans lequel on s'apprête à négocier ignoblement sa gloire[6]». Contrairement à ce que certains ont affirmé, Vitalie Cuif, les cérémonies officielles terminées, les notables rentrés chez eux, alla voir le monument[7]. Cette femme dont l'orgueil immense ressemblait finalement à de la modestie s'employa à nettoyer les massifs qui entouraient le monument.

Vitalie n'était pas une femme portée à se plaindre, mais il lui arrivait de plus en plus souvent de confier ses contrariétés à sa fille. Le démon du déménagement l'avait de nouveau saisie. Alors qu'elle avait l'occasion de louer un appartement boulevard Gambetta ou un autre situé rue des Capucins, dans des quartiers qu'elle n'aimait pas, elle chercha en vain du côté des allées ou rue Thiers. En attendant, son unique préoccupation restait la santé de sa fille et les cadeaux qu'elle pouvait lui faire, parfois de l'argent, souvent de la nourriture saine et fraîche de la campagne. Elle lui envoyait à Paris du beurre, des biscuits, des lapins, des pruneaux, des poulets, et s'inquiétait d'apprendre que le colis était arrivé à bon port. De même, elle demandait à sa fille que celle-ci lui expédie la lessive à faire, elle s'en chargerait volontiers, avec l'aide des ouvrières blanchisseuses. Parfois, gênée, Isabelle s'excusait pour les corvées qu'elle infligeait à sa mère. À quoi, éperdue d'amour, Vitalie répondait : « Vous me dites, ma fille, de vous envoyer paître à cause de vos demandes, mais je voudrais pouvoir faire encore plus. »

En 1903, Vitalie vit ses forces décliner. Elle se sentait malade et faible. À Isabelle qui l'avait précédée cette année à Roche avec son mari, elle écrivit de ne pas se déranger pour la chercher à la gare de Voncq. Sans doute le mauvais temps l'empêcherait-il de rejoindre sa fille : « Je ne me sens pas capable de voyager par ce temps-là. » « Je ne suis capable de rien faire. »

Cependant, l'année 1905 voit Mme Rimbaud s'inquiéter, non d'une mort qu'elle sentait approcher, mais de savoir s'il lui fallait « conserver son appartement ou retourner à Roche pour me remettre dans la culture ». À quatre-vingts ans ! Alors que, de son propre aveu, la vieille Ardennaise ne voyait quasi plus clair. « Et puis, je tremble tant, écrivait-elle à sa fille, que je ne sais plus tenir ma plume. » À présent, il lui arrivait de recommencer une lettre pour Isabelle, avouait-elle, « mon écriture était si mal faite que vous n'auriez pu la lire ». En cas de décès, Isabelle trouverait sur sa mère, dans « sa grande poche, des reconnaissances de dettes, des papiers de contributions et de l'argent ». Comme beaucoup de vieillards, elle avait aussi prévu une somme pour payer son enterrement. « Si je meurs, recommandait Vitalie à Isabelle, ne laissez pas inventorier le contenu de cette poche, cachez-le ; mais après, vous partagerez avec votre frère. »

Frédéric n'avait plus vu la famille depuis des années. Il n'avait pas été invité à l'enterrement d'Arthur. Il n'avait pas été invité au mariage d'Isabelle. Mais il fut présent à l'inauguration du buste, en 1901. Devenu veuf la même année, cinq mois avant cette cérémonie, il avait espéré une réconciliation avec sa mère et sa sœur. En vain. Cependant, malgré les rancunes que Vitale pouvait nourrir contre son fils, elle ne désirait pas le léser de son héritage. Elle avait donné des ordres en ce sens à sa fille, la seule personne sur terre en qui la vieille Ardennaise avait encore confiance. La seule personne pour qui elle se tourmentait à présent. La santé fragile d'Isabelle l'inquiétait, aussi accablait-elle sa fille de recommandations : « La plus petite imprudence pourrait vous conduire au malheur. » À partir de l'année 1903, Vitalie ne termine plus ses lettres à Isabelle par un « Au revoir, ma fille, soignez-vous », mais par « À Dieu, ma fille ». Adieu donc.

Vitalie ne regretterait pas cette planète. Elle ne se plaindrait pas de quitter un époque où il n'y avait « plus d'honnêteté ». Tous les jours, à présent, il y avait des vols, des agressions de tous genres. Plus personne n'était en sécurité en France « sous ce beau gouvernement », celui de la IIIe République. Vitalie s'enfermait à triple tour, vérifiait chaque soir si portes et fenêtres étaient bien fermées. Se déplaçant avec lenteur, elle désirait pourtant se rassurer sur sa sécurité. Auprès d'elle, une petite bonne, joyeuse et libre, servait avec une patience toute relative. Aussi Mme Rimbaud se plaignait-elle d'être abandonnée par Marie et de se retrouver seule pour voir à tout. Il y avait peu d'ouvrage à faire cependant. Les repas de la vieille dame étaient devenus légers comme ceux des enfants : du bouillon de légumes aux vermicelles et de la compote de pommes. Mais Vitalie, tyrannique comme beaucoup de personnes âgées, exigeait trop de la petite Marie qui finit par la quitter. Il est vrai que la vieille Ardennaise n'était pas tendre avec les enfants. À Roche, quand les petits paysans, qui se moquaient d'elle, venaient jouer devant sa maison, elle sortait de chez elle comme un diable d'une boîte et les envoyait aux galères. En cela, elle rappelait curieusement son fils Arthur qui, à Harar, chassait de ses entrepôts tout ce qui le gênait, « les chiens, les hyènes, et même les Grecs ! » Pour la joie de tout le monde, Vitalie avait gardé son franc-parler. Les habitants d'Attigny s'amusaient de ses audaces de langage. Ainsi, le jeudi, elle se rendait au marché tout de noir vêtue, avec une ombrelle blanche et un panier rempli de fromages. Elle profitait de l'occasion pour visiter son notaire. Elle laissait alors, dans l'antichambre de l'étude, son panier, parce qu'elle ne voulait pas, disait-elle, « empuantir le bureau ».

L'année de sa mort, Mme Rimbaud écrivit à Isabelle une lettre qui dut produire un effet étrange sur la fille et dans laquelle cette femme, abandonnée jadis par son mari, ne put retenir un cri pour l'homme tant aimé. À quatre-vingt-deux ans, le 6 juin 1907, Vitalie écoutait des militaires passer dans le village et elle ne pouvait retenir « une très forte émotion ». Oui, elle avait brûlé pour cet homme d'une passion que nul n'avait soupçonnée. Oui, elle aurait pu être heureuse avec lui, affirmait-elle, si elle n'avait pas eu certains enfants qui l'avaient tant fait souffrir. À deux mois de la mort, Vitalie Cuif livrait ses secrets.

Au mois de juillet, Vitalie sentit que la fin était proche. Elle supportait mal le froid et la pluie de ce mois d'été. Comme son fils Arthur, elle s'indignait contre les incommodités de la saison. Puis elle se résignait aussitôt. Comme lui. « Que pouvons-nous y faire ? Rien. » Elle espérait revoir sa fille à Roche, mais Paterne Berrichon se montrait peu empressé de se rendre à la ferme. Alors la vieille mère se résignait : « Vous me dites que votre mari ne sera pas content si vous venez maintenant : ne venez pas, attendez encore, rien ne presse, bien que j'aurais un grand plaisir à vous voir, je puis attendre encore. » Mais Vitalie Cuif se trompait. Elle ne pouvait plus attendre. En un mois, son état de santé se détériora au point qu'on avertit Isabelle à Paris et qu'on lui conseilla de venir à Roche. Dans le village, tout le monde savait que la mère allait mourir.

La vieillesse étant venue à bout de la coriace Ardennaise. Tenant la main de sa fille, assistée par un prêtre, elle accueillit la mort avec sérénité. Le 2 août 1907, à l'âge de quatre-vingt-deux ans, la mère de Rimbaud termina son existence, elle qui disait : « Il y a des créatures qui sont destinées à toutes les souffrances de la vie : je suis de celles-là. » Vitalie Cuif pouvait enfin rejoindre, au cimetière de Charleville, son « bon père » et son « pauvre Arthur ».

Je remercie vivement pour leur aide :

– Steve Murphy qui a mis à ma disposition les précieux documents sur Rimbaud de la Bibliothèque municipale de Charleville-Mézières et qui m'a divertie avec les caricatures de Verlaine, Rimbaud et Delahaye.

– André Guyaux qui m'a fait l'amitié de relire mon texte avec attention, critique et humour.

– Gérard Martin, conservateur de la Bibliothèque municipale de Charleville-Mézières, et ses collaboratrices, qui m'ont aimablement secondée dans mes recherches.

– Alain Tourneux, directeur du musée-bibliothèque Arthur Rimbaud de Charleville, qui m'a procuré renseignements et iconographie tout au long de mon travail.

– Frans De Haes, du musée de la Littérature de Bruxelles, qui m'a aidée dans ma consultation de la bibliothèque de Robert Goffin.

– Michel Defgnée qui, le premier, m'a emmenée jusqu'à la maison de Mme Rimbaud à Roche.

– Pierre Mertens, qui a enrichi ma bibliothèque rimbaldienne de plusieurs volumes rares.

– Mes enfants et mes amis, qui m'ont supportée avec «patience et courage» pendant la rédaction du présent ouvrage.

Annexes

Projet de contrat de mariage
(publié par S. Briet, *Rimbaud notre prochain*)

3 janvier 1853 – Descharmes, Notaire à Charleville

Par-devant Me Bernard Louis Jules Descharmes et son collègue, notaires à Charleville (Ardennes), soussignés

ont comparu

1° M. Frédéric Rimbaud, capitaine au quarante-septième Régiment d'Infanterie de Ligne, actuellement en garnison et demeurant à Mézières,

   « fils majeur de M. Didier Rimbaud, en son vivant chef ouvrier, et de Mme Catherine Taillandier, son épouse, tous deux décédés à Dôle (Jura),

   « Stipulant pour lui et en son nom personnel,
                    D'une part,

2° Mlle Marie Catherine Félicité Vitalie Cuif, sans profession, demeurant ci-devant à Roche, commune de Chuffilly, arrondissement de Vouziers (Ardennes), actuellement au dit Charleville avec son père ci-après dénommé.

   « Fille majeure de M. Jean Nicolas Cuif, rentier demeurant ci-devant à Roche et actuellement à Char-

leville et de Mme Marie Louise Félicité Fay, son
épouse décédée à Roche.

« Stipulant pour elle et en son nom personnel
D'autre part,

3° Et mon dit S. Cuif, ci-devant prénommé qualifié et
domicilié.

« Stipulant à cause de la déclaration qu'il fera ci-
après
D'autre part,

Lesquelles parties ont arrêté ainsi qu'il suit les articles du
contrat de mariage projeté entre M. Rimbaud et Mlle Cuif
et qui doit être ultérieurement rédigé d'une manière définitive.

Article 1er : Les futurs époux stipuleront entre eux le
régime de la communauté de biens sauf les modifications
qui seront ci-après indiquées.

Article 2e : Ils ne seront pas tenus de dettes l'un de l'autre
antérieures à la célébration du mariage, non plus que
celles dont ils se trouveront respectivement chargés pendant le mariage par succession, donation ou legs.

Article 3e : Les biens du futur consistent en ses habits,
linges, armes, bijoux et autres objets à son usage personnel, ici seulement rappelés pour mémoire sans estimation.
Mémoire.

Article 4e : La future épouse apportera au mariage :
1° Ses habits, linges, hardes, bijoux, dentelles et autres
objets à son usage personnel dont il n'est fait aucune
estimation.

Mémoire.

2° Les immeubles, droits et créances par elle recueillis
dans la succession de madame sa mère et qui consistent :

1° en une somme de trente mille francs à elle due par divers pour prix de différents immeubles provenant de ladite succession, et qui ont été vendus suivant actes reçus par Me Flamanville, ancien notaire à Attigny et Me Henra son successeur et de la totalité du recouvrement de laquelle somme lesdits notaires sont encore chargés aujourd'hui. Les créances composant ladite somme de trente mille francs sont d'un recouvrement assuré ainsi que le déclare Mlle Cuif. 30.000.

2° Quatre-vingt-cinq ares quatre-vingt-deux centiares de bois situés sur les territoires de Tourteron et de la Sabotterie, arrondissement de Vouziers.

Mlle Cuif déclare que cet apport est franc et quitte de toutes dettes.

Article 5° : La communauté sera réduite aux acquêts.

Article 6° : Il sera stipulé au profit du survivant un préciput de ses habits, linges, hardes, bijoux et autres objets à son usage personnel.

Article 7° : M. Cuif, père de la future, déclare qu'il prendra au dit contrat de mariage l'engagement de ne pas avantager aucun des deux autres enfants qu'il a, plus que Mlle Cuif, future épouse, son troisième enfant et son héritière présomptive pour tiers. Et que sa fortune actuelle s'élève au moins à la somme de cent quarante mille francs.

Article 8° : Les présentes seront réalisées par contrat en forme aussitôt que M. Rimbaud aura obtenu de Son Excellence le Maréchal Ministre de la Guerre l'autorisation de contracter le mariage projeté.

Fait à Charleville en la demeure de mon dit Sieur Cuif. L'an mil huit cent cinquante-trois le trois janvier.

Et M. Rimbaud et M. et Mlle Cuif ont signé avec le notaire, lecture faite.

Suivant les signatures en la minute des présentes.

Enregistré à Charleville le quatre janvier mil huit cent cinquante-trois, f°40, R° cases 4 et suivantes.

Reçu deux francs et vingt centimes de décimes.

(signé) Lachau
Pour expédition conforme
Descharmes.

Photocopie des biens déclarés aux impôts
(publiés par le colonel Godchot)

REVENUS FONCIERS

ANNÉES	1850	1854	1855	1857	1862	1863
Jean-Nicolas Cuif	960,62	759,56	759,56	759,56	1,67	"
Charles-Auguste	"	250,61	"	"	"	"
Jean-Charles Félix	"	"	136,51	"	"	"
Capitaine Rimbaud	"	9,22	9,22	"	"	"
Rimbaud Cuif	"	"	"	151,25	660,99	660,96

Notes

CHAPITRE 1

1. Nombreux sont les contrats de mariage qui stipulent que les parents du jeune homme s'engagent à recevoir chez eux le nouveau couple. Martine Segalen, dans son ouvrage *Mari et femme dans la société paysanne*, Flammarion, 1984, cite : « Les futurs époux (...) en récompense des soins qu'ils s'engagent à porter à leur exploitation, ils recevront annuellement deux cent quarante kilogrammes de froment et deux cents kilogrammes d'orge, en blé royal et marchand ; pendant la durée de leur séjour avec leurs parents, ils auront la jouissance de douze ares de terrain propre à planter des pommes de terre et de six ares de terrain propre à semer du chanvre... » (p.21).

2. *La vie quotidienne dans une ferme d'Ardenne en 1878*, p. 140.

3. *Id., Ibid.*, p. 36.

4. Segalen, *ouvr. cité*, p. 23.

5. *Cahiers d'histoire de l'enseignement*, p. 18, cité par M. Segalen, *ouvr. cité*, p. 101.

6. R. Burnand, *La vie quotidienne en France 1830*, Hachette, 1943, p. 161.

7. E. Guillaumin, *La vie d'un simple, mémoires d'un métayer*, Nelson, 1935, p. 302.

8. *Vie quotidienne*, *ouvr. cité*, p. 110.

9. Ce goût pour la marche, cette nécessité aussi, avait engendré une maladie, en ces temps où on ne se lavait guère. Le « frayon » était une infection bénigne mais gênante, qui affectait la face interne des cuisses, sorte d'irritation due au frottement. Un témoin se rappelle que, dans son enfance, il avait entendu dire à un jeune garçon « dont la démarche incertaine ou dérisoire le faisait marcher les jambes trop écartées » : « N'marche don mie comme ça, on dira qu'tu-z-é l'frayon » (« Ne marche donc pas comme ça, on dira que tu as le frayon »). (Jean Clerc, *Le corps présent*, t. II, dans *Terres ardennaises*, n° 7, p.24.)

10. *Vie quotidienne*, ouvr. cité, p. 160.

11. Segalen, *ouvr. cité*, p. 200.

CHAPITRE 2

1. Pierre Arnoult, *Rimbaud*, Albin Michel, 1943, p. 32.

2. Enid Starkie, *Rimbaud*, Flammarion, 1982, p. 40. Elle cite ici le colonel Godchot, *Arthur Rimbaud, ne varietur*, chez l'auteur, p. 12.

3 *Id., ouvr. cité*, p. 41.

4. Voir Projet de contrat de mariage, S. Briet, *Rimbaud notre prochain*, p. 206-207.

5. Segalen, *ouvr. cité*, p. 26.

6. Colonel Godchot, *ouvr. cité*, p. 42.

7. Musée de l'Ardenne, p. 7.

8. E. Shorter, p. 222, cité par E. Badinter, *L'amour en plus*, Flammarion, 1980, p. 155.

9. Gilbert, *Dissertation sur la dépopulation*, 1770, p. 286, cité par E. Badinter, ouvr. cité, p. 155-156.

10. E. Badinter, *ouvr. cité*, p. 157.

11. *Id., ouvr. cité*, p. 157.

12. *Id., ouvr. cité*, p. 158-159.

13. Colonel Godchot, *ouvr. cité*, p. 42. « Si intelligent et fin car il avait appris la finesse avec les Arabes » (*sic*). Misogyne, peut-être, mais pas raciste, le colonel ! On ne peut avoir tous les défauts...

14. E. Delahaye, *Rimbaud, l'artiste et l'être moral*, Messein, 1923, p. 17-18.

15. Alain de Mijolla, *Les visiteurs du moi. Fantasmes d'identification*, Les Belles Lettres, 1981, p. 46.

16. Jean-Marie Carré, *Vie de Rimbaud*, Plon, 1949, p. 7.

17. E. Starkie, *ouvr. cité*, p. 47.

CHAPITRE 3

1. *Terres ardennaises*, n° 7, p. 46, étude réalisée par les élèves de l'Ecole normale mixte de Charleville-Mézières sous la direction de M. Cart.

2. Enid Starkie, *ouvr. cité*, p. 47.

3. Pierre Petitfils, *Rimbaud*, Julliard, 1982, p. 28.

4. M.-F. Lévy, *De mères en filles*, Calmann-Lévy, 1984, p. 29.

5. Gilles Cornec, « Les bonnes fées d'Arthur Rimbaud », *L'infini*, n° 8, 1984, p. 81.

6. E. Delahaye, *ouvr. cité*, p. 19.

7. S. Briet, *ouvr. cité*, p. 16.

8. Colonel Godchot, *ouvr. cité*, p. 43.

9. E. Starkie, *ouvr. cité*, p. 46.

10. P. Mertens, *Perdre*, Fayard, 1984, p. 36.

11. Colonel Godchot, *ouvr. cité*, p. 77.

12. E. Delahaye, *ouvr. cité*, p. 29.

13. E. Delahaye, *Témoin de Rimbaud*, p. 30.

14. Pierre Petitfils, *ouvr. cité*, p. 30.

15. *Id.*, *ouvr. cité*, p. 31.

16. Cité par Carré, *ouvr. cité*.

17. Ces renseignements sont tirés de l'ouvrage de M.-F. Lévy, *De mères en filles*, p. 17-18 ; p. 30-31 ; p. 29 ; p. 57.

18. E. Delahaye, *Témoin de Rimbaud*, La Baconnière, p. 37.

19. *Id.*, *ouvr. cité*, p. 32.

20. E. Delahaye, *Rimbaud. L'artiste et l'être moral*, Messein, 1923, p. 21.

21. André Guyaux, «Rimbaud et le prince impérial», estratto da *Berenice, Rivista quadimestrale di letteratura francese*, diretta da G.-A. Bertozzi. Anno II, n° 2, Marzo 1981, Lucarini Editore.

André Guyaux, dans *Rimbaud et le Prince impérial*, établit d'une façon pertinente un parallèle entre ces deux destins. «Entre Rimbaud et lui, les différences éclatantes se résorbent dans une ressemblance incertaine. Ils mourront jeunes, tous les deux (...). Leurs corps revinrent à la terre d'Occident, où ils furent enterrés, tandis que leurs mères "abusives" pleuraient d'étranges larmes.»

Les mères «incarnent avec une sorte de génie ce rôle tragique de Médée». Donc, Vitalie et Eugénie, même combat. Toujours ce cliché. Alors que, nous le savons bien, avouons-le, c'est le contraire qui se produit le plus souvent : «Nous sommes tous des matricides». Des points communs entre Arthur Rimbaud et le prince impérial, il y en a, d'évidence. Ils vont tous deux fuir l'Europe. Ils trouveront la mort en Afrique, Arthur Rimbaud n'en revenant, selon l'admirable formule d'André Guyaux, que «poète déjà mort et qui meurt encore». Des points communs entre les mères, il en existe aussi : l'une et l'autre seront insultées copieusement. On a vu en quels termes le colonel Godchot et d'autres traitaient Vitalie. Pour l'impératrice Eugénie, Bloy aura ces mots : «Cette Espagnole enragée», «cette Clytemnestre infanticide».

Les mères seront toujours coupables.

22. Colonel Godchot, *ouvr. cité*, p. 249.

23. E. Starkie, *ouvr. cité*, p. 61. Cette exécration de Napoléon III sera partagée par Arthur Rimbaud et par... le capitaine Rimbaud qui, de sa retraite de Dijon, aurait rédigé, selon H. Lubienski-Bodenhau cité par Mijolla, entre le 23 septembre et le 18 octobre 1870, pour un journal

dijonnais, *Le Progrès de la Côte-d'Or*, au moment où les Prussiens se trouvaient aux portes de Paris, un article dans lequel il fustigeait la lâcheté de «l'homme qui, à Sedan, s'est rendu...».

24. Georges Izambard, *Rimbaud tel que je l'ai connu*, Mercure de France, éd. de 1973, p. 12.

25. *Id., ouvr. cité*, p. 59.

26. *Id., ouvr. cité*, p. 61.

27. Jacques Rivière, *Rimbaud*, Émile-Paul Frères, p. 25, à propos du poète.

28. Georges Bourgin, *La Commune*, PUF, 1953, p. 7-8.

CHAPITRE 4

1. Georges Bourgin, *ouvr. cité*, p. 9.

2. Georges Izambard, *ouvr. cité*, éd. de 1963, p. 66-67.

3. A. de Mijolla, *ouvr. cité*, p. 62.

Alain de Mijolla, dans son analyse des *Fantasmes d'identification* chez le poète, souligne à juste titre le côté ambigu d'un tel acharnement contre la mère : «Outre la noirceur amplifiée par un adolescent soucieux de soutirer de l'argent à ses amis, ou protecteurs apitoyés, tel son professeur Izambard, ils trahissent dans leur outrance même la force pulsionnelle qu'ils prétendent masquer.» Mijolla parle de «violentes passions souterraines». Ces passions sont d'autant plus évidentes que le terme par lequel Arthur qualifia le plus souvent sa mère est un terme sexuel : «la bouche d'ombre».

On sait que l'expression fut empruntée au Hugo des *Contemplations* et qu'elle désigne l'appel des profondeurs. On sait moins ce qu'à l'origine Victor Hugo désignait par cette métaphore. En voyage, il aimait, malgré la présence de sa maîtresse Juliette Drouet, fréquenter des prostituées. Et ce qu'il exigeait d'elles était bien précis. Il leur demandait d'exhiber leur sexe qu'il contemplait de face, longuement. Il examinait, en poète ? en peintre ? ce qu'il a appelé «la bouche d'ombre».

Alors, Vitalie, «bouche d'ombre», quel aveu inconscient ! Arthur poursuivit avec sa mère «un long poème décousu de haine et d'amour», selon la belle formule d'Alain de Mijolla.

4. G. Izambard, *ouvr. cité*, p. 75-76.

5. S. Briet, «L'humour de Rimbaud», *Études rimbaldiennes*, n° 2, 1970.

6. Pierre Gascar, *Rimbaud et la Commune*, NRF, 1971, p. 76-77.

7. M.-F. Lévy, *ouvr. cité*, p. 142, qui cite ici le *Manuel de la jeune fille chrétienne*, par M. l'abbé Chevojon, curé de Notre-Dame-des-Victoires, 10ᵉ éd., p. 9.

8. Ex-Mme Paul Verlaine, *Mémoires de ma vie*, p. 181 ; « un paysan » : c'est nous qui soulignons. Gilles Cornec, à propos de Vitalie, reprochait de même : « une paysanne », *ouvr. cité*, p. 77. Ces renseignements et les suivants conernant Paris après la Commune sont tirés du même ouvrage.

9. M. Porché, préface aux *Mémoires* de l'ex-Mme Verlaine, p. 33.

10. Pierre Petitfils, *ouvr. cité*, p. 163-164.

11. *Id., ouvr. cité*, p. 181.

12. *Id., ouvr. cité*, p. 188.

13. Ex-Mme Verlaine, *ouvr. cité*, p. 223.

14. Journal de Vitalie, Bibliothèque de Charleville, éd. Adam, *Œuvres complètes*, Bibliothèque de la Pléiade, p. 822-829.

15. Rimbaud, *Œuvres complètes*, éd. A. Adam, Bibliothèque de la Pléiade, p. 267.

16. Dossier de Bruxelles, édition établie par Antoine Adam, Bibliothèque de la Pléiade, p. 273-274.

17. Dossier de Bruxelles.

18. Dossier de Bruxelles, texte publié par l'auteur dans *Parade sauvage*, n° 2.

19. Colonel Godchot, *ouvr. cité*, p. 107 et 172, t. II. Le colonel détestait à la fois la mère et la poésie de Rimbaud !

20. Pierre Petitfils, *ouvr. cité*, p. 335.

CHAPITRE 5

1. Bibliothèque de Charleville-Mézières.

2. Les détails du voyage à Londres sont tirés du *Journal* de Vitalie, conservé à la Bibliothèque de Charleville-Mézières et publié dans Rimbaud, *Œuvres complètes*, édition établie, présentée et annotée par Antoine Adam, *ouvr. cité*.

3. De même, l'ex-Mme Verlaine avait brûlé des lettres et un manuscrit que Rimbaud avait envoyés à son mari sous prétexte de faire disparaître des preuves ; elle n'a réussi qu'à attirer l'attention sur celles-ci : on n'a jamais ignoré que des papiers avaient été brûlés et, parfois, on a parlé davantage de ce qui avait disparu que de ce qui avait échappé au feu !

4. Rimbaud, *Œuvres complètes*, éd. Adam, *ouvr. cité*, p. 307.

5. E. Delahaye, *ouvr. cité*, p. 66.

CHAPITRE 6

1. Les citations des lettres de Rimbaud aux siens, de Mme Rimbaud à son fils, d'Isabelle Rimbaud à Arthur et à sa mère, sont tirées de Rimbaud, *Œuvres complètes, ouvr. cité.*

2. Pierre Petitfils, *ouvr. cité*, p. 292. Il cite ici une lettre de A. Bardey à P. Berrichon du 16 juillet 1897.

3. Alain Borer, *Rimbaud en Abyssinie*, Seuil, 1985, p. 13.

4. I. Rimbaud, *Reliques*, préface de Marguerite-Yerta Méléra, Mercure de France, 1921, 4e édition, p. 196.

5. On a un tel désir d'évacuer la mère que certain commentateur a écrit la maison « paternelle ».

6. Robert Goffin, *Le voleur de feu*, L'Écran du monde, 1950.

CHAPITRE 7

1. Pierre Petitfils, *ouvr. cité*, p. 137.

2. I. Rimbaud, *Reliques, ouvr. cité*, p. 208.

3. Alain Borer, *ouvr. cité*, p. 357.

4. J.-P. Vaillant, *ouvr. cité*, p. 73.

5. Gilles Cornec, *ouvr. cité*, n°9, p. 86, parle des « petits trafics funéraires de la Vve Rimbaud. »

6. J.-P. Vaillant, *ouvr. cité*, p. 88.

7. J.-P. Vaillant cite M. Maurice Pètre, témoin, qui habitait encore en 1929 face à la maison natale du poète.

Chronologie

1823 : Jean-Nicolas Cuif épouse Marie-Félicité Fay.

1824 : 26 février : naissance de Jean-Charles-Félix, dit l'« Africain ».

1825 : *10 mars : naissance de Marie-Catherine-Vitalie Cuif, à Roche.*

1830 : 5 mai : naissance de Charles-Auguste.
9 juin : mort de la mère de Vitalie.

1841 : Jean-Charles-Félix s'engage dans l'armée d'Afrique, suite à une affaire qui risquait de le mener en correctionnelle.

1852 : 10 février : Charles-Auguste épouse Marguerite-Adelaïde Misset.
Vitalie et son père quittent Roche et s'installent à Charleville.
Vitalie rencontre le capitaine Frédéric Rimbaud, place de la Gare.

1853 : 8 février : Vitalie Cuif épouse le capitaine Frédéric Rimbaud.
2 novembre : naissance d'un premier enfant, Jean-Nicolas-Frédéric.

1854 : 20 octobre : naissance d'un deuxième enfant, Jean-Nicolas-Arthur.

1855 : mars : le capitaine Rimbaud fait partie de l'armée d'Orient.
3 décembre : mort du frère aîné de Vitalie, Jean-Charles-Félix Cuif.
Le frère cadet devient un vagabond.

1856 : juin : le capitaine Rimbaud revoit enfin sa famille.

1857 : avril : naissance d'un troisième enfant, Victorine-Pauline-Vitalie.
juillet : mort de la petite fille.
septembre : retour en permission du capitaine Rimbaud.

1858 : 15 mai : naissance d'un quatrième enfant, Jeanne-Rosalie-Vitalie.
5 juillet : mort du père de Vitalie, Jean-Nicolas Cuif, à soixante-neuf ans.

1859 : fin août : premières vacances de Vitalie, qui rejoint son mari à Sélestat.
fin de l'année : Vitalie est enceinte. Son propriétaire la prie de quitter l'appartement. Installation au 73 rue Bourbon.

1860 : 1er juin : naissance d'un cinquième enfant, Frédérique-Marie-Isabelle.
16 septembre : séparation définitive des époux. Vitalie a trente-cinq ans.

1861 : Vitalie inscrit ses deux fils à l'Institut Rossat.

1862 : Vitalie déménage au 13 cours d'Orléans.

1865 : Vitalie inscrit ses deux fils au collège de Charleville. Elle déménage et s'installe au 20 rue Forest.

1866 : première communion de Frédéric et d'Arthur à l'église du Saint-Sépulcre.

1869 : Vitalie s'installe avec ses enfants quai de la Madeleine.

1870 : 14 janvier : Georges Izambard est nommé professeur au collège.

Août : c'est la guerre. Frédéric suit un détachement de soldats de passage à Charleville.

29 août : première fugue d'Arthur.

30 août : unités de soldats de Sedan à Charleville.

31 août : Arthur est arrêté à la gare de Paris.

5 septembre : lettre d'Arthur en prison pour demander à Izambard de le tirer de là et de consoler sa mère.

fin septembre : Arthur est ramené par Izambard à Charleville.

8 octobre : Vitalie écrit à Izambard : Arthur a fait une deuxième fugue.

fin octobre : Arthur revient à Charleville.

27 octobre : capitulation de Metz.

28 octobre : les soldats français refluent en désordre. Parmi eux, le jeune Frédéric en piteux état.

31 décembre : Charleville capitule.

1871 : Mézières est bombardée.

15 février : ouverture des cours au théâtre de Charleville : scène entre Vitalie et Arthur qui refuse de reprendre ses études.

25 février : fugue d'Arthur.

13 mars : Arthur revient chez sa mère « toussant et en loques ».

L'Assemblée nationale se transporte à Versailles.

18 mars : proclamation de la Commune de Paris. Réouverture officielle du collège de Charleville.

12 avril : Arthur trouve du travail au *Progrès des Ardennes*.

17 avril : fin de son travail au journal.

début mai : Arthur part pour Paris.

15 mai : lettre dite du voyant à Paul Demeny.

septembre : Rimbaud écrit *Le bateau ivre*. Arthur part pour Paris.

1872 : mars : retour d'Arthur chez sa mère.

mai : Arthur part pour Paris.

8 juillet : départ d'Arthur Rimbaud et Paul Verlaine pour la Belgique.

9 juillet : Verlaine et Rimbaud à Charleville, chez Bretagne, sans faire signe à la mère, qui l'apprendra le lendemain et demandera des explications à Bretagne.

vers le 20 juillet : Mathilde Verlaine vient à Bruxelles rechercher son mari. En vain.

Les deux poètes partent à Londres.

novembre : Vitalie se rend chez la mère de Paul Verlaine. Elle se rend aussi chez la belle-famille de Verlaine à Paris pour reprendre des lettres et des papiers appartenant à son fils. En vain.

Arthur revient chez sa mère.

décembre : fêtes en famille à Charleville.

1873 : 10 janvier : Verlaine écrit à Rimbaud : « Je suis mourant ». Rimbaud se rend à Londres.

5 avril : Vitalie et ses enfants quittent Charleville pour Roche suite à l'incendie d'une partie de la ferme. Perte de la récolte.

11 avril : Arthur arrive à Roche à l'improviste.

13 avril : promenade en famille. Rimbaud décide d'écrire un « livre nègre ».

26 mai : Verlaine et Rimbaud à Liège.

27 mai : ils sont à Anvers. Départ pour Londres.

juillet : Verlaine quitte Rimbaud et se rend à Bruxelles. Verlaine menace de se suicider. Il en informe sa mère, ses amis et la mère d'Arthur.

6 juillet : lettre de Vitalie à Verlaine : « Vous tuer, malheureux ! »

8 juillet : Arthur arrive à Bruxelles.

9 juillet : dispute des deux poètes (en présence de la mère de Verlaine).

10 juillet : Verlaine achète chez un armurier des Galeries Saint-Hubert, pour 23 francs, un revolver à six coups. Il tire sur Rimbaud, le blesse. Arrestation de Verlaine suite à la plainte d'Arthur.

11 juillet : salle 11, lit 19 : Rimbaud à l'hôpital Saint-Jean.

12 juillet : le juge d'instruction T'Serstevens interroge Rimbaud.

17 juillet : extraction de la balle.

8 août : Verlaine condamné à deux ans de prison et 200 francs d'amende.

27 août : confirmation du jugement en appel. Retour d'Arthur à la gare de Voncq (près de Roche). Sa mère l'attendait. Rimbaud écrit *Une saison en enfer* à Roche.

automne : Vitalie accepte d'en payer l'édition.

23 octobre : Arthur à Bruxelles pour prendre ses exemplaires d'auteur.

24 octobre : Arthur aurait déposé un exemplaire de son livre à la prison des Petits-Carmes pour Verlaine.

25 octobre : Verlaine est transféré à la prison de Mons. Arthur est à Roche avec une douzaine d'exemplaires de son livre.

2 novembre : Arthur jette des livres et des papiers au feu, sous les yeux de sa mère stupéfaite. Arthur revoit à Charleville quelques amis (Delahaye, etc.).

1874 : mars : Arthur est à Londres avec Germain Nouveau.

8 juin : dans le *Times*, annonce de Rimbaud : « Un monsieur français (vingt-cinq ans) d'excellente famille... » Arthur déprimé demande à sa mère de le rejoindre.

5 juillet : départ de Vitalie Rimbaud avec sa fille (Vitalie) pour Londres où elles resteront jusqu'au 31 juillet.

1er décembre : « de sérieux événements » ; Arthur est convoqué pour tirage au sort militaire.

29 décembre : retour d'Arthur à Charleville, neuf heures du matin. Retour de son frère Frédéric, neuf heures du soir. Réclamation d'Arthur acceptée.

1875 : 10 janvier : Frédéric rejoint son unité.

Vitalie paie le voyage d'Arthur pour Stuttgart.

16 janvier : Verlaine sort de prison.

18 janvier : Verlaine retrouve Rimbaud à Stuttgart ;

juin : séjour à Paris de Vitalie Rimbaud avec ses filles en vue de consulter un spécialiste du traitement de la synovite.

18 décembre : mort de la petite Vitalie, suite à des complications tuberculeuses de la synovite.

Rimbaud souffre de violents maux de tête.

1876 : Vitalie loue un piano pour son fils.
avril : Rimbaud voyage.
6 mai : l'ancien collège brûle.
18 mai : Rimbaud, arrivé à pied à Rotterdam, se présente au bureau colonial de recrutement, puis déserte.
9 décembre : Rimbaud revient à Charleville.

1877 : mai : voyage d'Arthur, qui retournera à Charleville en été.
septembre : Rimbaud est rapatrié de Stockholm.
automne : Vitalie se serait installée dans une de ses maisons, à Saint-Laurent, village à deux kilomètres de Mézières.
Départ d'Arthur vers l'Egypte. Malade, il revient chez sa mère.

1878 : août : en raison du départ de son dernier fermier, Vitalie s'installe à Roche.
Retour de Frédéric, enfin libéré de son engagement militaire.
18 novembre : mort du capitaine Frédéric Rimbaud à Dijon. Isabelle a entrepris le déplacement pour assister à l'enterrement de son père.

1879 : Tentatives de départ d'Arthur. Retours auprès de sa mère pour des raisons de santé.

1880 : mars : Arthur part pour Alexandrie.
Verlaine s'installe à vingt kilomètres de Roche, à Juniville. Rimbaud à Chypre. Lettre à sa mère pour demander des livres et des nouvelles du domestique et de la jument. Rimbaud s'embarque pour l'Afrique.
22 septembre : Frédéric veut épouser une jeune fille pauvre. Vitalie s'y oppose.
2 novembre : Arthur affecté à Harar ; il commande des livres en Europe.

1881 : 15 février : lettre d'Arthur à sa mère : « Je vis d'une façon bête et fort embêtante. »
25 mai : Arthur à sa mère : « Je ne tiens pas du tout à la vie... »

22 juillet : lettre d'Arthur à sa mère, où il parle des expéditions dangereuses et du pays qu'il tient « en horreur ».

août : Arthur décide de placer son or en France. Il demande à sa mère de s'occuper du placement. Vitalie achète des terres pour son fils qu'elle déclare « professeur au Hazar (*sic*), Arabie ». Dépité, Arthur placera ses autres économies à la Caisse d'épargne d'Aden.

décembre : Verlaine, qui prépare une édition des poèmes de Rimbaud, demande ce qu'il est devenu. Delahaye écrit à Vitalie qui lui apprend que « le pauvre Arthur est en Arabie ».

1882 : Vitalie, excédée par les ordres et contrordres de son fils, par les achats de livres, par ses correspondances avec les libraires de Paris, les allers et retours à la poste, annonce à Arthur qu'elle ne veut plus se mêler de ses affaires.

8 décembre : Arthur lui répond qu'il en est blessé : « Seul... »

1883 : Les relations entre Arthur et sa mère sont au beau fixe. Il envoie des photos de lui à Roche.

1884 : « C'est la vie : elle n'est pas drôle. » Frédéric, en guerre contre sa mère, décide de se marier. Il rompt avec sa famille. Il est furieux d'apprendre qu'Arthur donne raison à sa mère et tient des propos venimeux à son sujet. Vitalie les écrit à Arthur qui répond le 7 octobre à ces « calomnies » (au sujet de sa liaison avec Verlaine).

1885 : La correspondance d'Arthur à sa mère se fait rare. Vitalie s'en plaint.

1886 : Rimbaud porte une ceinture d'or : 16.000 francs (plus ou moins 8 kg).

Publication des *Illuminations* dans *La Vogue*, revue symboliste dirigée par Gustave Kahn.

1889 : Une caravane est massacrée le 23 décembre au Harar.

1890 : 8 janvier : César Tian, craignant que Vitalie n'apprenne la chose par les journaux, la rassure.

1891 : 20 février : Arthur écrit à sa mère qu'il souffre à la jambe droite.

27 mars : Vitalie écrit à son fils et lui envoie des médicaments.

30 avril : lettre d'Arthur à sa mère : « Hélas ! Que notre vie est misérable. »

20 mai : Rimbaud entre à l'hôpital de la Conception à Marseille.

21 mai : lettre d'Arthur à sa famille.

22 mai : décision d'amputer la jambe : télégramme de Rimbaud à sa mère ; réponse par télégramme de Vitalie à son fils : « Je pars... »

23 mai : Vitalie arrive à Marseille et se précipite à l'hôpital. Choc des retrouvailles.

25 mai : l'amputation est réalisée. Vitalie et Maurice Riès se relaient au chevet d'Arthur.

30 mai : Rimbaud se croit tiré d'affaire et fait des projets d'avenir.

9 juin : Vitalie retourne à Roche, malgré les larmes de son fils.

17 juin : des gendarmes viennent enquêter à Roche sur la situation militaire d'Arthur. Vitalie charge un avocat de consulter son dossier.

23 juillet : Rimbaud quitte l'hôpital pour Roche : « C'est Versailles ici. »

23 août : Arthur, avec Isabelle, retourne à Marseille.

10 novembre : dix heures du matin : mort de Rimbaud.

11 novembre : autorisation de transporter le corps à Charleville.

12 novembre : le corps du « négociant » Arthur Rimbaud quitte l'hôpital de la Conception.

13 et 14 novembre : Vitalie fait dégager une place dans le caveau de famille. Vitalie commande à l'abbé Gillet un service de première classe. Enterrement de Rimbaud avec, comme unique assistance, Vitalie et Isabelle.

novembre et décembre : début des « témoignages » sur Rimbaud. Isabelle contre-attaque.

1895 : Isabelle autorise Verlaine à préfacer les *Poésies com-plètes* de son frère.

1896 : 8 janvier : mort de Verlaine.

1897 : 7 mars : Pierre Dufour, dont le pseudonyme est Paterne Berrichon, demande la main d'Isabelle à sa mère. Vita-lie écrit à Mallarmé pour obtenir des renseignements sur son futur gendre. Réponse élogieuse de Mallarmé.
mai : mariage d'Isabelle et de Paterne Berrichon. Isabelle quitte sa mère pour vivre à Paris avec son mari.

1898 : Vitalie écrit de nombreuses lettres à sa fille.

1899 : 8 juin : « apparition » d'Arthur à Vitalie.

1900 : Vitalie s'inquiète de préparer son « dernier local ».
19 mai : Vitalie procède à l'exhumation des cendres de sa petite Vitalie.
23 mai : exhumation du cercueil d'Arthur.
25 mai : exhumation des restes du père de Vitalie.
fin mai : Vitalie, pour vérifier si les ouvriers ont aménagé un caveau « tout à fait à son idée », est descendue dans le tombeau (« jour néfaste » : 1er juin).

1901 : juillet : inauguration du buste de Rimbaud, place de la Gare à Charleville. Vitalie n'y assiste pas.

1902 : Vitalie voudrait déménager.

1903 : Vitalie écrit à sa fille : « Je ne suis capable de rien faire. »

1905 : Vitalie porte sur elle une grande poche avec de l'argent et des reconnaissances de dettes.

1907 : « Je ne puis plus écrire. »
dernière adresse : 2 rue de la Providence.
6 juin : Vitalie songe à son mari avec émotion
2 août : mort de Vitalie.
Elle sera enterrée au cimetière de Charleville entre son « bon père » et son « pauvre Arthur », selon ses dernières volontés.

1911 : Mort de Frédéric Rimbaud.

1917 : 20 juin : mort d'Isabelle Rimbaud.

1922 : 15 mai : inhumation d'Isabelle Rimbaud dans le caveau de famille à Charleville.
Mort de Paterne Berrichon.

1924 : 31 janvier : mort du frère cadet de Vitalie, Charles-Auguste Cuif.

1968 : publication de la correspondance de Vitalie Rimbaud-Cuif par Suzanne Briet.

1972 : Les lettres de Vitalie sont jointes à celles de son fils dans les *Œuvres complètes* de Rimbaud, édition établie, présentée et annotée par Antoine Adam, pour la Bibliothèque de la Pléiade.

Bibliographie

ANDRIEU, Jules : *Notes pour servir à l'histoire de la Commune de Paris en 1871*, Petite bibliothèque Payot, 1971.

ARNOULT, Pierre : *Rimbaud*, Albin Michel, 1943.

BERRICHON, Paterne : *La vie de J.-A. Rimbaud*, Mercure de France, 1897.

BONNEFOY, Yves : *Rimbaud*, Seuil, 1961.

BORER, Alain : *Rimbaud en Abyssinie*, Seuil, 1985.

BOUILLANE DE LACOSTE, Henry de : *Rimbaud et le problème des « Illuminations »*, Mercure de France, 1949.

BOURGIN, Georges : *La Commune*, PUF, Que sais-je ?, 1975.

BRIET, Suzanne : *Madame Rimbaud, essai de biographie*, Minard, 1968.

BRUNEL, Pierre : *Arthur Rimbaud ou l'éclatant désastre*, Champ Vallon, 1983.

BURNAUD, Robert : *La vie quotidienne en France en 1830*, Hachette, 1943.

CADDAU, Pierre : *Dans le sillage du capitaine Cook, ou Arthur Rimbaud le Tahitien*, Nizet, 1968.

CARLONI, G. et NOBICI, D. : *La mauvaise mère*, Petite bibliothèque Payot, 1977.

CARRÉ, Jean-Marie : *Vie de Rimbaud*, Plon, 1939.

CASTELNAU, Jacques : *Rimbaud*, Tallandier.

CLANCIER, Georges-Emmanuel: *De Rimbaud au surréalisme*, Marabout, 1961.

CLAUZEL, Raymond: *« Une saison en enfer » et Arthur Rimbaud*, Société française d'Editions littéraires et techniques, 1931.

COULON, Marcel: *La vie de Rimbaud et de son œuvre*, Mercure de France, 1929.

DANIEL-ROPS: *Rimbaud*, Soledi, Plon.

DEBRAY, Pierre: *Rimbaud le magicien désabusé*, Julliard, 1949.

DELAHAYE, Ernest: *Rimbaud, l'artiste et l'être moral*, Albert Messein édit., 1923.

DHÔTEL, André: *L'œuvre logique de Rimbaud*, Les Cahiers ardennais, 1933.

DULLAERT, Maurice: *L'affaire Verlaine-Rimbaud*, Bruxelles, 1930.

EIGELDINGER, Frédéric et GENDE, André: *Delahaye, témoin de Rimbaud*, La Baconnière, Neufchâtel.

ETIEMBLE, René et GAUCLÈRE, Yassu: *Rimbaud*, Gallimard, Collection Les essais, 1950.

ETIEMBLE, René: *Le Mythe de Rimbaud*, 1952-1961.

FONDANE, Benjamin: *Rimbaud le voyou*, Plasma, 1979.

FONTAINAS, André: *Verlaine-Rimbaud. Ce qu'on présume de leurs relations*. Ce qu'on en sait, Librairie de France, 1931.

FONTAINE, A.: *Génie de Rimbaud*, Librairie Delagrave, 1934.

FRETET, Jean: *L'aliénation poétique*, Janin, 1946.

GASCAR, Pierre: *Rimbaud et la Commune*, NRF, 1971.

GENGOUX, Jacques: *La symbolique de Rimbaud*, La Colombe, 1947.

GODCHOT, colonel: *Arthur Rimbaud ne varietur*, chez l'auteur, 1936.

GOFFIN, Robert: *Rimbaud et Verlaine vivants*, L'écran du monde Bruxelles-Paris, 1950.

GOFFIN, Robert: *Le voleur de feu*, L'écran du monde Bruxelles-Paris, 1950.

HUGO, Victor: *Choses vues*, Gallimard.

IZAMBARD, Georges: *Rimbaud tel que je l'ai connu*, Mercure de France, 1963.

KUNEL, Maurice: *Verlaine et Rimbaud en Belgique*, Soledi, 1945.

LÉVY, Marie-Françoise: *De mères en filles, L'éducation des Françaises 1850/1880*, Calmann-Lévy, 1984.

MATARASSO, Henri et PETITFILS, Pierre: *Album Rimbaud*, Gallimard, Bibliothèque de la Pléiade, 1967.

MERTENS, Pierre: *Perdre*, Fayard, 1984.

MILLER, Henry: *Le temps des assassins – Essai sur Rimbaud*, Pierre-Jean Oswald, 1970.

MONDOR, Henri: *Rimbaud ou le génie impatient*, Gallimard, 1955.

MONDOR, Henri: *Vie de Mallarmé*, Gallimard, 1941.

MORRISSETTE, Bruce: *La bataille Rimbaud*, Nizet, 1959.

MOUQUET, Jules: *Rimbaud raconté par Paul Verlaine*, Mercure de France, 1934.

NIZAN, Paul: *Aden-Arabie*, François Maspero, Petite collection Maspero, 1973.

NOËL, Bernard: *Dictionnaire de la Commune*, Flammarion, 1978.

NOULET, Émilie: *Suites Mallarmé, Rimbaud, Valéry*, Nizet, 1964.

NOULET, Émilie: *Le premier visage de Rimbaud*, Palais des Académies, Bruxelles, 1953.

PERRIER, Madeleine: *Rimbaud*, Chemin de la création, NRF, 1973.

PETITFILS, Pierre: *Rimbaud*, Julliard, 1982.

PIERQUIN, Louis: *Souvenirs d'un ami de Rimbaud*, Mercure de France, 1924.

PORCHÉ, François: *Verlaine tel qu'il fut*, Paris, 1933.

ROLLANDE DE RENÉVILLE, André : *Rimbaud le voyant*, Au sans-pareil, 1929.

RIMBAUD, Arthur : *Œuvres compètes*, édition établie, présentée et annotée par Antoine Adam, Gallimard, Bibliothèque de la Pléiade, 1972.

RIMBAUD, Isabelle : *Reliques*, Mercure de France, 1921 (préface de Marguerite-Yerta Méléra).

RIMBAUD, Vitalie : *Journal*, Bibliothèque de Charleville, publié par Antoine Adam, Gallimard, Bibliothèque de la Pléiade, 1972.

RIVIÈRE, Jacques : *Rimbaud*, Émile-Paul Frères.

RUCHON, François : *J-A Rimbaud. Sa vie, son œuvre, son influence*, Champion.

SEGALEN, Martine : *Mari et femme dans la société paysanne*, Flammarion, 1984.

SEGALEN, Victor : *Le double Rimbaud*, Fata Morgana, 1979.

SERMAN, William : *La Commune*, PUF, 1971.

SILVAIN, René : *Rimbaud, le précurseur*, Boivin, 1945.

STARKIE, Enid : *Rimbaud* (trad. d'Alain Borer), Flammarion, 1982.

STRENTZ, Henri : *Arthur Rimbaud. Son œuvre*, Paris, 1927.

VAILLANT, Jean-Paul : *Rimbaud tel qu'il fut*, Le Rouge et le Noir, 1930.

VERLAINE, ex-Mme Paul : *Mémoires de ma vie* (intr. de F. Porché).

ZOLA, Émile : *La terre*, Cercle du Livre précieux, 1967.

Revues-Articles

BRIET, Suzanne : « L'humour de Rimbaud », *Études rimbaldiennes*, n° 2, 1970.

CORNEC, Gilles : « Les bonnes fées d'Arthur Rimbaud », *L'Infini*, n° 8-9, 1985.

Etiemble, René : « Le bruit que fait votre silence », *Parade sauvage*, n° 2, avril 1985.

Guyaux, André : « L'autre et le rêve », *Cahiers de l'Association internationale des Études françaises*, n° 36, mai 1984.

Guyaux, André : « Rimbaud et le prince impérial », *Berenice, Rivista quadrimestrale di letteratura francese*, n° 2, marzo 1981, et n° 5, aprile-agosto 1982.

Guyaux, André : *Lectures de Rimbaud*, numéro de la *Revue de l'Université de Bruxelles* composé par André Guyaux, 1982, 2ᵉ ed. revue, 1983.

Mijolla, Alain : « Les visiteurs du moi. La désertion du capitaine Rimbaud, enquête sur un fantasme d'identification inconscient d'A. Rimbaud », *Revue française de Psychanalyse*, 39, 3, mai-juin 1975.

Quaghebeur, Marc : « Une thèse nouvelle sur Rimbaud », *Cahiers internationaux du symbolisme*, n° 31-32.

Collectif : *La vie quotidienne dans une ferme d'Ardenne en 1878, Terres Ardennaises*, n° 7, juin 1984.

Revue du Musée de l'Ardenne, Musée Rimbaud, 1969.

Dès l'enfance, prête à larguer les amarres...

... pour l'Afrique
1967. F. avec ses étudiants à Kolwézi (ex-Zaïre)

... pour la Finlande.
1997. À la gare de Kajaani, sur les traces de Christian Dotremont.

Françoise Lalande

Madame Rimbaud

Presses de la Renaissance

1987. Première édition de Madame Rimbaud. *Le tableau, signé Paterne Berrichon, représente la maison de Roche.*

Madame Rimbaud

Françoise Lalande

Vitalie Cuif est née le 10 mars 1825 à Roche, un petit village des Ardennes. Ses parents, Jean-Nicolas Cuif et Marie-Louise-Félicité Fay, étaient cultivateurs. Quand ils s'étaient mariés en 1823, chacun avait approuvé une union aussi bien assortie : voilà un couple de fermiers qui ferait fructifier l'exploitation familiale et qui

PRESSES ♥ POCKET

1991. Deuxième édition. Portrait de la mère du peintre Whistler.

Création de Mother, *pièce tirée de* Madame Rimbaud, *à Arlon. À l'affiche, « le cri » de Paul Antoine (1972).*

Marie-Claire Clausse crée le rôle de Madame Rimbaud.
(Photo : Pierrot Julien)

Et toujours : Katia et Thomas, sans l'amour de vous...

LECTURE
de Christophe Van Rossom

MADAME RIMBAUD,
DANS LA VULGATE RIMBALDIENNE

Très tôt, l'œuvre et la vie d'Arthur Rimbaud ont fait l'objet de tous les commentaires et, par conséquent, de toutes les dérives. De son vivant déjà, et bien qu'il ne se préoccupât alors plus du tout de ce qu'il avait pu écrire entre, disons, quinze et vingt ans, sa poésie entrait de plain-pied dans une espèce de mythologie de poète-comète, dont la lumière passe et éblouit à une vitesse hallucinante. Paul Verlaine, qui fut, comme on sait, son ami, son amant et son compagnon de vagabondage, avant de lui tirer dessus un soir d'ivresse querelleuse à Bruxelles, joua à cet égard un rôle déterminant. Cette image mythique d'un virtuose du vers français, d'un parfait musicien de nos lettres, devait du reste, plus discrètement peut-être mais avec non moins d'insistance, être complétée par le portrait brossé par Stéphane Mallarmé.

Arthur Rimbaud a même connu la consécration suprême de se voir attribuer un faux. Lorsque fut exhumé le prétendu inédit que constituait *La Chasse spirituelle*, les surréalistes, qui le dénoncèrent, André Breton en tête, purent mettre en lumière deux choses. Et, tout d'abord, peut-être, que la conscience littéraire de ce temps serait à jamais marquée de son sceau fulgurant, de même qu'il allait demeurer tel un phare éclairant l'espace du possible poétique ; mais aussi – et voilà qui est plus dangereux – que le poète risquait de s'effacer derrière son mythe ou derrière sa statue, fût-elle de vent et de feu.

Tous les commentaires et toutes les dérives donc ; ce qui ne devait pas manquer de susciter une réaction, dans l'après-guerre, de rimbaldiens convaincus mais aussi de suspicieux voire d'anti-rimbaldiens.

Reprenant à la source les données du problème, René Étiemble fut l'un de ceux qui contribuèrent le plus, avec sa fameuse somme intitulée justement *Le Mythe de Rimbaud*, à une approche moderne et rationnelle de son œuvre.

Dans les mêmes années, mais dans une tout autre perspective, un poète rigoureux et exigeant reprenait pour sa part lui aussi à zéro la lecture des poèmes, d'*Une Saison en Enfer* et des *Illuminations* ainsi que des lettres précédant le grand départ. Avec son Rimbaud, paru en 1961, Yves Bonnefoy allait faire date dans cette lignée de grands commentateurs de la destinée du prodige de Charleville. D'autant qu'à l'inverse d'un Alain Borer deux ou trois générations plus tard, ou d'un Alain Jouffroy, Bonnefoy choisissait, au terme de son parcours dans la pensée et les actes de Rimbaud, de poser la plume, lui aussi, avant la période des errances en Europe, en Méditerranée, en Asie et en Afrique. Jugeant que le Rimbaud d'alors n'était plus un écrivain, ayant renoncé au travail des mots, il estimait bon de le laisser là où il avait lui-même choisi de retourner : dans l'anonymat d'une vie privée d'homme, ni plus ni moins passionnante, somme toute, que celle de n'importe quel homme, et, en tout cas, sans intérêt au regard de l'histoire de la poésie[1].

---

1. Voir aussi, à ce sujet, les remarques que formule Bonnefoy dans *Rimbaud encore*, in *Le Nuage rouge*, Mercure de France, Paris, 1977, pp. 218-219.

Par ailleurs, et là aussi, dès les premiers temps, dans ce que Pierre Michon nommera la *Vulgate*[2] rimbaldienne, s'installait un cliché à la peau dure, au cuir impénétrable, semblait-il même, prenant part au mythe et lui tenant lieu pour certains d'explication, à tout le moins partielle. Ainsi Vitalie Cuif devenait-elle, trop facilement et de manière trop monolithique, comme le type même de la mère autoritaire sinon castratrice, contre laquelle la révolte seule pouvait s'avérer une alternative à l'étouffement. Ainsi se mettait-elle aussi à constituer, comme un passage obligé pour qui s'exprime sur Rimbaud, la cible idéale, l'objet prévisible de quolibets faciles et de jugements définitifs sur sa sécheresse, son manque de compréhension ou d'amour réel pour son fils, sur sa paysanne bêtise aussi, sa bigoterie… Il semble que toujours cela ait détendu le commentateur, entre deux notes en bas de page, de faire un trait d'esprit sur cette brave Vitalie, sur l'acariâtre veuve Rimbaud, sur une femme morbide même, au patronyme aussi mal dégrossi qu'elle[3].

Dans ce contexte, il était donc bienvenu qu'une Ardennaise au sang chaud mais à la tête froide désirât arpenter ce sombre coteau de la vallée rimbaldienne afin de l'éclairer de sa lanterne propre. Et force est de constater en effet qu'avec la publication de son *Madame Rimbaud*, Françoise Lalande mettait les pieds dans le plat, en jetant un éclairage nouveau sur la personnalité de Vitalie Cuif, non sans avoir auparavant – avec son

---

2. Pierre Michon, *Rimbaud le fils*, L'un et l'autre, Gallimard, Paris, 1991, pp. 56-59. Évoquant l'ensemble des commentateurs du poète, Michon a ce mot : *Nous annotons la Vulgate*.
3. Voir par exemple les propos du Colonel Grodchot rapportés par Lalande et destinés à justifier l'abandon de sa famille par le Capitaine Rimbaud, in *Madame Rimbaud*, p. 71. Ou l'effrayant portrait que dresse d'elle Yves Bonnefoy dans son Rimbaud, Le Seuil, Paris, 1961, p. 11.

souci si particulier de vérifier, de s'assurer du bien-fondé de ses sources – tâché, de l'intérieur, de revivre et de comprendre qui fut cette femme tôt abandonnée par son époux, un peu rude certes, mais bien plus complexe qu'on ne pouvait l'imaginer et dont, avant tout, il apparaissait primordial de remettre la trajectoire en perspective, en toute honnêteté. Autrement dit, de sonder et de fouiller, derrière le masque peu avenant du personnage composé par la part majoritaire de la critique, une femme. Mais également peut-être aussi, sous les habits du personnage historique, de découvrir presque une figure romanesque, digne de Balzac ou de Flaubert.

UNE BIOGRAPHIE NÉCESSAIRE

Marcel Proust est un immense romancier; mais le spectre de son *Contre Sainte-Beuve* a peut-être hanté trop durablement la pensée critique. Bien sûr, il est absurde de prétendre expliquer une œuvre par le seul apport d'éléments tirés de la vie, et parfois de la vie privée d'un écrivain. Tout aussi vaine cependant peut apparaître la pensée étroitement textualiste qui réduit volontiers un auteur à des champs sémantiques ou lexicaux, à des structures abstraites qui ont pour effet de couper son œuvre de sa vie justement. Et, qui plus est, de la vie elle-même.

Dans une telle perspective, un livre comme le *Madame Rimbaud* de Françoise Lalande est précieux. Et spécialement parce qu'il s'attache à travers le personnage de sa mère au poète tout autant[4]. Un poète qui n'a cessé de

---

4. *Elle est Arthur Rimbaud en creux*, écrit Lalande dans sa note liminaire, p.7, quand Yves Bonnefoy, de son côté, affirmait déjà: *Il ressemble à sa mère, il en aura l'obstination, la naïveté peut-être, en*

répéter que, si la poésie ne se hisse pas au niveau du scandale, de l'atrocité ou de la pure merveille de vivre, elle n'a aucun prix, de même que son but, pour autant qu'il y en ait un, est de hausser nos décisions à ce que la vie est vraiment et non de nous contenter de la sirupeuse réduction qu'en offrent nos regards étriqués et nos cœurs étroits bien souvent.

Mais cette biographie est nécessaire aussi pour deux autres raisons. Tout d'abord, parce que Lalande y décide, en s'appuyant sur tous les documents dont on dispose à ce jour, et en particulier sur la correspondance entre Rimbaud et les siens, de rendre justice à la vérité, même si, d'entrée de jeu, elle doute qu'elle *intéresse vraiment*[5]. Or, devant l'abondance des propos négatifs et méprisants tenus depuis toujours sur Vitalie Cuif, il y avait là un courage certain, d'autant que venir mettre ses pas dans ceux des prétendus spécialistes pour montrer qu'ils se trompaient, en tout cas en grande partie, pouvait à coup sûr déplaire. Et c'est donc là l'honneur d'une vraie biographie, que de ne pas se contenter de répéter, mais d'aller très souvent aux mots mêmes de cette femme[6] – ce qui curieusement n'avait jamais été fait, en tout cas pas de façon aussi consciencieuse – pour conforter des hypothèses sur elle et battre en brèche les clichés.

Si ce livre est nécessaire, au surplus, c'est parce qu'il permet de prendre l'exacte mesure de ce que put être une vie de femme dans ces Ardennes françaises du XIXe siècle au milieu de difficultés de tous ordres. Car, avant

---

tout cas le positivisme terrien, l'avidité plus tard, et l'orgueil, in *Rimbaud*, op.cit., p.12.
5. *Madame Rimbaud*, p.7.
6. Ses lettres, dont certaines, fort belles, sont citées par Lalande, sont rassemblées dans la nouvelle édition des *Œuvres complètes*, d'Arthur Rimbaud, dans la Bibliothèque de la Pléiade, chez Gallimard.

Lalande, cette mise en perspective de Vitalie, dans son milieu et dans son existence propre, à une époque donnée de l'Histoire, n'avait jamais été tentée non plus. Or il se trouve que ce point de vue, profondément humain, ce choix dans la démarche, effectué par Lalande, est bouleversant parce que Vitalie apparaît enfin sous tous ses visages et, surtout, dans le courage sans bornes dont elle semble de toujours avoir fait preuve. Loin de la caricature, *Madame Rimbaud* nous offre donc le portrait réel d'une femme qui a sur ses épaules à la fois le poids de l'histoire d'une région et d'un milieu mais aussi celui des plus pénibles responsabilités comme des plus terribles humiliations.

Une vie qui, de saison en saison, semble s'être plutôt apparentée à l'enfer qu'au paradis, et dont Lalande nous découvre le parcours intégral au fil de sept chapitres, chronologiques, le plus souvent intitulés d'après l'œuvre d'Arthur. Sept chapitres, non pour préluder à la naissance d'un monde, mais pour suivre Vitalie Cuif, coup du destin après coup du destin, vers un repos et une sérénité que la vie ne sembla jamais vouloir lui octroyer.

Que pouvait-elle espérer en effet cette petite Ardennaise née dans une famille de cultivateurs de Roche où une foi tenace tenait lieu à la fois de paratonnerre et d'antibiotique ? Qu'est-ce que la vie aurait à offrir à une enfant qui dut se substituer, à cinq ans, à une mère décédée des suites d'une troisième couche trop éprouvante pour elle ? Les réponses qu'apporte Lalande à ces questions terrifient : voilà une petite fille qui sera à jamais privée de son enfance puis de son adolescence, et dont l'horizon ne sera empli que par le ménage, le soin des enfants et des bêtes, le souci de l'économie, la préparation des repas, la gestion d'une ferme, et, pour se distraire un peu, des travaux de couture… Et c'est presque de façon miraculeuse que Vitalie parviendra à alterner les cours de l'enseignement communal avec les lourdes corvées qu'elle doit effectuer à heure fixe ainsi que les sempiternelles tâches saisonnières !

À seize ans, elle s'occupe presque de tout, heureuse de pouvoir se rendre au marché pour voir du monde, de pouvoir assister à la messe, ou d'observer quelques fois la construction d'un canal.

À la faveur du mariage de son frère aîné, à qui son père abandonne la ferme, une autre vie, ailleurs, semble se profiler pour Vitalie. La jeune paysanne va en effet devenir une citadine, en s'installant avec son père dans un petit appartement au-dessus d'une librairie, à Charleville.

Lors d'un concert, elle fait la connaissance du Capitaine Frédéric Rimbaud. Il a fait la campagne d'Algérie, sait l'arabe, annote une grammaire ; il a écrit un *Traité sur les sauterelles*. Vitalie, qui l'admire, en tombera amoureuse aussitôt. En février 1853, il l'épouse. Il a 39 ans ; elle, bientôt 28. Après quelque temps de bonheur sûrement, il doit la quitter, enceinte, pour retourner en garnison. Ce jeu de cache-cache-là, qui la rendra amère, on le comprend, durera le temps de leur mariage. Cinq enfants en naîtront, dont une fille qui mourra en bas âge. C'est donc d'autant plus seule que son père décède lui aussi, qu'elle élèvera ses quatre enfants – ce dont aucun critique, observe Lalande, ne semble jamais s'être ému, ou, à tout le moins, préoccupé. *Vitalie Cuif avait été privée de mère. Vitalie Rimbaud fut dépourvue de mari.*[7] Devant le nombre et l'exigence des tâches (parmi lesquelles l'exploitation de la ferme familiale dont le destin a voulu qu'il lui soit revenu de s'occuper

---

7. *Madame Rimbaud*, p.57.

de surcroît), son mariage ne tiendra pas longtemps. Vitalie et Frédéric se séparent tandis qu'Arthur a six ans. À 35 ans, elle se rend compte que sa vie de femme n'a été et ne sera *qu'une succession d'humiliations*[8]. Dans la solitude, elle affronte la crise la plus grave de son existence et en sort, après cris et pleurs, sans plus *jamais rire ou sourire une seule fois*[9].

Cependant, elle choisira toujours le parti de l'abnégation et du courage, parvenant à extraire du charbon du désespoir des trésors de force, sans jamais recevoir d'aide ni de soutien de qui que ce soit. À Charleville, du reste, on a plutôt tendance à se moquer de cette paysanne aux manières rudes et à l'apparence peu accorte, à l'attitude rigide. Mais, ici encore, Lalande de rectifier, de nuancer : *Malheureuse, Vitalie se raidissait pour se maintenir : on ne vit que sa raideur.*[10]

Son seul sujet de satisfaction dans ces années-là, c'est Arthur qui, année après année, rafle un nombre incroyable de prix, mais en qui gronde silencieusement une colère, une révolte terrible, qui n'est pas sans rappeler celle de Charles-Auguste, le frère cadet de Vitalie, à propos duquel Lalande indique significativement que *ses révoltes contre les siens étaient des révoltes contre le poids des choses. Contre le poids d'une vie d'où l'on avait banni la légèreté une fois pour toutes.*[11]

Très vite, d'ailleurs, Arthur devient incontrôlable. Et elle a beau le punir sévèrement ou tenter de le raisonner, s'adressant parfois à Georges Izambard, son jeune professeur de lettres, pour tenter de voir clair en lui, les fugues vont se multiplier, brisant une nouvelle fois son

---

8. *Ibid.*, p. 65.
9. *Ibid.*, p. 66.
10. *Ibid.*, p. 72.
11. *Ibid.*, p. 31.

cœur déjà meurtri. Sans compter que la guerre a éclaté et que les Prussiens occuperont bientôt toute une partie de la France…

Toutes les fugues, toutes les errances d'Arthur, y compris son pas de deux avec Verlaine, sont magnifiquement racontées ici, mais ce qui frappe, c'est, en dépit des conflits que les choix d'Arthur ne vont pas manquer de susciter, l'*immense amour*[12], jamais dit sans doute, mais perceptible dans des actes concrets toujours, dont fera preuve Vitalie à l'égard de son fils.

Chaque fois qu'il aura besoin d'elle, elle sera là; chaque fois que l'une de ses entreprises nécessitera de l'argent, elle y pourvoira. Et si, dans les premiers temps, elle fera appel à la police pour le ramener à la maison, il n'est pas moins vrai qu'elle acceptera, elle, la catholique transie, son homosexualité, et qu'elle le protégera bec et ongles contre la rumeur, allant même jusqu'à réclamer à Mathilde Mauté, l'épouse de Verlaine, les lettres et les manuscrits de son fils, afin de les lui remettre. De la même façon, elle le soignera quand il sera malade, paiera certains de ses voyages, et le laissera écrire alors que tout le monde à la ferme et elle la première travaillent d'arrache-pied. Sait-on que c'est peut-être elle qui convaincra Verlaine de ne pas se donner la mort, ou que c'est elle qui financera l'édition, chez Poot, à Bruxelles, d'*Une Saison en Enfer*, qu'Arthur a rédigée dans le grenier de la ferme de Roche, dans la douleur, après qu'il eut été blessé par son amant?

Bien sûr que Vitalie fut bornée et enfermée dans une loi et une foi qui lui coupèrent bien des horizons et l'empêchèrent assurément de comprendre vraiment son fils, mais, dans de telles conditions précisément, quelle

_____

12. *Ibid.*, p. 84.

mère eût accepté un fils comme Arthur, quelle mère aurait agi comme elle?

Quelle mère encore aurait supporté de voir son fils partir sans prévenir pour plusieurs semaines, plusieurs mois, plusieurs années, et rentrer de même, sans finalement plus exiger d'explications, alors que la vie continuait de lui asséner force épreuves, comme la mort à 17 ans de sa fille aînée, Vitalie? Quelle mère, enfin, se serait à ce point hâté de courir magasins et librairies afin de répondre aux demandes d'un fils installé en Afrique, et pour la vie duquel elle craignait tous les jours – un fils qu'elle ne reverrait qu'après onze ans, dans les circonstances que l'on sait?

Le livre de Lalande ne répond pas à cette question. Pas directement. Mais il montre assez pour que chacun puisse tirer les conclusions qui s'imposent. Et sa plus grande réussite est que, ne cachant rien sur Vitalie, il dit pour la première fois tout ce qu'il était possible de dire sur une femme de silence et de sacrifices qui quitta cette terre le 2 août 1907, à l'évidence sans regret, et qui fut le plus souvent diffamée sans raison.

FRANÇOISE LALANDE
DEVANT MADAME RIMBAUD

Françoise Lalande a choisi d'appeler son livre *Madame Rimbaud*. Elle n'a pas voulu d'un *Vitalie Rimbaud* ou moins encore d'un *Vitalie Cuif*. Je veux croire que cette décision est révélatrice et en faire l'une des clefs possibles du livre.

Lorsque Gustave Flaubert eut à s'interroger sur le titre qu'il donnerait à son grand roman de 1857, c'est lui aussi très significativement qu'il l'intitula *Madame Bovary*. Et ce qui peut sembler un choix comme un autre, sans importance réelle, fait sens bien au contraire. Car, ce faisant, Flaubert ne met pas en scène une femme libre, je n'ose dire libérée ; il entend bien plutôt mettre l'accent sur un être qui ne s'appartient plus, qui est épouse, qui devrait être mère et assumer ce que cette double responsabilité suppose. Autrement dit, par ce simple Madame, il désigne l'enclave dans laquelle la société française, catholique, du XIXe siècle tout particulièrement, maintenait la gent féminine, exigeant d'elle qu'elle restât à sa place, fît des enfants et se tût, quitte à interrompre son mutisme seulement pour répondre aux sollicitations de son époux. Alors que très fréquemment, en dépit de la perspicace analyse presque aussitôt réalisée par Baudelaire d'Emma, on continue de la dépeindre comme un personnage faible et pathétique, on ferait bien de comprendre que ce qui a sans doute le plus choqué ses contemporains, c'est sa révolte contre sa condition, le fait que, pour de bonnes ou de mauvaises raisons, elle refuse de se résigner à n'être que *Madame Bovary*, choisissant des amants, prenant l'initiative et conduisant les gestes adultères (c'est elle qui rejoint Léon dans sa chambre à Rouen !), décidant, enfin, que cette vie médiocre ne méritait guère qu'elle consentît à y évoluer davantage…

Ce que montre le livre de Lalande, au fond, c'est tout le poids de cette soumission-là d'un être à une Loi qui le dépasse et le régit de toute éternité. Car ce qui distingue Vitalie – plus proche de Félicité, l'héroïne d'*Un Cœur simple* – d'Emma, c'est le choix dans l'attitude à adopter. Ou, plus exactement, dans le cas de Vitalie, l'absence de choix. C'est que, Lalande le prouve chapitre après chapitre, jamais il n'a été laissé à cette enfant puis à cette femme la moindre latitude[13]. À tous moments, et de préférence aux pires, le destin l'a privée de ce luxe qui consiste à décider de sa vie : mort de sa mère quand elle a cinq ans et qu'on lui demande séance tenante de remplacer dans toutes ses fonctions ; travaux éreintants et sans fin de la ferme ; échec d'un mariage sur lequel elle avait tout misé tant elle était authentiquement éprise de Frédéric Rimbaud ; puis, les quatre enfants à élever dans une solitude absolue et le miroir cruel que lui tendait la rumeur carolopolitaine, les décisions peu réfléchies de Frédéric, son fils aîné, les fugues d'Arthur, le décès de la petite Vitalie et, enfin, la demi-trahison d'Isabelle, qui confisqua la mémoire et l'œuvre d'Arthur, transformant par là même un silence de mère en aveu de désintérêt sinon de mépris pour les écrits de son fils…

Cette liste, que l'on aurait pu allonger, a quelque chose d'un insupportable labyrinthe. Et il n'y a pas lieu, par conséquent, de s'étonner qu'à l'instar d'Emma, Vitalie n'ait pas choisi pour elle-même une autre voie. Peut-être obscurément devinait-elle qu'une telle voie était l'impossible ; sans doute sentit-elle que la libération ne s'atteindrait que dans la mort – idée que rejoint d'ailleurs le suicide de l'héroïne de Flaubert.

---

13. *Vitalie n'avait jamais connu la liberté. Ligotée, elle le serait aujourd'hui comme elle l'avait été hier, comme elle le serait demain. Elle serait toujours une femme entravée. Ibid.*, p. 66.

Pourtant, nombreux sont les commentateurs, et même les plus brillants, qui firent grief à Vitalie d'avoir accepté, pour ainsi dire sans broncher, son sort et d'avoir converti cette malédiction en une rage sourde et sèche que trahissait son attitude et que subissaient ses enfants.

En une étude dans laquelle il a ostensiblement nuancé son point de vue à l'égard de Vitalie[14], Yves Bonnefoy continue néanmoins de la dépeindre comme l'incarnation absolue d'une religion dévote et morbide, de valeurs étouffantes qui nient le corps et les joies d'être sur terre. Bien qu'il concède qu'il devait à l'évidence y avoir assez d'amour en elle pour qu'Arthur évoque souvent avec nostalgie le bonheur des années enfantes, il ne cesse pas de voir en Vitalie un être macérant ses peurs et ses regrets, à ce point enfermé dans une image pernicieuse de la vie qu'elle en vint à lui préférer l'univers mortifère du catholicisme provincial, voire la mort elle-même. Ainsi Bonnefoy en arrive-t-il à écrire que son amour pour Arthur fut sans métaphore, vraiment, *un amour dans la mort, un amour de l'autre comme mort, comme sacrifié d'avance à sa « bonne mort », – qui sait, même, un amour de rien d'autre que la mort, tenue pour préférable à l'effroi que cause la vie.*[15]

Et la même idée, sinon la même image, est reprise, dès les premières lignes, par Pierre Michon dans son évangile rimbaldien de 1991. Voici cette ouverture, fameuse déjà...

On dit que Vitalie Rimbaud, née Cuif, fille de la campagne et femme mauvaise, souffrante et mauvaise, donna le jour à Arthur Rimbaud. On ne sait pas si

---

14. Il s'agit d'un texte lui aussi intitulé *Madame Rimbaud*. Initialement paru dans un volume collectif en 1979, à La Baconnière, à Neuchâtel, il figure aujourd'hui au sommaire de *La Vérité de parole*, Mercure de France, Paris, 1988.
15. Yves Bonnefoy, *Madame Rimbaud*, *op.cit.*, p.73.

d'abord elle maudit et souffrit ensuite, ou si elle maudit
d'avoir à souffrir et dans cette malédiction persista ;
ou si anathème et souffrance liés comme les doigts de
sa main en son esprit se chevauchaient, s'échan-
geaient, se relançaient, de sorte qu'entre ses doigts
noirs que leur contact irritait elle broyait sa vie, son
fils, ses vivants et ses morts.[16]

Une langue somptueuse, certes, mais sous ce fard, d'emblée, le même cliché véhiculé depuis un siècle : Vitalie, femme mauvaise, femme funeste qui, victime de la loi qui l'a elle-même laminée, à son tour lamine tout autour d'elle[17].

Au fond, Françoise Lalande avait raison de douter en 1987, au moment de la parution de son livre. Car, en dépit de ses efforts, rien en effet ne semble avoir bougé dans la critique rimbaldienne, comme si celle-ci avait besoin de conserver dans son paysage comme un bouc émissaire idéal, un souffre-douleur. Mais aussi comme si elle refusait de voir que cette *liberté libre*, que son fils appela de ses vœux et dont il fit de sa poésie, un temps, *le lieu et la formule*, eût-elle souhaité la connaître qu'elle ne l'aurait pu – ou alors au prix du sacrifice de tout ce qu'elle a voulu

---

16. Pierre Michon, *Rimbaud le fils*, *op.cit.*, p. 11.
17. Signalons tout de même aussi ce passage, extrait de l'interrogation rythmée qui termine le dernier chapitre et par laquelle Michon cherche à saisir ce qui peut pousser quelqu'un comme Rimbaud à écrire quelque chose comme Une Saison en Enfer. Voici la pensée qu'il prête alors à Arthur : *c'est peut-être de t'avoir enfin rejointe et te tenir embrassée, mère qui ne me lis pas, qui dors à poings fermés dans le puits de ta chambre, mère pour qui j'invente cette langue de bois au plus près de ton deuil ineffable, de ta clôture sans issue.* Et de conclure en se demandant : *Qu'est-ce qui relance sans fin la littérature ? Qu'est-ce qui fait écrire les hommes ? Les autres hommes, leur mère, les étoiles, ou les vieilles choses énormes, Dieu, la langue ?* in *Rimbaud le fils*, *op.cit.*, p. 120.

pour sa part assumer. Au demeurant, dans cette dernière hypothèse, on peut imaginer aisément que la critique ne l'aurait pas manquée non plus, se déchaînant alors contre une femme volage, sans doute, ayant choisi la vie de bohème après avoir laissé choir son pauvre mari, et étant demeurée sans affection ni considération pour ses malheureux enfants, fût-ce pour le si sage et si doué Arthur...

Or, qu'est-ce qui ressort le plus de la lecture du livre de Lalande? Eh bien, il apparaît peut-être que Vitalie et Arthur, par leurs qualités et par leurs défauts, n'étaient somme toute pas si éloignés l'un de l'autre que cela. Et l'on peut même aller jusqu'à imaginer que, contrairement aux apparences, un dialogue secret, tacite s'était noué sans doute entre le fils et la mère, au fil des années : *la parole n'était pas nécessaire entre eux*[18], avance Lalande, à propos du séjour que Vitalie effectua auprès de son fils, à Londres, en 1874. Mais encore – malheureusement ce n'est pas le moment, ici, d'étayer cette proposition – qu'Arthur admira, dès 1873, ou, disons, pressentit, qu'il y avait du vrai dans la puissante relation qui unissait Vitalie à ses terres au moins autant qu'à sa foi simple qui lui paraissait quant à lui si rabougrissante, de même que, dans le devoir auquel elle avait choisi de s'astreindre, était peut-être pour lui-même une voie à creuser, un chemin à suivre. Qu'on relise, pour s'en persuader, la formule célèbre qui clôt, presque, la *Saison* et d'une certaine manière paraphe l'itinéraire poétique d'Arthur Rimbaud :

> *Moi! moi qui me suis dit mage ou ange, dispensé de toute morale, je suis rendu au sol, avec un devoir à chercher, et la réalité rugueuse à étreindre! Paysan!*[19]

18. *Madame Rimbaud*, p. 160.
19. Arthur Rimbaud, «Adieu», in *Une Saison en Enfer*, Bibliothèque de la Pléiade, Gallimard, Paris, 1988, p. 116.

Peut-être qu'à défaut de toute autre chose, dans ce livre étincelant et noir, dont elle offrit, rappelons-le, l'édition à son fils, quoiqu'elle ne le comprît ni plus ni moins que bien de ses contemporains ou des nôtres, Vitalie lut-elle cette phrase avec le sentiment qu'Arthur touchait juste, la rejoignait peut-être, en tout cas ne donnait pas tout à fait tort à ses décisions de vie.

UN GENRE LITTÉRAIRE HYBRIDE ?

Quelques mots seulement encore sur ce bien beau livre, où la langue se fait tantôt claire, descriptive et analytique – car la réalité des faits est là et doit être dite – mais tantôt aussi violente et emportée, passionnée, lorsque semblent revécus les drames que Vitalie Rimbaud eut à surmonter.

Et d'abord, pour souligner un point demeuré jusqu'à présent dans l'ombre. Je voudrais en effet formuler deux remarques sur l'esprit qui porte *Madame Rimbaud*, et sur cette sympathie (au sens étymologique de ce mot si galvaudé) dont Françoise Lalande l'irrigue comme un courant bienfaisant et chaleureux. Car c'est là peut-être l'une des marques de fabrique de cet auteur, ou sa griffe, comme on voudra.

Madame Rimbaud est une biographie, c'est entendu, et il y a là tant de dates et de détails scrupuleusement vérifiés, de même qu'un arrière-plan historique rendu avec un souci si méticuleux (condition des paysans et des ouvriers, vie des militaires, état de l'hygiène et importance de la religion dans les campagnes, etc.), qu'il n'est plus utile d'en faire la démonstration ; mais c'est aussi, je crois, un roman. Ou pour dire mieux : c'est une biographie qui a la grâce d'un roman.

Si, en effet, Lalande a pris soin de se rendre sur les lieux qu'elle évoque et de recouper les faits et les témoignages, en biographe avertie, on sent bien tout autant que cette seule démarche ne la satisfait guère. S'arrêterait-elle là qu'il lui semblerait passer à côté de la vérité profonde d'une existence qui, comme toute vie, n'est en réalité que contradictions, intuitions soudaines, ruptures et errements aussi. Or, ce qui paraît préoccuper Lalande, lorsqu'elle écrit, c'est de suivre en priorité ces moments-là d'un parcours humain. Si bien que, sans doute, les biographes professionnels, les vétilleux du fait strictement avéré, se montreront dubitatifs quant à certaines de ses formulations, quant à telle ou telle de ses suggestions. C'est que Lalande pense et écrit avec la volonté de se porter au plus près des êtres dont elle trace le portrait, trempant volontiers sa voix propre dans la forge de leurs tourments, de leurs blessures comme de leurs joies ou de leurs émerveillements. Et cette connaissance-là des êtres, que l'on pourra qualifier de romanesque, n'est pas moins exacte et précise, Balzac le savait bien, que le savoir authentifié de l'historien, car cette prescience des motivations obscures ou secrètes, jamais avouées, d'un homme ou d'une femme, ne peut guère se cultiver que dans le chef de ceux et celles qui font métier d'agiter en leurs fictions toutes les complexités de l'âme humaine. Ce que l'on appelle des écrivains de race.

Pour ma part, je distingue mal, parmi les livres de Lalande, entre ceux qui sont des travaux d'ordre biographique (tels ce *Madame Rimbaud* ou, plus récemment, son monumental *Christian Dotremont*) et ceux qui portent l'étiquette de romans voire de pièces de théâtre. *Jean-Jacques et le Plaisir*, *Alma Mahler* sont-ils moins vrais que ces derniers ? En disent-ils moins long qu'eux sur les personnalités de Rousseau ou de celle qui accompagna, un temps, les pas de Gustav Mahler ? On peut en douter.

D'où suit cette seconde remarque. Je soulignais la sympathie qui sous-tend l'écriture de Lalande, mais peut-être pas assez son goût pour les personnalités difficiles à cerner, ambiguës, ou dont le portrait, encore, semble échapper sans cesse.

Or, par là, Françoise Lalande paraît rejoindre, mais par ses chemins, éminemment personnels, une thématique propre à la littérature française contemporaine. Je veux parler de cette tendance actuelle qui se voue, par le biais de la fiction, certes, mais d'une fiction soigneusement documentée, à peindre des vies. Non à en imaginer de nouvelles, mais à établir le portrait, parfois de manière très brève, de personnages ayant réellement existé, tantôt célèbres, tantôt méconnus, afin, très humblement, de tenter d'isoler l'énigme unique de chaque existence, d'en extraire, d'une certaine manière, la quintessence, et, par conséquent, peut-être d'effleurer ce qui est le plus authentiquement humain en chacune d'elles.

Cette démarche littéraire a ses balises déjà : de Pascal Quignard, dans certains de ses *Petits Traités*, ou Pierre Michon, avec des livres comme *Vie de Joseph Roulin* et *Maîtres et Serviteurs*, en passant par Gérard Macé, avec son livre intitulé *Le dernier des Égyptiens*, à Christian Garcin, avec ses *Vidas*, plus récemment, voilà un genre attachant et qui émeut, vraiment, par la force simple qu'on y sent, par la beauté nue qui s'y déploie, par les liens souterrains qui y sont mis au jour… On peut songer que ces livres touchent parce qu'ils retracent justement un destin, des choix de vie, des refus ou des assentiments… Bref, parce qu'ils placent sans cesse l'homme devant le mystère de son existence, mais montrent, aussi bien, contrairement à ce que toute une tendance de la modernité aime à penser, qu'il est des raisons multiples et diverses d'habiter ce monde autrement qu'en en ressassant la vanité, l'absurde et la souveraine bêtise, comme ils montrent qu'il est des hommes et des femmes, dans la grande comme dans la petite histoire, à des moments de crise des valeurs parfois aussi aigus que celui que nous vivons, qui ont eu, simplement, le courage d'affronter la destinée en la meublant de quelques grandes décisions, parfois difficiles, de quelques pensées audacieuses, ou, plus simplement encore, d'amour.

Les grands livres de Lalande, dans la suite desquels assurément s'inscrit son *Madame Rimbaud*, ne me paraissent, depuis longtemps, pas dire autre chose que cela.

BIBLIOGRAPHIE SÉLECTIVE

Pour en savoir plus, d'abord, sur Vitalie et Arthur Rimbaud, ou pour rêver autour de leur vie:

- Arthur Rimbaud, *Œuvres complètes*, Bibliothèque de la Pléiade, Gallimard, Paris, 1988.
- Yves Bonnefoy, *Rimbaud*, Écrivains de toujours, Le Seuil, Paris, 1961.
- Yves Bonnefoy, «Rimbaud encore», in *Le Nuage rouge*, Mercure de France, Paris, 1977, pp. 213-219.
- Yves Bonnefoy, «Madame Rimbaud», in *La Vérité de parole*, Mercure de France, Paris, 1988, pp. 65-111.
- Pierre Michon, *Rimbaud le fils*, L'un et l'autre, Gallimard, Paris, 1991.

Quelques titres, ensuite, pour découvrir davantage l'œuvre de Françoise Lalande et les personnalités auxquelles elle s'est attachée:

- *Alma Mahler*, Actes Sud/Papiers, Arles, 1989.
- *Jean-Jacques et le Plaisir*, Belfond, Paris, 1993.
- *Christian Dotremont, l'inventeur de COBRA*, Stock, Paris, 1998.

Quelques œuvres, parmi d'autres, entre biographie et fiction, enfin, pour le plaisir de revivre des vies, petites et grandes...

- Pierre Michon, *Vie de Joseph Roulin*, Verdier, Lagrasse, 1988.
- Pierre Michon, *Maîtres et serviteurs*, Verdier, Lagrasse, 1990.

- Gérard Macé, *Le dernier des Égyptiens*, Gallimard, Paris, 1988.
- Gérard Macé, *Vies antérieures*, Le Chemin, Gallimard, Paris, 1991.
- Christian Garcin, *Vidas*, L'un et l'autre, Gallimard, Paris, 1993.
- Christian Garcin, *Vies volées*, Micro-Climats, Climats, Castelnau-le-Lez, 1999.

ÉLÉMENTS BIOGRAPHIQUES

1941 : Naissance le 2 octobre à Libramont (Ardenne) dans la maison de son grand-père maternel, Jean Keil.
Enfance à Bruxelles
Études à l'école communale d'Auderghem, au Lycée royal d'Ixelles, au Lycée royal d'Arlon en pension.
Philologie romane à l'ULB.

1965 : Épouse Ivan Wastchenko.

1966 : Naissance de son fils, Thomas, Le 23 avril.

1966-1968 : Au Zaïre, à Kolwézi, puis à Kambove où une nuit la mort la frôle.
Retour en Belgique.

1968 : Naissance de sa fille Katia, le 14 avril.

1968-1975 : En Colombie où Françoise Lalande donne des conférences à l'Université des Andes et à l'Alliance française. Dirige une galerie d'art (Librairie Bucholtz) qui expose des tableaux provenant de la Fondation Maeght.
En Équateur
Retour en Belgique.

1976-1981 : Administrateur d'Amnesty International Belgique.

1993 : Épouse Daniel Soil, le 8 mai.

depuis 1993 : Professeur de Littérature du XXᵉ siècle à la HEB (Haute école de Bruxelles, ISTI, Institut supérieur de Traducteurs et interprètes).

1999 : Naissance de sa petite fille, Elena, le 27 juin.

REPÈRES BIBLIOGRAPHIQUES

Sous le nom de Françoise Wastchenko :

La Fumeterre, Les Paragraphes littéraires de Paris, 1973.

L'Ambassadeur, Bruxelles, Jacques Antoine, 1976.

Sous le nom de Françoise Lalande :

Le gardien d'Abalones, Bruxelles, Jacques Antoine, 1983 ; rééd. Bruxelles, Labor, coll. « Espace Nord », 1994.

Cœur de feutre, Bruxelles, Jacques Antoine, 1984.

Daniel ou Israël, Paris, Acropole, 1987 ; trad. en bulgare, Sofia, Colibri, 1997.

Madame Rimbaud, Paris, Presses de la Renaissance, 1987 ; rééd. Paris, Presses Pocket (n° 3773), 1991 ; rééd., Bruxelles, Labor, coll. « Espace Nord », 2000.

Alma Mahler, Paris, Actes-Sud, 1989 ; trad. en anglais, New York, Peter Lang, 1997. (trad. d'Anne-Marie Glasheen)

Jean-Jacques et le plaisir, Paris, Belfond, 1993.

Christian Dotremont l'inventeur de Cobra, Paris, Stock, 1998 ; rééd. Bruxelles, Ancrage, 2000 (accompagné d'un tiré à part intitulé *Décortiqueur de mouches et vierges violées*).

L'impertinence comme poème, texte sur *La Flûte enchantée*, avec des dessins de Michèle Grosjean, Bruxelles, Quadri, 1999.

Noir, Bruxelles, Ancrage, 2000.

« L'amour impossible », in *Des dragons et des Georges*, Mons, La lettre volée, 2000.

TABLE DES MATIERES

La photocomposition de ce volume
a été réalisée par TOURNAI GRAPHIC.

Achevé d'imprimer en août 2000
sur les presses de l'imprimerie CAMPIN
à Tournai (Belgique)
pour le compte des Éditions Labor.